新儿童研究文库

慈航

近世中国的儿童与童年

A Tender Voyage
Children and Childhood in Late Imperial China

Ping-chen Hsiung

熊秉真 著　周慧梅 译

广西师范大学出版社

·桂林·

A Tender Voyage: Children and Childhood in Late Imperial China, by Ping-chen Hsiung, published in English by Stanford University Press. Copyright© 2005 by the Board of Trustees of the Leland Stanford Junior University. All rights reserved.

This translation is published by arrangement with Stanford University Press, www. sup. org.

著作权合同登记号桂图登字:20 - 2022 - 029 号

图书在版编目(CIP)数据

慈航:近世中国的儿童与童年/熊秉真著;周慧梅译. —桂林:广西师范大学出版社,2022.10(2023.8 重印)

书名原文:A Tender Voyage:Children and Childhood in Late Imperial China

ISBN 978 - 7 - 5598 - 4823 - 9

Ⅰ. ①慈… Ⅱ. ①熊… ②周… Ⅲ. ①儿童-社会生活-历史-中国-近代 Ⅳ. ①D669.5

中国版本图书馆 CIP 数据核字(2022)第 054415 号

慈航:近世中国的儿童与童年
CIHANG:JINSHI ZHONGGUO DE ERTONG YU TONGNIAN

出 品 人:刘广汉
策划编辑:刘美文
责任编辑:李 影 伍忠莲
封面设计:汪 昊
广西师范大学出版社出版发行

(广西桂林市五里店路 9 号 邮政编码:541004)
(网址:http://www.bbtpress.com)

出版人:黄轩庄
全国新华书店经销
销售热线:021 -65200318 021 -31260822 -898
山东临沂新华印刷物流集团有限责任公司印刷
(临沂高新技术产业开发区新华路 1 号 邮政编码:276017)
开本:720 mm ×1 000 mm 1/16
印张:17.75 字数:309 千字
2022 年 10 月第 1 版 2023 年 8 月第 2 次印刷
定价:98.00 元

如发现印装质量问题,影响阅读,请与出版社发行部门联系调换。

慈航

继秉真著

中译《慈航》新序

美国斯坦福大学出版社2005年印行《慈航》专书，不觉间已过十数年。时光匆匆，当时并未料及会有中文版刊发的时日。

骤然回首，不免讶于自己穷追不舍的固执，朋友读者穿梭追问的乐趣，以及好奇，或者无知本身所牵出的力量。

其间，求学时的环境，工作之初的运际，让多半篇章委身中文或外文的语境、思维，多半只是偶然，通常也没有机会细想对照、传译的问题。数十寒暑过去，因学友鼓舞、出版社好意，竟觅得译者愿意埋首伏案，逐字逐句译出全书。问世之际，不能没有衷心的谢意。当然也为能与中文读者直接论读而窃窃自喜。

书中披露童年与儿童的天地，大抵源于近世中国，虽则不少概念、思维可能起于他方。过去所呈书文，始于中文撰述者较多较早，亦缘于此。

然《慈航》一书，其孕育、发展，前后亦在十多年以上，各章之删改成形，带着远处同人的催促，是资深编辑的鞭策，他们的眼神、期盼，历历如故。

主体由三大部分构成，交代东亚大陆板块上婴幼儿生命长成之身体、心理，与多样环境，夹于《导言》《结语》之间，代表筚路时一个简单的说明。

扉页里的"慈航"二字是父亲的笔墨，如今终得呈现给识得汉字的读者，亦足引他九六高龄之莞尔。

册后承蒙中文学者之引介，希望引起未识读者、同好之评析，遂得激励自己与大家一同再行一程，追究那越谈越深、越来越不明白而想强烈追求的疑问，由儿童，而童年，而其他。

熊秉真

2021年9月6日

笔于香港机场检疫旅馆

前　言

本书是对近世中国的儿童（从出生到七八岁）和童年的初步研究。儿童史不等同于童年史，虽然前者有助于对后者进行重新思考。对儿童和童年的理解因其定义不同而变得复杂。不同于西方导向和常见的生理学意义上的孩子概念（人类这个群体中，正经历着生命最早阶段的那些最小的成员），中国社会中的"孩子"可以被理解为一种社会地位（作为家庭中的小辈）或熟悉的角色（相对于老年人而言的年轻人）。从现代社会学的术语来看，成年子女与其父母的关系概念表明，在其他社会和文化中也存在第二类或第二层含义。在他们的原始语境中，第一种含义中的生理的"孩子"和第二种含义中的社会文化的"卑幼"通常（虽然不一定总是）相关联。通常是社会中的年轻成员（"童子"）在该群体中被视为承担"卑幼"的地位或角色。当然，大多数处于这种地位或角色的人往往年龄幼小，处于依附阶段。但是，两者的意义和功能并不完全重合，因为在一个家庭或社会环境中，相当多的"卑幼"成员可能根本不是幼儿。仆人、外国人或其他"社会边缘者"在成年后继续承受或被迫承受"弱势"或"下等人"的社会身份。

孩子还有第三种哲学或抽象的含义，即纯真的美德或品质的象征。这在中国文化和历史的发展中有着很重要的影响。在"左翼"理学思想中的"童心"概念，国画、书法、绘画或诗歌中所欣赏的童趣，道家哲学或炼丹术中所设想的婴儿般的微笑和赤子般的活力中，都可以看到。这个定义最初可能受到了生理学或社会文化学对婴儿和儿童的理解的启发，但最终在修辞上与之背道而驰。

在我二十多年的学习和研究过程中，无论是历史研究还是人文学科的学术研究都发生了很多变化。试图发掘过去的儿童和童年，不仅满足了人们的好奇心，也填补了学术上的空白。这无意中带有质疑历史和现代史学长期以来所假设的一些命题的意味。当像菲利普·阿里埃斯（Philippe Ariès）这样的知识分子提出历史中"童年的发现"的问题（或缺乏"童年的发现"）时，他是在一个预设"时间是进步的"知识和文化领域的背景下讨论的。然而，正如他的作品的复杂性所显示的那样，他自己对进步性也持矛盾态度，因为它和"老与少"的现代存在相关。早在菲利普·阿里埃斯之前，在过去的几个世纪里，世界各地的启蒙知识分子，包括20世纪初中国的胡适（1891—1962）在内，都自觉或不自觉地主张把童年的象征意义和对待儿童的态度作为衡量文明成就和社会进步的普遍尺度。"我的一个朋友对我说过一句很深刻的话，"胡适在一次演讲中睿智地讲道，"你要看一个国家的文明，只消考察三件事：第一，看他们如何待小孩子；第二，看他们怎样待女人；第三，看他们怎样利用闲暇的时间。"[1]

所以，无论是文明的、正在文明的，还是不文明的（或如同他所说的野蛮的），任何社会的地位都是由对婴儿和儿童的概念、态度或实际待遇上的"进化状态"决定的。也就是说，对幼童应有的关照的"出现"，被认为是历史上人们普遍文明程度的体现，或许更明显地是人文学术"致良知"的专业提升的标志。

我冒昧地触及了太多的观点，也在很多问题上有自己的关注，这使得这本书恐怕很难成为一本中国儿童史的专著，若有时间和职业上的自由，能有机会尝试写一本，那将是令人欣慰的。作为替代，笔者选择了用一本论文集来弥补遗憾，作为这项研究的开始。一堆短篇故事很难成为一部小说，因此，这些与婴幼儿生活有关的问题或小文章是中国儿童历史的拼接再现，可以为各种叙述和更有条理的分析提供有用的基础。过去二十多年来，我在台北"中研院"近代史研究所的本职工作不允许我开展另一个项目。这八个章节是我在这段漫长的时间里应邀用英语发表的演讲和论文的结集。成书前经过了修改，但演讲稿的痕迹还在。这里所涉及的一些资料来自我曾发表过的研究，不少内容曾以中文（第一、二、三和六章）或德文（《导言》的后三分之一）呈现，但整体上尚

---

[1] 胡适：《慈幼的问题》，《胡适文存》，第239页。

无翻译成英文，所有这些资料在当初设定了以英语母语者为读者。[①]其余的章节在任何语种中都没有对应的内容。我已经出版的三本[②]关于儿童和童年的中文著作，以及正在编写的第四本，确实给这个主题提供了更加结构化的处理。这里显然有更多的空间需进行细微的提升、哲学的重构，以及通过比较进行整体的思辨。显而易见，我是将西方经验和英文学术成果混合交织到这些资料的调查、思考和表述中。

我个人对这一主题的兴趣，大半来自童年时的好奇心，那时候，历史学根本还未作为我的一种职业或知识追求而出现。要讲清楚自己的这个故事，那就是要做一个更大的职业宣言了。因此，我们经常所说的"文责自负"，在这里基本就是其字面意义。对于一项在时间和空间上都延续了如此之久的念想，如果将其作为内心独白，其隐患是显而易见的。考虑到这一点，我需要承认的不单有明显的知识欠缺，还有梦想中的愿景存在。对于后者，假如我是读者，我希望看到对儿童和童年历史的经济和制度方面的阐述，家庭中的童工和各行业工场中的学徒也需要进一步调查。儿童在国家政策和法律中的地位是另一个需要深入的领域。在未来的作品中，我和其他人或许可以从宗教、哲学、美学、艺术等方面对儿童与童年的问题进行探讨。我尝试了对儿童文学进行初步的调查，挖掘幼儿的游戏和玩具世界[③]，这恐怕会让我想要在将来探索更多的领域。作为一个研究者，我很渴望有其他领域的同道的加入。

不过，总有很多方法可以让一件事情从无到有地开始，一个执着热切的渴望就可以把最不相关的事情变成最刺激的事情。这一切都源于这样的信念：知识的本质是多学科和跨文化的。几十年来，在好奇心的激励下，利用各种职业和私人的机会，我接触到各地对儿童和童年问题有不同观点的研究者和实践者。本书的内容，从很大程度上来讲是一个未申报的联合项目的田野报告，是对与

---

① 例如熊秉真：“Konzepte von Kindheit im Traditionellen China.” In Heike Frick, Mechthild Leutner, and Nicola Spakowski（Hrsg.），*Die Befreiung der Kinder: Konzepte von Kindheit im China der Republikzeit*, pp.21–34（Hamburg: Lit Verlag, 1999）。

② 熊秉真：《童年忆往：中国孩子的历史》《安恙：近世中国儿童的疾病与健康》《幼幼：传统中国的襁褓之道》。

③ 熊秉真：《儿童文学》，参见 William Nienhauser 主编：*Indiana Companion to Traditional Chinese Literature*, vol. 2, pp. 31–38; 熊秉真：《蟋蟀释典：英雄不论出身低》，《睹物思人》，第55—96页。

同行就一个未被识别的谜题进行对话的致敬。

　　许多人真诚地给予了鼓励：张平原、劳伦斯·加特纳（Lawrence Gartner）、阿瑟·克莱曼（Arthur Kleinman）、高彦颐（Dorothy Ko）、李中清（James Lee）、曼素恩（Susan Mann）、包华石（Marty Powers）、威廉·罗（William Rowe）、安·沃特纳（Ann Waltner）、余安邦与司徒安（Angela Zito），在我的研究初现曙光时，这些同事和其他朋友为我欢呼雀跃。美国斯坦福大学出版社的缪里尔·贝尔（Muriel Bell）和她同事的专业精神是给予我的最好馈赠，他们见证了这本书的出版过程。

　　考虑到这个工作项目的性质，个人的额外付出是必然的：我的父亲，作为儿童故事作家，很自豪自己晚年与卢梭邂逅的缘分，由他亲笔题写的书名为本书增添了光彩。我的母亲是一位小学老师，对她来说，做一个成人似乎比做一个孩子要困难得多。我们彼此世界之间的联系无须多言。我的孩子——悠悠和青青，虽然被白天沉浸于快乐写作的我所遗忘，但她们以一种童真的笑容和孩子般的声音，为该书魔法一般地凝结了必要和创造性的色彩和声音，是这本书里未被充分发掘和想象的年轻生命的最佳现场代表。本书献给悠悠和青青——感谢过去、现在和未来时代孩子般的存在。我的灵魂伴侣慕州在本书构思的过程中，一直陪伴身侧，仿佛那是最令人愉快的任务，倾听我的所思所想。一棵幼苗的种植者所希冀的，是没有比这更好的一种陪伴。凡是相信空气、水和太阳对生命诞生的魔力的人，无须我赘言，自然明了。

图 序

目　录

传统中国的儿童与童年

一、儿童的历史研究

儿童和童年的历史研究尚未引起学界太多的关注。为数不多的学者冒险进入这一领域，虽努力的方向零散、成果未成体系，但他们怀着一定的信念在坚持。对他们来说，关于儿童的历史，或者说从儿童的视角看世界，绝不是一件小事。它是必要的、有价值的、势在必行的。

在这些学者中，最早对"历史上童年的发现"这一问题提出挑战的是菲利普·阿里埃斯。他的研究成果充满艺术和挑战性，让历史学家和其他人感到惊讶。他当时提出了一个新颖的观点，即西方历史上的童年概念只是最近才出现的。[1]此后，一些勤奋的学者，尤其是欧洲学者对这一论点表示质疑，提出早期儿童概念以及在历史上演变的儿童经历的证据。[2]然而，促使像菲利普·阿里埃斯这样的心理史学家探究童年史的前提仍然有效。也就是说，更好地理解人们对儿童的观念和对待儿童的态度，是构成对那个时代整体评价的重要组成部分。事实上，对菲利普·阿里埃斯而言，这种理解是获取任何特定社会核心价值观念的一种手段，这种思想或方法的追随者不多，即便随着年鉴学派以其对卑微和晦涩的历史审视令人耳目一新，从而引起历史学家对心态和态度越来越多的关注，但儿童和儿童的生活从未引起主流历史学家的兴趣。尽管菲利普·阿里埃斯和一些批评者已经证明，儿童和童年不仅有历史，而且这个主题作为一个历史领域具有独特的价值，但情况依然如此。他们的研究成果审慎地证明，对儿童的关怀在时间长河中不是一个固定的问题。因此，一个社会对其最年轻和最弱势的成员的理解不断发展，这本身就是一个值得了解和讲述的故事。部分原因是这项工作的重要性，尽管资料的丰富程度可能导致传统的历史研究方法无法满足研究者的需求，但这项工作从来都不缺乏信息或观点。

---

[1] 菲利普·阿里埃斯的法文作品，*L'enfant et la vie familiale sous l'Ancien Régime*，出版于1960年。其英文译本 *Centuries of Childhood: A Social History of Family Life*，出版于1971年。

[2] 在这组作品中，Linda A.Pollock 的 *Forgotten Children: Parent-Child Relations from 1500 to 1900* 是最早的全面尝试，试图直面菲利普·阿里埃斯的主题并"重新审视"近代早期英格兰对儿童、成人与儿童的互动关系和早期儿童经历的现有态度。Mark Golden 的 *Children and Childhood in Classical Athens*、托马斯·维德曼（Thomas Wiedemann）的 *Adults and Children in the Roman Empire*、苏拉密斯·萨哈（Shulamith Shahar）的 *Childhood in the Middle Ages*，虽然没有像 Lina A. Pollock 那样对菲利普·阿里埃斯的观点进行批判，但都展示了早期西方国家童年的文化状况。

　　心理史学家在研究童年概念的同时，家庭史学家也觉得必须研究过去儿童的状况。与幼年经历有关的资料，虽然不是他们研究核心的聚焦，但也成为他们叙述的重要组成部分。对他们来说，儿童和儿童的历史不仅为家庭研究提供了参考，而且对研究家庭故事也是必要条件。20世纪70年代，关于美国和欧洲史的一些杰出研究表明，这种对童年的研究可以为普遍理解家庭和社区做出贡献。小菲利普·格雷文（Philip Greven Jr.）对美国殖民时期安多佛的四代人的家庭生活进行了精彩的重构，展示了对儿童经历的欣赏有助于更好地理解各代人。他特别讨论了18世纪中叶美国马萨诸塞州家庭子女对独立的追求，这种追求是从传统的依赖模式中发展出来的。①因此读者认识到各代人在形成个性以及日常家庭运作中的相互依存关系。约翰·迪莫斯（John Demos）对普利茅斯殖民地家庭生活的研究成果，题为《小联邦》（1970），显示亲子关系以及儿童和童年的经历已经成为家庭史学家经常关注的问题。②在家庭史和社会史的研究领域中认识到"普通人"的"日常生活"，促使学者发现了儿童和童年。因此，到劳伦斯·斯通（Lawrence Stone）对近代早期英格兰的家庭、性和婚姻进行详尽的研究时，成人与儿童的关系构成了他理论的基石之一。③

　　关于家庭历史长期变化的研究也加入了有关儿童的资料。斯蒂文·奥茨门特（Steven Ozment）对欧洲宗教改革时期家庭生活的处理，迈克尔·米特罗尔（Michael Mitterauer）和莱因哈德·西德尔（Reinhard Sieder）对中欧和西欧家庭功能演变的解释，比阿特丽斯·戈特利布（Beatrice Gottlieb）对西方从黑死病到工业时代的家庭的分析，以及拉尔夫·霍尔布鲁克（Ralph Houlbrooke）对15世纪中叶至17世纪末英国家庭的调查，都对生育、养育子女、亲子关系以及儿

---

① 参见小菲利普·格雷文："Life and Death in a Wilderness Settlement" 和 "Independence and Dependence in Mid-Eighteenth-century Families"，援引自 *Four Generations: Population, Land, and Family in Colonial Andover, Massachusetts* 一书中第二、八章，第22—41、222—261页。小菲利普·格雷文和其他不少学者一样，继续对美国历史中的童年经历和儿童文化进行了进一步的调查，这表明承认这种观点的家庭史学家实际上对历史中的"儿童问题"有着特殊的关注。参见小菲利普·格雷文：*Spare the Child: The Religious Roots of Punishment and the Psychological Impact of Physical Abuse*。

② 约翰·迪莫斯关于普利茅斯殖民地的研究充分考虑到了孩子的兴趣，参见约翰·迪莫斯：*A Little Commonwealth: Family Life in Plymouth Colony*，特别是第六、九、十章。

③ 约翰·迪莫斯按照劳伦斯·斯通的说法，英格兰的"受限制的父权制核心家庭（1550—1700）"在亲子关系中具有"放任型"和"压抑型"相结合的模式来"强化"父权制。而当后来出现了"封闭的家教化的核心家庭（1640—1800）"时，则形成了"以孩子为中心的、亲情的、放任的亲子关系模式"。参见劳伦斯·斯通：*The Family, Sex, and Marriage in England, 1500-1800*，第109—135、254—302页。

童的生理、社会和情感状况等问题给予了广泛的关注。[①]对妇女史和母亲身份的研究也提高了人们对与儿童经历有关的家庭状况的认识。[②]与几十年前相比，对儿童的历史概念和日常经历的描述已变得更为清晰。事实上，从20世纪70年代末80年代初开始，关于儿童生活的讨论已经融入了标准的西方家庭史，亲子关系受到了特别的关注，产生了一些意外的发现。[③]

对改变偏见和社会福利感兴趣的学者也将注意力转向有关儿童的问题，包括杀婴、遗弃儿童和童工等。选择性地消灭或主动杀害新生儿或幼儿，无论是作为风俗习惯，还是作为限制家庭规模的一种方式，曾被认为只存在于古代和亚洲社会。最近，有学者认为西方社会历史上存在杀婴行为。[④]除了模式和统计学之外，对近世的杀婴事件的研究还有助于揭示杀婴事件发生的社会经济环境。由于在这种考虑中，"婴儿"的社会和法律定义往往比新生儿的社会和法律定义更为宽泛，因此，这些研究无一例外地涉及人的动机以及文化和历史环境。[⑤]

遗弃和忽视儿童是一种长期存在且相当普遍的现象，无论从遗弃者还是被

[①] 斯蒂文·奥茨门特的 When Fathers Ruled: Family Life in Reformation Europe 一书中的四章中有两章专门论述了儿童的生存条件；参见第三、四章，第100—177页；迈克尔·米特罗尔和莱因哈德·西德尔的 The European Family: Patriarchy to Partnership from the Middle Ages to the Present；第五章，第93—119页；比阿特丽斯·戈特利布的 The Family in the Western World From the Black Death to the Industrial Age 第三节（第111—176页）是关于"生育与教育"的讨论；拉尔夫·霍尔布鲁克的 The English Family, 1450-1700，对这一时期英国家庭中的年轻人的生活做了很好的记录；参见第六、七章，第127—201页。

[②] 最近关于妇女史的研究对儿童史研究有一定的普遍意义，但数量太多，无法一一列举。那些以母亲身份和家庭状况为重点的研究可能具有特别的意义。

[③] 在这方面，Randolph Trumbach 的 The Rise of the Egalitarian Family: Aristocratic Kinship and Domestic Relations in Eighteenth-Century England 一书，似乎是一个早期的例子；参见第四、五和六章，第165—286页。到了20世纪90年代，关于古典时代社会生活的研究也开始对儿童的状况给予应有的关注。参见 Keith R. Bradley 的 Discovering the Roman Family: Studies in Roman Social History 的第三、五章，第37—75、107—124页；Margaret L. King 的 The Death of the Child Valerio Marcello 是一个很好的例子；David Hunt 的书虽然名为 Parents and Children in History: The Psychology of Family Life in Modern France，但主要是对早期法国家庭生活的个案研究，通过路易十三的随从希罗尔的日记，讲述未来国王早期的童年生活。

[④] 将杀婴行为看作与异教徒部落和落后的东方社会有关的原始做法，在西方长期以来一直是一个未经研究的假设。Samuel K. Cohen Jr. 在其关于文艺复兴时期妇女生活中杀婴行为的讨论中，首先提出了一个解释性的观点。"杀婴并不是亚洲人口独有的节育做法，也是整个西方文明中家庭的正常诉求……"这一观点仍然"遭到了尖锐的批评"。参见 Samuel K. Cohen Jr. 的 Women in the Streets: Essays on Sex and Power in Renaissance Italy，第149页。

[⑤] Peter C. Hoffer 和 N.E.H. Hull 在他们关于近代早期英格兰和新英格兰杀婴的研究中，将八岁或九岁以下的儿童列为当代社会和法律实践中的"婴儿"。在他们的研究中，考虑到了儿童谋杀和父母使用的"杀脂剂"（一种避孕药）。他们研究中的定量证据也颇具启示意义。它指出"近代早期英格兰法院审理的所有谋杀案中超过25%的案件"及"90%的妇女谋杀行为都是针对婴儿的"；参见 Peter C. Hoffer 和 N. E. H. Hull 的 Murdering Mothers: Infanticide in England and New England, 1558-1803，第xvii—xix页。

遗弃者的角度来看，也都有相应的研究。对不同时代和不同地方的被遗弃儿童的命运进行的历史研究，有助于对社会结构的力量和质量的理解。[①] 无论关注的焦点或关注的问题是什么，这些研究都揭示了长期以来一直被忽视的社会和制度史上的一个重要方面——遗弃、收养和寄养。[②] 因此，在20世纪80年代这些研究的突飞猛进和它们共同的观点表明了一种新的知识意识。它们共同呈现的图景不仅是对儿童生活细节的发现，还涉及大众态度、社会实践、家庭生活、社区网络、政治、城乡关系、经济发展和人口现实等诸多的问题。这是儿童史对过去的常识具有更大意义和更多启示的一个很好的例子，一个社会至少有四分之一的新生儿被习惯性地"处置"，或者目睹四分之三的儿童在满五岁之前夭折，这在很大程度上表明了社会的内部运作和日常环境的巨大变化。

童工及其产生的政策和法律的历史最近也得到关注。与其他领域的学者一样，社会史和人口统计史学家越来越意识到，工作与游戏一样是儿童日常经历的一部分。对于近世的大量儿童来说，工作是比教育或上学更重要的活动。虽然还缺乏系统的分析，但研究古罗马、近代早期的英格兰和美国殖民地的历史学家已经巧妙地将数据拼接在一起，描绘了童工的工作生活。[③] 研究近代早期和现代童工问题的人也不可避免地会遇到儿童"权利和保护"的问题，这些概念导致了社会立法和福利政策的改革。同时，前工业化时期为儿童就业提供了新的机会，尽管条件很恶劣。[④] 正如杀婴和遗弃，一方面带来蓄意的残忍和忽视的问题，另一方面也带来寄养和慈善的问题，童工的世界涉及了社区依赖、贫穷

[①] 约翰·鲍威尔（John Boswell）关于西欧从古代晚期到文艺复兴时期遗弃儿童问题的著作 *The Kindness of Strangers：The Abandonment of Children in Western Europe from Late Antiquity to the Renaissance* 和戴维·兰塞尔（David L. Ransel）关于近代早期俄罗斯遗弃儿童问题的研究 *Mothers of Misery*，很好地表明了这些最新著作的历史和地理的范围。

[②] 约瑟夫·罗宾斯（Joseph Robins）关于18、19世纪爱尔兰"慈善儿童"的研究 *The Lost Children*；露丝·麦克卢尔（Ruth McClure）关于18世纪伦敦弃婴医院的研究 *Coram's Children*；以及雷切尔·福奇（Rachel Fuch）关于19世纪法国弃婴和儿童福利的研究 *Abandoned Children*，虽然从不同的角度探讨和提出问题，但都讲述了关于"遗弃"和"接纳"儿童的故事。

[③] 在这方面，当代不断变化的关注点显然为历史研究提供了信息，也为历史研究提供了素材。最近，许多关于家庭生活或儿童历史的研究都有专门讨论童工或工作中的儿童问题的章节。约翰·迪莫斯和小菲利普·格雷文各自关于美国殖民地的研究和劳伦斯·斯通关于近代早期英格兰的研究都提供了关于儿童工作的信息。大卫·赫利希（David Herlihy）的 *Medieval Households* 和彼得·拉斯莱特（Peter Laslett）关于工业时代前英格兰的作品，名为 *The World We Have Lost*，对少男少女的劳动给予了描绘（第16—17页）。托马斯·维德曼在他对古罗马帝国成人和儿童生活的描述中，相当有趣且详细地介绍了儿童在田间和葡萄园从事的工作，以及对这些工作技能的训练过程；参见托马斯·维德曼的 *Adults and Children in the Roman Empire*，第155—164页。

[④] 艾薇·平切贝克（Ivy Pinchbeck）和玛格丽特·休伊特（Margaret Hewitt）的研究 *Children in English Society*，特别是第二卷，是一个很好的例子，它将童工问题与社会立法的发展结合在一起看待。

和自助的问题。研究寄养医院、贫民法或济贫院的学者，往往首先关注的是福利的管理问题。这些讨论不可避免地涉及公民自由、社会立法和国家干预的发展，而不仅仅是儿童的生活。类似的还有早期教育问题，虽然与社会福利没有直接关系，但它所关注的与经济生产和劳动力，或寄养家庭和收养程序中提到的一样，是关于儿童的制度建设。随着不同程度的努力，采用不同的方法和教材，越来越多的幼儿在近世开始有机会接受教育指导。研究早期教育的历史学家，虽然不一定只对儿童感兴趣，但他们发现了许多与不同学习活动有关的文学记载和培养过程的资料。[①]这些研究中的许多资料都包含了职业培训的信息，包括对非精英儿童的职业培训，甚至是针对女孩的特殊教育举措，为另一个重要的但以前是空白的领域提供了重要的一瞥。[②]总之，这些研究表明，为了公平地理解任何社会变化，忽略了童年经历的历史描述似乎"最好的情况是不完整的，最坏的情况是扭曲的"。

历史人口统计学家也对儿童表现出兴趣。[③]对他们来说，了解最年轻的人口群体的命运，是他们对其研究对象的整体把握不可或缺的。虽然他们大多使用定量数据和统计模型，但他们提出的问题和结论对儿童历史研究具有重要的价值。历史人口统计学不仅揭示了有关杀婴的信息，而且还涉及出生、死亡、平均预期寿命、移民和婚姻的社会影响。因此，它为理解儿童在时间、空间和环境变化中的生活创造了新的可能性。[④]其后，历史学家才意识到了一些基本的力量，在这种力量下，儿童与成人是共同体。人口统计学历史上的细微或宏大的

---

① 对教学资料或儿童启蒙读物的研究也可以揭示"儿童文学"的世界，或文学与儿童世界的相互作用。伊丽莎白·古德诺夫（Elizabeth Goodenough）、马克·A.赫伯勒（Mark A. Heberle）和纳奥米·索科洛夫（Naomi Sokoloff）主编的 *Infant Tongues: The Voice of the Child in Literature* 中收录了许多相当精彩的文章。

② 几本关于学童生活和学校教育条件变化的长篇分析，突出了历史时期青少年的教育经历。保罗·F.格伦德勒（Paul F. Grendler）的 *Schooling in Renaissance Italy: Literacy and Learning, 1300-1600* 是对这一主题的丰富论述，涵盖了女孩、工人阶级男孩的教育，以及职业和技术培训。雷蒙德·格鲁（Raymond Grew）和帕特里克·J.哈里根（Patrick J. Harrigan）的 *School, State and Society: The Growth of Elementary Schooling in Nineteenth-Century France: A Quantitative Analysis* 给出了一个很好的主要是对教育变化的结构性解释，学校教育的性别和阶级方面再次得到了有趣的说明。

③ 最典型的例子是剑桥人口和社会结构小组几十年来的著作，该小组的名称是历史人口统计学家对其人口分析与更广泛、更大的社会变革进程关系的最佳指标。E. A.里格利（E. A. Wrigley）的 *Population and History*；Ronald Demos Lee 等主编的 *Population Patterns in the Past*；E. A. 里格利和 R. S.斯科菲尔德（R. S. Schofield）的 *The Population History of England, 1541-1871: A Reconstruction* 都是最好的例子。

④ 彼得·拉斯莱特和R.沃尔（R.Wall）编的 *Household and Family in Past Times* 提供了平均家庭规模、不断变化的家庭结构和居住安排，这些都对年轻人的日常生活产生重要影响。彼得·拉斯莱特在其著名的 *The World We Have Lost* 一书中也估计，鉴于近世人的寿命较短和人口结构的不同，儿童可能占总人口的五分之二或更多。

发现，往往会打破旧有的印象，或在整个历史理解中建立起惊人的新假设。此外，人口统计学家对生命周期的强调，以及个体时间、群体（或家庭）时间和历史时间之间的相互联系，有助于解决个人生活和集体参与之间的关系，这也表明了微观研究和宏观历史之间的联系。因此，各地的儿童历史学家有责任弄清楚，这些见解如何将他们看似"无关紧要"和边缘化的对象与更广泛的历史领域或其他学科的儿童研究联系起来。[①]

对最近的儿童史研究的简要概述表明，无论是从心理史、家庭史、福利史、教育史，还是人口统计学的角度，都有可以探讨的方向和类别。当然，还有许多其他重要的、潜在的、富有成效的问题，有点偏离原文化的感觉。最终对这种儿童历史的研究和对儿童的历史理解，例如对妇女、下层阶级、少数民族或宗教少数群体、社会边缘者以及其他被忽视的主题的研究，可以成为合法的知识追求。作为一项历史调查，它首先关注的是人类最年轻的一部分人的经历，这种经历很快就与"主流"经历交融在一起。它们还共同暗示并进一步激发了这种奇特的知识分子的好奇心和学术观。在西方和其他地方，现代研究者需要思考的一个独特的社会文化立场，是对"儿童"和"童年"的现代定义。此定义主要基于生理学的理解和西格蒙德·弗洛伊德（Sigmund Freud，1856—1939）的心理学说，是所有儿童研究的标准线，它很少被作为一种具有特定文化历史背景的假说来对待。[②]除了启蒙运动及其对理性和线性发展的信仰（通常在大多数关于儿童和童年史的研究中可以发现这样的根源）之外，心理学、认知发展和教育方面的现代调查仍然是大多数对儿童兴趣背后强大的实证主义力量，包括对过去童年经历的研究。[③]

---

① 在历史人口统计学家中，家庭史学家和研究地方社区历史兴衰的学者的著作特别热衷于提出这些观点。塔玛拉·K.哈雷文（Tamara K.Hareven）在她和安德烈斯·普拉肯（Andrejs Plakans）编的 *Family History at the Crossroads：Journal of Family History Reader* 的《导言》中，提供了一个很好的概述领域并试图"将小规模的生命与宏大的结构和变革联系起来"，并从"个体时间、群体（或家庭）时间和历史时间"这三个角度来考虑社会变化。

② 除了那些完全以心理学术语解读历史的尝试，例如劳埃德·莫斯（Lloyd Mause）及其在心理史研究所的同事的工作（一种关于人类历史的进化、精神分析理论）之外，几乎所有关于社会生活、家庭史以及童年历史的研究，都被认为是在西格蒙德·弗洛伊德和一般心理学术语下进行的观察和分析。参见劳埃德·莫斯：*The History of Childhood*。探讨童年"条件"的"形成性"阶段的概念性练习充斥在这些著作中，往往没有进一步质疑其更深层次的文化历史意义。关于精神分析学在"连续的儿童养育模式"研究中的应用，作为"理解历史变迁的新范式"研究的一个典型例子，参见 Glenn Davis, *Childhood and History in America*，第13—33页。

③ 当代的发展心理学、认知心理学和社会心理学方面的知识对历史上的儿童和童年的观察起了重要的推动作用。历史的发现有可能被用来作为资料，对发展心理学和儿童心理学的一些基本假设进行反思，在这一点上，发展心理学和儿童心理学既是19、20世纪的理论的产物，也是这一时期历史发展的重要思想和社会力量。中国台湾有一群学者被吸引到"本土心理学"领域，他们通过一系列的会议和《本土心理学研究》双年刊来探索这种可能性。

二、中国的情况

迄今为止，中国的历史学家对儿童和童年的研究关注，远不如其他国家的历史学家。心理史作为首次激发童年史的领域，尚未引起中国历史学家足够的重视。儿童和童年的概念在中国历史上几乎没有成为一个问题，因为到目前为止中国近代史学界的主要力量都是以完全不同的问题为中心的。任何对中国历史上的儿童和童年的初步考察，都会呈现出与西方类似的研究工作不同的结果。

在这种普遍被遗忘的情况下，最近有两部作品详细论述了中国的情况。一部是乔恩·萨里（Jon Saari）对成长在19世纪末20世纪初的学童的生活过渡性的研究，即《童年遗绪：成长于危机年代里的中国人1890—1920》（1990）；另一部是司马安（Anne Behnke Kinney）主编的《中国人的童年观》（1995）。①乔恩·萨里的研究是唯一一部关于中国历史上的童年经历的专著。正如书的标题和许多章节的标题所表明的那样，乔恩·萨里重点考察了"成长为中国人"的问题，特别是放在"危机时期"的近代社会中的这种经历的特殊性上。这是一项内容丰富、细致入微的研究，是一项开创性的工作，它肩负着许多任务，回答和提出了一系列广泛的问题。然而，它的主要目的是展示特定一代的精英学童如何在社会和政治动荡中形成自己的观点和自我管理，运用了西格蒙德·弗洛伊德和埃里克森（Ericksonian）关于性格形成和人格发展的论点。作者在这个方面取得了相当大的成功，在对清朝末年（1644—1911）和近代以来（1912年至今）成长起来的中国青年精英群体的研究中，乔恩·萨里揭示了关于社会化、身份形成和个人危机的社会心理学理论，这些理论虽然有用，但作为知识工具终究是有限的。在大多数情况下，乔恩·萨里的资料对象是七至十四岁少年，甚至是十五至二十岁早期青年，而不是儿童。因此，他只是部分解决了所提出的关于中国人"学做人"的方式的问题。婴幼儿、儿童和年轻人之间在成长过程中的重要差异几乎没有得到充分的处理。即使如此，这部作品仍然是一部有价值的开拓之作。

如其书的标题所示，司马安的专题讨论集，是对中国漫长历史中的"童年观

---

① 参见乔恩·萨里：*Legacies of Childhood: Growing up Chinese in a Time of Crisis, 1890-1920*；司马安编：*Chinese Views of Childhood*。

点"的一个概述。它从中国19—20世纪的各个角度（文学、艺术史、历史、医学、哲学等）探讨了童年问题。虽然不是一部完整的"中国童年史"，但正如约翰·萨默维尔（C. John Sommerville）简洁明了地指出的那样，该书关注的是"文化和精神层面"，呈现了一个很好的关于"儿童社会史"的早期阶段。[1]每篇文章都有自己的优点。司马安对与儿童相关的思想哲学、民间神话和圣徒传记起源的回顾，以及巫鸿（Wu Hung）关于中国早期艺术中的儿童形象雕刻的研究，都是有益的探索，并为进一步的研究提供基础。[2]吴百益（Pei-yi Wu）对近世中国亲子关系演变的精彩介绍，带来了丰富的信息。文章从中国家庭关系和情感生活的内心世界出发，论述了有关幼儿状况的问题。文章利用大量的丧葬文化文献（悼亡诗词和墓葬铭文）来获取童年的经历层面和成人、儿童关系形成过程中情感纽带的构建。吴百益还指出，从宋以前（大约10世纪）到18世纪，出现了关注儿童的总趋势，特别是受到王阳明（1472—1528）学派哲学的影响，并开始了"儿童崇拜"。吴百益对父女之情的描写以及在受过教育的中国家庭中对年轻女孩的潜在的偏爱，也需要进一步研究。[3]

该专题讨论集中的其他几篇文章讨论了与近世中国婴儿和儿童生活相关的问题。费侠莉（Charlotte Furth）对生命之初的概念及其在生物医学资料中的起源进行了分析，使读者熟悉了关于出生、生长和发育的基本术语和概念。[4]安·沃特纳对明代社会中杀女婴、嫁妆制度和竞争激烈的婚姻市场之间可能存在的性别联系进行了大胆而富有想象力的思考，并结合这个时代的政治、经济、社

---

[1] 参见约翰·萨默维尔对该专题讨论集的简短的《序》，第 xi—xiii 页。

[2] 司马安的文章，是专题讨论集的第一篇，围绕儿童的道德发展，阐述了汉代对人类"吉庆之始，礼义之正"的关注而形成的特殊观念。它以"染丝"为题，为儒家对儿童和早期教育的态度提供了有益的基础；参见司马安："Dyed Silk: Han Notions of the Moral Development of Children"，同前，《中国人的童年观》，第17—56页。巫鸿的论述以"私爱"与"公责"的问题为中心，通过对儿童形象的艺术化和汉字化表述，牵扯出一系列社会文化问题。参见巫鸿："Private Love and Public Duty: Images of Children in Early Chinese Art"，载于司马安主编：《中国人的童年观》，第77—110页。

[3] 吴百益的文章从基于中国传记、自传和乳母的记述所揭示的稀少信息的一般性评论开始，转而论述了父母关于儿童的著作中的有价值的、几乎不被注意的资料，将儿童巫术文献的明显增长与他所认为的明末中国新兴的"儿童崇拜"联系起来；参见吴百益："Childhood Remembered: Parents and Children in China, 800 to 1700"，载于司马安主编：《中国人的童年观》，第129—156页。

[4] 费侠莉对该专题讨论集的贡献建立在她早先关于中国的研究的基础上：传统中国的妇科和生育文化，要考虑到生物生殖与社会生殖的相互关系。在中国生物医学话语的帮助下，人类生命的开始和进化以及婴儿的出生和儿童的成都得到了物理上和实践上的理解和管理。然而，正如费侠莉所揭示的那样，这一传统本身一直被嵌入一套特殊的宇宙论观念和社会文化关注中；参见费侠莉："From Birth to Birth: The Growing Body in Chinese Medicine"，载于司马安主编：《中国人的童年观》，第157—192页。

会和文化环境，对"儿童的性别地位"的世界进行了更深入的探索。^①梁其姿
（Angela Ki Che Leung）将19世纪中国儿童救济机构的新特点与早期的同类机构
以及西方的儿童救济机构进行了对比。她认为，当时的新观念是将儿童视为一
种属于社区的社会存在的观点，但与此形成冲突关系的是，儿童从国家获得的
保护性待遇将越来越少。^②

　　整体而言，司马安主编的专题讨论集中的大部分文章为中国研究中长期被
忽视的话题提供了宝贵的线索。部分结论是该领域的初步尝试，尚待进一步的
澄清和更系统的研究。尽管有这些优点，但作为第一次全面审视中国童年研究
的尝试，在几个重要的问题上是不足的。首先，对儿童和童年概念的概念化和
处理不严谨。作为此类作品中的第一部，它将关于妊娠（费侠莉）以及《红楼梦》
中的青少年［米乐山（Lucien Miller）］或当代的"叛逆青年"［马克·卢佛尔（Mark
Lupher）］的文章纳入其中，也许是可以理解的。^③为了避免得出过于模糊的结
论，需要做大量工作来区分传统中国与现代生命阶段的概念差异，包括婴儿期、
儿童期（早期儿童期、后期儿童期）、青少年期和青年期。其次，学者需要建立
一个更清晰的知识框架，以便从这些有时是稀疏的、随机的、看似轶事的、跨
越长时段和不同地区的观察中得出更系统、更平衡的分析。

　　这些案例的"中国性"以及它们在时间上的变化，需要进一步解释。纵观
中国历史上关于儿童和童年的各种观点，会让读者对"普遍性"与"特殊性"
或理论概念与日常实践相对立的熟悉问题，产生一种无解的好奇心。读者无法
确定围绕这些观点了解所发生的历史变化的基本特征，更无法确定中国人的童
年观念在过去的比较意义。有人可能会问，这项调查是否吊起了学者对中国儿
童观的胃口？它是否诱使我们去发现中国儿童的经历本身是否发生了变化，如
果发生了变化，那么，在这几千年里，是好是坏？更重要的是，这种变化代表
了谁的童年观或哪些儿童的童年观，在什么时期，在什么地方，在什么情况下，

---

① 安·沃特纳的文章将所杀婴儿的性别特征与近世中国嫁妆的增加联系了起来。她考虑了婚姻制度
　等社会因素与儿童的地位和他们所受到的待遇；参见安·沃特纳："Infanticide and Dowry in Ming and
　Early Qing China"，载于司马安主编：《中国人的童年观》，第193—218页。
② 梁其姿揭示了保婴会等组织的发展和中国弃婴收容所的变化特征，这些活动体现出对儿童贫困问题
　的新态度以及儿童作为复杂的社会存在的新概念，这既是封建王朝领导层的牺牲，也是封建王朝领
　导层衰落的部分结果；参见梁其姿："Relief Institution for Children in Nineteenth-Century China"，载于司
　马安主编：《中国人的童年观》，第251—278页。
③ 米乐山的文章讨论了《红楼梦》中的"青春期世界"，参见米乐山："Children of the Dream: The
　Adolescent World in Ts'ao Hsüeh-ch'in's *Hong-lou Mêng*"，载于司马安主编：《中国人的童年观》，第
　219—250页。

经过什么过程，出于什么原因发生的变化？ 在这些基本问题得到正视之前，我们对与儿童和童年有关的事物的观察和关注，对于智识构成研究来说将仍然是肤浅的，甚至是无用的。

其他相关研究也部分探讨了这些问题。安·沃特纳对收养习俗的调查，以及王刘慧辰和费侠莉对族规和家训的分析，解决了中国家族史的关键问题。[①]梁其姿对孤儿救助机构的研究，揭示了幼童生活的制度和文化环境；她对清朝早期教育的研究，揭示了影响"抚育"儿童的家庭以外的力量。[②]此外，刘翠溶（Ts'ui-jung Liu）、李中清和康文林·坎贝尔（Cameron Campbell）及其同事在中国历史人口统计学方面的著作，提供了重要的统计数据，并回答了有关婴儿出生、死亡和治疗的关键问题。[③]即使是植根于对新生儿生命伦理文化的特殊态度的思想史和道德哲学著作，也能对历史上"儿童"的态度或管理方面有很大启示。韩德林（Joanna Handlin）对16世纪士绅学者吕坤（1536—1618）的关注和考察，提供了这样一个例子。[④]所有这些都要求对儿童的生活有一个更有条理的理解，一个植根于经过证实的概念框架。

在这种背景下，本研究作为在不同情况下准备的论文和讲座的集合，它不是一个预先设想和全面执行的专题研究。因此，这些文章很难满足或有条理地介绍近世中国历史上的儿童与童年的要求。然而，当与中国学界的其他知识分子一起考察时，这项研究确实提出了一系列的想法和系统的探究。尽管这不是对这一主题的全面讨论，但这是对中国历史上与儿童和童年主题相关的几个话题进行的多角度、广范围的叙述。它提出了广泛的历史问题，虽然答案可能并不容易得到。[⑤]

---

① 安·沃特纳在其关于收养问题的书的《导言》中，从跨文化和理论的角度对这一问题进行了深入的思考，将她对明代中国的结论建立在生育和遗传的历史比较中；参见安·沃特纳: *Getting an Heir: Adoption and the Construction of Kinship in Late Imperial China*，参见王刘慧辰: *The Traditional Chinese Clan Rules*，参见费侠莉: "The Patriarch's Legacy: Household Instructions and the Transmission of Orthodox Values"，载于刘广京主编: *Orthodoxy in Late Imperial China*，第187—211页。

② 参见梁其姿:《施善与教化: 明清的慈善组织》，第三章，第71—102页。

③ 例如，参见刘翠溶:《明清时期家族人口与社会经济变迁》，李中清和康文林·坎贝尔主编: *Fate and Fortune in Rural China: Social Organization and Population Behavior in Liaoning, 1774-1873*。

④ 根据韩德林对吕坤为妇女、儿童和穷人所做的工作的研究显示:《女小儿语》《小儿语》和《续小儿语》都是蕴含在他的民粹主义关注中的努力，特别是面向年轻读者的；参见韩德林: *Action in Late Ming Thought: The Reorientation of Lu K'un and Other Scholar Officials*，第143—160页。

⑤ 我在这里所总结的大部分内容都可以在我发表的三个中文专题研究中找到:《童年忆往: 中国孩子的历史》《安恙: 近世中国儿童的疾病与健康》《幼幼: 传统中国的襁褓之道》。《安恙: 近世中国儿童的疾病与健康》《幼幼: 传统中国的襁褓之道》这两本书用数百年的儿科记录来展示这种童年经历的生物物理、生理和物质条件。

　　例如，中国儿童的生活是否发生了很大变化？如果有，在哪些方面、在哪些时间点上发生了怎样的变化？在中国漫长的历史进程中，儿童的情况是好还是坏？广义而粗略地说，从秦汉（前221—220）古典模式的确立到19世纪中叶以后的大规模变革，其中有两个时期具有标志性：南宋（1127—1279）[1]和明代中后期（1435—1644），这两个时期对中国的儿童来说，都迎来了喜忧参半的局面。在南宋时期，也就是12—13世纪，强大的社会文化力量在很大程度上改变了儿童的生活。其中最重要的是理学的成熟和儿科医学的建立。[2]前者试图制定社会、道德和行为准则，并确定年轻人的情感和教育经历，从而影响家庭生活。[3]理学还在社会层面影响了宗族组织，在个人层面影响了性格的形成和日常态度。程朱学派对静、敬、诚的价值观念的强调，重新定义了中国家庭的育儿文化和普通学堂的早期教育训练。[4]在婴儿和儿童的日常生活中，一定程度上强调默许、安静、控制情绪和身体姿态。婴儿被更加小心翼翼地包裹起来，有时甚至被过度保护。与宠物玩耍、户外喧闹和身体游戏（例如打球）都被禁止。沉默、胆小、不活跃、害羞和"像女孩一样"的男孩受到公开的赞扬和广泛的喜爱。不论是严密的家规，还是吕坤及其父亲吕得胜等道德家以《小儿语》《女小儿语》等教导文学的社会改革努力，或流传于民间的宗教小册子和流动的戏剧，理学的观点形成了一种新的人类行为基准的主流观念，从而也形成了近世中国的童年环境。[5]另一方面，儿科给这个社会群体带来了"专业"的照料和"专门"的关注，导致了一系列身体、物质和文化的重新定位。此外，宋代绘画和其他艺术作品中对幼儿的艺术表现，也指向了一个许多人对儿童抱有参与性的"关注"态度的社会。提供学校教育和教材是儿童重新引起集体关注和文化兴趣的另一个重要迹象。[6]本书第一、二编的一些内容，都提到了这个时代在中国社会文化史上的曙光，包括从生活在这个时代的儿童的角度来考虑。

　　明代中叶是儿童和儿童生活中又一个改变和调整方向的关键时期。首先，

---

① 原著中标注为南宋（1161—1279），译者注。
② 熊秉真：《幼幼：传统中国的襁褓之道》，第5—24页。
③ 熊秉真：《中国近世儿童论述的浮现》，第139—170页。
④ 一个很好的例子就是朱熹，《童蒙须知》，第12页。
⑤ 吕得胜：《小儿语》，第1—3页；吕坤：《续小儿语》，第1—7页；吕得胜：《女小儿语》，第430—432页。
⑥ 参见吴百益："Education of Children During the Sung"，载于Wm.Theodore De Bary 和 John W.Chaffee主编：*Neo-Confucian Education: The Formative Stage*, pp. 307–324.

与身体和健康有关的证据表明，五百年前在宋代已立足的儿科医学不断成熟和发展。到了16世纪中叶，近世中国已经接近一个为大量儿童提供特定医疗保健服务的社会：更完善的生育法、药物配方和紧急自救程序渗透到不同的地区，沿着贸易网络和其他旅行路线，从城市中心到乡镇和村庄，顺着社会阶梯向下蔓延。得益于精英阶层的努力普及、印刷业的兴盛以及明代社会商业的活跃，儿科医生的临床工作日益增加，辩论频发。由于相对"开放性"的知识特点，不可避免地夹杂着疑似保守的社会风气和无休止的流言蜚语。其次，在哲学和教育领域，王阳明及其追随者的出现，以及他们对人性的乐观看法，给社会化和早期教育赋予了一种特殊的"解放"气质，标志着另一个转折点。作为对程朱学派的直接回应，王阳明的心学派提出了对人性和早期教育的另一种替代性观点，以及对"童心说"的修正观点。它提倡某种自然主义的观点，持一种同情的态度，公开强调以儿童为本。王阳明和他的激进追随者例如李贽（1527—1602），就儿童教育和儿童的天真本性发表了热情洋溢的演说和文章，对"污染"和"虚伪"的成人制定的僵化纪律进行了讽刺性批评。这种"解放"和打破传统的精神，对旧有的正统的儿童训练和教育观念提出了颠覆性的挑战。它也是近世中国关于儿童和童年的话语中主要的社会和思想的辩证法。因此，它提供了一个重要的借鉴，后世的教育改革家和启蒙思想家在几个世纪以来的辩论和对话中不断地从中汲取灵感。无论是保守主义的程朱学派还是自由主义的阳明学派，或者两者在为不同的社会群体和文化地理区域制定实际的童年经历的表现如何，都是一个值得进一步研究的课题。[1]最后，在这一时期几乎没有触及的儿童娱乐和文学作品中，有一些明显的迹象需要进一步阐释。尽管在这一时期之前，各种以教学为目的的文学作品早已存在，而且在宋代，偶尔也有专门的街头艺人为满足城市儿童的娱乐需求而出现，但直到16世纪末和17世纪，我们才有直接的证据表明，出现了明确为儿童制作的商业化"销售"的故事集。[2]

这种对中国儿童历史的粗略"周期化"，需要进一步证实、阐明和修正。无论是微观层面的评估，还是对中国童年和儿童生活的理论思考，都是需要的。例如，自宋代以来，儿童保健和健康管理方面的改善似乎一直在持续上升，尽管并非没有阶段性的挫折或区域和阶层的差异。长期存在的祖先崇拜和宗法氏族组织文化是否已经与强调人的生命起始（出生）的哲学思想凝聚在一起？这

---

① 参见熊秉真：《中国近世儿童论述的浮现》，第139—170页。
② 参见熊秉真："Children's Literature"，第31—38页。

种新的强调，加上日益增长的商业化和城市化，是否为科技探索的进一步传播提供了一个有利的环境，从而使儿科的医学专业化得以实现？在近世中国历史的大部分时间里，基于日常记述、传记和地方志的儿童的物质条件似乎得到了改善。16世纪中叶以后，教育和儿童文学的发展非常迅速。[①]然而，这些发展可以被看作一种迹象，代表社会压力和制度侵蚀了在此之前相对无忧无虑的儿童生活状态。理学对人性及其"修身养性"的浓厚兴趣，揭示人们对幼儿的关注和控制的主要力量之一。早期教育活动的增加，例如在家庭教育和宗族规则方面对幼儿的利好条件有了更多的阐述，这不仅标志着照顾的加强，而且也大大加强了对幼儿的规训和塑造。宋代绘画中的"婴戏图"，标志着在被"接管"和"抹去"社会历史舞台之前，童年的无忧无虑和放纵的旧模式最后一次公开出现。取而代之的是，儿童生活规模、清晰度和中心性上被大大缩小了（值得注意的是，例如与宋、元的画作相比，明代画作中的童子题材十分罕见）。[②]直至阳明学派尝试让儿童参与到公开的辩论中、以便容纳甚至培养他们之前，户外的娱乐和体育活动遭到强烈的反对。在此之后，无论是在人们的思想上，还是在社会实践中，都经历了一个旷日持久的论争和探索过程。这场论争的余波，将我们带到了19世纪末20世纪初的近代社会。

当中国的道德哲学和社会伦理对儿童成长期的兴趣和控制产生矛盾时，儿童生活出现了普遍的"衰退"。在过去的五百年里，与其他地方发生的情况一样，改善护理、增加关注、加强管理和强化灌输，往往只是同一套社会和文化力量的不同表现。[③]关于中国明清时期越来越小的孩子在强迫性教育方面的正反两个方面的结果，与菲利普·阿里埃斯等学者关于欧洲发展中类似现象的矛盾意义的论述形成了某种尴尬的一致。[④]

从宋代开始，教授幼儿基本知识和技能的起点年龄似乎每隔一个或一个半世纪就减少一岁左右。也就是说，在11世纪，一个家庭条件优越的儿童（偶尔包括女孩）要到九岁或十岁才开始学习算术和写作，正如司马光（1019—

---

① 参见熊秉真：《谁人之子？中国家庭与历史脉络中的儿童定义问题》，第259—294页。

② 例如，台北故宫博物院的"儿童游戏画"展览类别中，有一幅明代画作《画闲看儿童捉柳花句意》。这幅作品是根据唐人的诗句"闲看童子捉柳花"创作的，其中的小主人公被简化，仅有身体姿态而没有明显的面部表情；参见台北故宫博物院编：《婴戏图》，第32页。

③ 在一篇比较评论的文章中，我已经阐述了近代早期教育在关注儿童兴趣方面的矛盾性。参见熊秉真：《入理入情：明清幼学发展与儿童关怀之两面性》，第313—325页。

④ 例如，比较菲利普·阿里埃斯在他的 *Centuries of Childhood：A Social History of Family Life* 第二节中提出的观点和我自己在《童年忆往：中国孩子的历史》中对中国清朝初等教育的社会政治影响的处理。

1086）所建议的那样，而大约一百年后，八岁的儿童就得到了这样的教导。初等教育的起点年龄持续降低，直到明代，平均年龄为四岁或五岁的儿童被要求学习在几个世纪前双倍于他们年龄的儿童无法学会的东西。值得注意的是，这种训练趋势和对早慧与神童的强调认知能力，从来没有局限于社会精英或知识阶层这个主体。①来自农民、商人和工匠家庭的粗略但明显的证据表明，近世中国社会中下层的竞争性养育和早期学徒制也有类似的模式。一方面，越来越多的农业、手工业和各种行业的父母急于将孩子送去接受"实用性文字"教育。另一方面，也有迹象表明，随着时间的推移，职业启蒙教育的实施年龄越来越小。在科举考试根深蒂固、工农业日益商业化等因素的影响下，对人力资本市场能力的认识的增强，促使将越来越年轻的社会成员纳入工作单位。随着传统上功利主义社会获得越来越多的盈利机会，在社会体制中迅速出现了价值观和日常行为的"重新定位"。在一个以重男轻女为主流价值观念的社会中孕育着一种"溺爱女儿"的文化（例如第七章所解释的），提供了另一个内在复杂性的例子。

那么，从包括儿童在内的历史中可以得到什么？如果把童年放在适当的角度，知识领域又有多大的不同？就前者而言，近世中国历史的案例可以作为一个很好的参考点。重构三分之一到二分之一人口（在任何一个人口统计学上的转型前社会中，估计有一部分都是年轻人）的经历，似乎只是对不可谅解的疏忽的补救。随着其他类别的疏忽，比如种族、阶级和性别等开始出现在社会和学界，这种疏忽就变得难以忍受了。因此，探索儿童的经历填补了我们集体知识的空白，即使这种努力仅仅触及这些问题的表面，因为它们与家庭结构、物质生活、健康、医学、教育、社会网络、经济发展、政治和哲学有关。这种知识的探索，包括对年龄和人生阶段因素的系统考虑，可能会在对过去的研究中的一些组织概念（例如历史上的成就衡量观和功能导向观）和操作方法（较少地依赖文本证据和更多的受过教育者的信息）上产生进一步的理解。

最后，这种对儿童和童年历史的探索在两个基本方面是有益的，也是有挑战的。第一，它提醒我们，历史和人类的存在不仅是集体和个人的产物，而且每个人的生命历程都是由许多不同的阶段组成的。一个人在这些不同阶段中的地位和地位所需要的条件和经历，不仅是文化或历史上特定的，而且还由他/她

---

① 参见熊秉真：《好的开始：中国近世士人子弟的幼年教育》，第201—238页。

在那个社会中的特定年龄来决定。第二，那些生活在同一时期、同一人口阶层（在地区、阶级和性别方面）的人，构成了一个历史维度不明晰的"年龄组"。这种与儿童与童年史的角力，提出了不同于人们熟悉的历史研究的概念和方法论问题。因为对于"儿童和童年"，人们面对的是一个既在生物学和社会学上是"短暂性"的，又在主观和客观上"不确定的"的社会范畴。儿童及其社会身份的这种变形特征可以与其他社会文化类别并列，例如种族、地域、阶级或性别，在一定程度上被赋予了流动性、混杂性和多样性，但大多是固定不变的。在观察儿童和童年时，历史学家必须以观察毛毛虫或蝌蚪的形式来接近研究对象，以确定它们存在的特定状态和阶段是否会产生持久或变异的兴趣或信息。这使得历史研究可能与社会、政治、经济和文化史的旧框架不一致，旧框架是根据人们似乎更持久的角色和地位来进行研究的。

图 1 《麟趾图》，作者不详。这幅画是后来的画家（可能是明代）模仿周昉的《麟趾图》而作。画中展现了宫女温柔地照顾皇室儿童沐浴更衣、坐爬玩耍的情景，虽然这幅画描绘的不是普通家庭的儿童，但表达了人们的共同希望与愿望。台北故宫博物院藏。

与人文学科领域的其他"新前沿"相比，婴幼儿生活主题更需要学者超越传统的知识工具和训练方法，去尝试运用（或仅仅是想象）另一种方式来感知基本的画面。过去大量的例子表明，为了以补偿或补充的方式提供额外信息而引入的随机研究，虽然可能促成一些新思想的诞生，但最终导致了新的知识僵局。儿童史和童年史的研究，从根本上重新审视历史观或许是有益的尝试，不仅要从"机械的"或"静态的"意义上对儿童的经历进行新的考虑，而且要通过考虑一代代不断变化的历史人物和社会环境的相互作用来确定社会变化和历史发展。要满足这一需求，需要有新的思路和调查。为了解决幼儿的主观参与问题，阐明婴儿的"声音"，就需要学者挖掘迄今未曾探索过的资源，并了解通过成人文献过滤的常用方法。在解读这些非言语信息的过程中，身体的动作和身体的姿态，例如哭泣、踢打、微笑、尖叫，或者仅仅是安睡的景象和声音，都是有意义的信息，可以进行语境化和系统化解读。为此，接下来的章节进行了初步的尝试。然而，为了更好地把握这个主题，我们还需要更多的投入。最终，我们可能会发现，只要有了活力和关注，弱者的行为和哑者的声音将不再是难以捉摸或无足轻重的，而是强大的生命运作，就像沉默在音乐或演讲中，或留白在绘画或建筑中的意义一样。在历史中，就像在艺术中一样，注意到隐藏的和难以捉摸的存在的能力是至关重要的。[1]

三、资料来源

由于"儿童"一词指的是人口中的年轻部分，而"童年"指向人们的经历和对这一人类生命周期阶段的哲学、文化和社会的理解，因此，对这两个主题进行研究的相关源头资料虽然不尽相同，但都是相关的。从历史的角度来看，概念和经历两个方面的主要表现为社会和文化结构。[2]中国和其他地方一样，过去人们对儿童和童年的理解和对待，不仅来自文字和思想，而且还通过行为和姿态，通过文本和其他证据的保存、再现或暗示。

中国历史上儿童和童年的概念的多样性，在各种类型的原始资料中都有明显的体现。这些证据在社会及人文、社会科学、科学等学术领域，都对这两个主题的现代概念提出了挑战。

在中国历史上，与儿童生活或某种童年观念或对待儿童的方式有关的资料虽然丰富，但都是分散的。就类型而言，它包括以下几类：第一类是人们称之

---

[1] 我在《童年忆往：中国孩子的历史》中的结论（第329—338页）说明了这一点。

[2] 在 *Childhood and Family in Canadian History* 文集的《导言》中（第7—16页），乔伊·帕里（Joy Parry）解释了"童年和家庭大多是由历史而非生物过程塑造的"，这些过程在自然界是最低限度的基础。

为"规范性和说教性"的作品。在这类作品中，人们可以找到标准的礼仪文本，例如《礼记》以及许多家规家训，它们在努力编撰社会习俗和日常行为的过程中，通常从规范的角度提出专门针对儿童保育和儿童教育的主张。①关于伦理和教育的哲学论述也可以看作这一类别下的一个小节，关于人性、人心、个人或群体行为的规则以及初等教育资料的讨论也是如此。不同的知识流派和时代的变化产生概念和规则，彼此之间或多或少地存在着差异。这些差异往往反映更大的哲学、社会和政治问题。从这些与儿童或童年有关的教育理论和观点，到理学关于"童心"的论述，我们见证了各种不同的文化力量与社会实践在微观或宏观层面的相互作用。②虽然这些力量从来没有严格地或只关注儿童问题，却仍然是塑造年轻人的观念和日常生活世界的内在因素。

与最后一组礼仪文本和哲学论述密切相关的是大量的家训和幼蒙，其目的是塑造青少年的社会性格和智力发展。从历史背景来看，这两种文献体裁并非同源，因此不应该被视作同一话语体系的代表。但是，从社会功能和历史因素考虑，它们都是为了培养出心智健全、品行端正的后代。家训是通过告诉父母和长辈该怎么做来实现的，例如6世纪的《颜氏家训》或宋代的《石林家训》。③随后，许多名气不大的明清著作在形式和精神上都受其影响，它们直接或间接地影响了人们对待儿童的方式和童年的家庭经历，这一点有大量的传记资料可以证实。儿童启蒙读物则是对家庭指导的一种镜像式的反映。它们没有教导父母和长辈如何对待孩子，而是直接去研究儿童的想法，用精心准备的"灵魂食粮"来进行正确的训练。一千年来，《三字经》《百家姓》《千字文》等脍炙人口以及类似的蒙学读物涌现出来，为孩子提供了他们的第一个社会角色，并让他们开始学习数字、地理、历史、社会规范等基本知识。其他的韵文或图文并茂的手册，比如《小儿语》和《幼学故事琼林》等，均活跃在近世中国的"儿童市场"。④因此，研究这些有指导意义的家庭文献，可以得到儿童和童年的

---

① 例如，参见郑玄：《礼记注疏》，卷28，第243页；司马光仿照《礼记》，为一个孩子制订了一个从婴儿到成人的理想教养计划，并增加了更多的项目和具体活动。参见司马光：《居家杂仪》；也可以参见熊秉真：《童年忆往：中国孩子的历史》，第80—81页。

② 司马光：《教男女》，《居家杂仪》，卷19，第333页；也可以参见熊秉真：《童年忆往：中国孩子的历史》，第81页。

③ 迄今为止，还没有关于子女的家训的研究。关于传统宗族规则和家庭训令的一般分析，参见王刘慧辰：*The Traditional Chinese Clan Rules*；费侠莉主编："The Patriarch's Legacy: Household Instructions and the Transmission of Orthodox Values"，第187—211页。

④ 关于近世中国的儿童启蒙读物和其他以小读者为对象的文学作品的简要介绍，参见熊秉真：《童年忆往：中国孩子的历史》，第16—24页。

充分证据。

　　个体的描述性和忏悔性的声音，经过仔细的阐释，会形成对这种形式主义的一般背景的有益反衬。传记性记述，比如年谱和自传性记录，比如自述或自订年谱，是儿童或儿童群体早年的证据，详细记录了儿童在特定环境中的活动、事件和经历。[①]个人日记、私人笔记、亲笔书信、亲朋好友相互酬和的诗词，通过依稀的回忆和清楚的描述，记录了自己或他人的童年时光。在日常生活中纪念孩子的童年时光的散文和诗歌里，充满了对快乐或痛苦的回忆，在近世中国读书人的世界里已不再罕见。此类体裁可以与规范性记录相对照，以说明某种"儿童文化"或"少年心态"的存在。家谱或族谱，往往包含着对幼童适用的细致家规，可以揭示被责罚或表扬的特殊儿童的案例。换言之，对于中国历史上的儿童与童年研究而言，问题不在于缺乏原始资料，而在于如何处理、理解和呈现这一系列杂乱无章的资料，而这些资料往往是旁枝末节或自相矛盾的。

　　第二类，11世纪以后，与规定性和描述性的资料不同，在人们对儿童的身体状况、儿童期的概念的认识及对青少年身体的照料方面，出现了可以称为技术性或经验性的资料。在这一类中突出的是卷帙浩繁的儿科文献，这是宋代以后日益形成的一门医学分支学科。儿科文献中的医论、医方、医案等，不仅揭示了疾病和健康规律，还揭示了儿童生活的物质条件。在这些文献中，可以看到对儿童和童年的看法以及生育的实践，其中既有对人类生理学和儿童保育本质的"专家观点"，也有普通家庭对待幼儿的实际策略。由于这些资料的实用性和世俗性，以及保存的数量庞大，这些医疗记录填补了评价中国儿童经历的物质和身体方面的真空。如果不适当地详细查阅这些卷帙浩繁的记录，任何关于这个时代儿童和童年的观念或治疗的研究都是不完整的。[②]儿科医生对活泼的儿童和婴儿期或童年的抽象理解，对知识或文化历史也有价值，因为它构成了一种特殊的历史力量，与更熟悉的社会和文化习俗一起，为儿童形成了一个多样和复合的环境。此外，这种儿科文献的定性细节和定量特征，还可以被挖掘出来，以回应诸如区域和阶级差异或这一特殊历史的物质条件等类型学

---

① 关于年谱的流派及其在了解个人生活方面的用途的简要解释，详见熊秉真："Constructed Emotions: The Bond Between Mothers and Sons in Late Imperial China"，第88页。

② 关于中国儿科的介绍及其留下的原始资料，参见熊秉真："Treatment of Children in Traditional China"，第73—79页；也可以参见熊秉真：《童年忆往：中国孩子的历史》，第16—24页。

问题。①

近世中国朝廷的法律文件，以一种不那么实质性但仍然重要的方式，体现了人们对儿童的认识。赦免的行为显示了人们对儿童作为法律实体的特殊性质的认同。在涉及儿童的实际诉讼案件的起诉记录中（清代法律文件中至少有三起涉及幼童的凶杀案）提供了具体案例，在这些案例中，关于儿童生活问题的法律规定与社会现实相契合。

还应该对其他政策、制度、法规和条例进行筛选，以便更好地了解儿童和童年在政治及公共领域的状况。这些资料包括关于税收和征兵年龄的规定，以及童兵实际参加战斗的证据。

经济史资料涉及劳动和生产力方面的儿童阶段。首先，生育可能是家庭生活中的一种精心策划的行为。生育操纵和杀婴只是历史上中国生育策略的冰山一角。② 童工无疑存在于农业、商业和手工业部门，在事实和抽象上都代表了童年从生殖到生产之间的联系。这研究探讨了对这种联系的语境化理解，以及儿童的需要和福利与对童年的理解和观念变化之间的对比。

第三类，除了规定性、描述性、技术性的表述之外，描绘儿童的艺术或想象的作品构成了另一个理解和分析的角度。表现孩子玩耍的《婴戏图》、卖玩具小贩的《货郎图》和其他聚焦于儿童活动的吉祥的社交场景，例如象征性的《百子图》，《闹学图》中对喧闹教室的幽默描绘，《春市图》中各种欢乐的市井景象，《耕织图》中对农村生活的理想化描绘，从宋代开始，就作为特殊的类型繁荣起来。类似的儿童主题出现在中国其他传统艺术作品中，比如瓷器、漆器、竹木雕、木版印刷和剪纸等。有了如此丰富的幸福的生活和公共的繁荣的展示，显然有公开的也有隐藏的信息，不一定是严谨的或现实的儿童漫画。③尽管如此，艺术手段所描绘的或通过艺术手段所反映的各种儿童或童年"形象"的变化，依旧需要读书人的诠释。值得探讨的是，它们是否暗示了集体情感在对待家庭生活或年轻生命的态度上的逐渐演变，或者它们是否只是一个独立的艺术表达领域。

---

① 我在"Facts in the Tale: Case Records and Pediatric Medicine in Late Imperial China"中讨论了儿科文献对接近流行病学史可能具有的价值，此外，我在《安恙：近世中国儿童的疾病与健康》一书中，分析了近世中国幼儿健康和疾病的主要模式。

② 熊秉真："More or Less: Marital Fertility and Physical Management in Late Imperial China." *Journal of Archaeology and Anthropology*, 74（June, 2011）: 119–168。

③ 例如，参见杜书华：《古画中的儿童世界》，第4—15页。

　　还有另外两类资料：一类是为儿童创作、关于儿童或由儿童创作的各种文学作品；另一类是围绕着儿童生活环境的众多物质、物品。前者包括直接或间接为孩子制作的、往往围绕儿童主角展开的故事，以及伴随着儿童洗澡、玩耍、争吵或简单的苦恼等日常活动而产生的无数歌曲、韵律和诗句。[①]后者包括儿童使用的或为儿童设计的食物和衣服、零食和玩具、家具以及建筑等证据，说明了儿童在不同生活阶段度过和感知童年的特定物质条件。

四、童年：多样化的观点

　　上述讨论揭示了关于这个问题观点的复杂性和多样性，令人振奋又令人困惑。显然，即使在同一历史时期，相异领域和不同的角度也会产生不同的儿童和童年概念，这些概念所构成的光谱之宽，既有一些互为补充的元素，也有一些相互矛盾的元素。

　　当代社会学、心理学和教育学的研究，对以成人为导向和以儿童为中心的立场进行了区分，这代表了另一套逻辑论辩，历史学家经常以此来阐述他们的研究。与文化态度或价值体系的联系，被认为是"权威的、惩戒的和压迫的"，而不是"同情的、宽容的或放纵的"，代表了"现代"语调中的熟悉修辞。这种"现代"说服的特点是将传统社会等同于前一套价值观念；现代则是人们通过对欧美家庭史和对儿童态度的考察逐渐向后一套规范靠拢的时代。[②]另一方面来自近世中国的证据，似乎更难归入后一套，可能会带来两种思想或实践并存的例子。这两种实践都涉及争议，几个世纪的社会生活和文化活动交织在一起，从而帮助我们批判性地看待任何"进化"或"启蒙"的假设，认为社会正在从"权威"走向"同情"，或在两者之间摇摆。仪式文本和蒙学教材中的说教和规范性资料可能被认为是以成人为导向，带有沉重的惩戒和压迫性，而个人情感和传记信息的来源，或艺术和想象力的描绘，可能被认为是相对宽容和以儿童为中心的。技术记录，例如儿科医案，属于又一类来源，既可以说是"进步"的，又可归为无可救药地"守旧"。虽然执业医师有自己的文化约束，然而出于实用性和职业性的考虑，他们并不只在规范的道德文化中操作，他们还必须从孩子

---

① 参见熊秉真："Treatment of Children in Traditional China"，第73—79页；《童年忆往：中国孩子的历史》，第16—24页。

② 这种假设在欧美的家庭史研究著作中相当普遍。参见劳伦斯·斯通：*The Family, Sex, and Marriage in England, 1500–1800*；约翰·萨默维尔：*The Rise and Fall of Childhood*。

立场去看、去感受、去理解。虽然这可能与"宽容"不同，但它确实提供了具体例子和实际证据，有别于近世背景下权威对儿童敏感模式。艺术和文学描写可以暗示类似的观点，甚至私人信件和回忆性作品，也可以分析出不同于主流假设和权威的"成人"的观点。但这些与满足现代性倾向以儿童为中心或孩子般的表现不一样。所有这些与儿童和童年有关的痕迹，事实上，都共存和交织在近世中国的老少日常生活中。过去儿童和童年概念的复合体，是无法用任何单一的解释模式来充分展示的。这当然会降低任何通常的二元对立的方法的有效性——旧的"儿童与成人""积极与消极"或"进步与传统"的模式，通过这种模式，持续的社会变化或历史线性发展的概念就会浮现出来。两者的元素不仅长期共存，而且很可能还有某种工作关系，形成了一个既不完全是"成人压迫"，也不完全是"放纵儿童"的世界。对于那些仔细调查和持怀疑态度地审视儿童的社会文化和概念史的研究者来说，用二元对立的方法重构过去非常霸道，除了历史研究几乎不可避免的特点之外，一无所获。这些研究主要是从特殊的"现代心态"下成长、培育然后发展和执行的，这种心态长期以来主要是在欧美文化背景下形成的（其历史过于复杂，此处不赘述，尽管其含义对我们目前的关注绝不是无足轻重的）。

五、孩子：三种相关性定义

审视众多的资料来源，我们可能也会意识到，从语言和概念来看，孩子的主体（子、童、幼）有三个不同层次的含义。第一层是"社会孩子"，侧重与"尊长"相对的"卑幼"地位。由于这个术语及其合成物的使用是灵活多变的，因此，重要的是要说明它们的语义含义，以避免误读或过度解释，同时要学会理解它们的各种内涵的社会文化的相互联系。从广义来说，这个"子"的概念在这里主要被理解为与长辈相对的一种社会地位。它表示一个个体的从属、卑微和低下的地位，与他或她的长辈、祖先和其他处于等级优越地位的人相比，处于从属的角色。因此，它意味着一种身份，虽然它常常与儿童有关，但不等同于"儿童"。从这个意义上来说，只要父母还在世，或者每当面对家中长辈说话或行动时，任何年龄的后代都总是处于"子"的地位，这就是中国大多数礼仪典籍，例如《礼记》中提到这个词时用的"子"，同时也是中国大多数哲学参引、家训和法律文件所采用的意义。从社会角度来说，在《二十四孝》等重要的语境中，"子"就是这样的意思。"子"作为一种相对地位的广泛的社会意义，具有明确的义务和规定的角色，不论年龄大小，这是近世语境中"孩子"概念的关键点。包括历史上的中国在内的社会，正是在这种社会的、文化上不成熟的、次要的、法律上不可解释的背景下，将其他非亲属群体联系起来，例如奴隶、佣人和处于低等、依赖地位的外国人。大多数现代社会也能理解"成年孩子"的概念，尽管这一方面几乎没有被历史学家、心理学家、儿童或儿童社会学家作为一个与其主题密切相关的问题加以阐释。

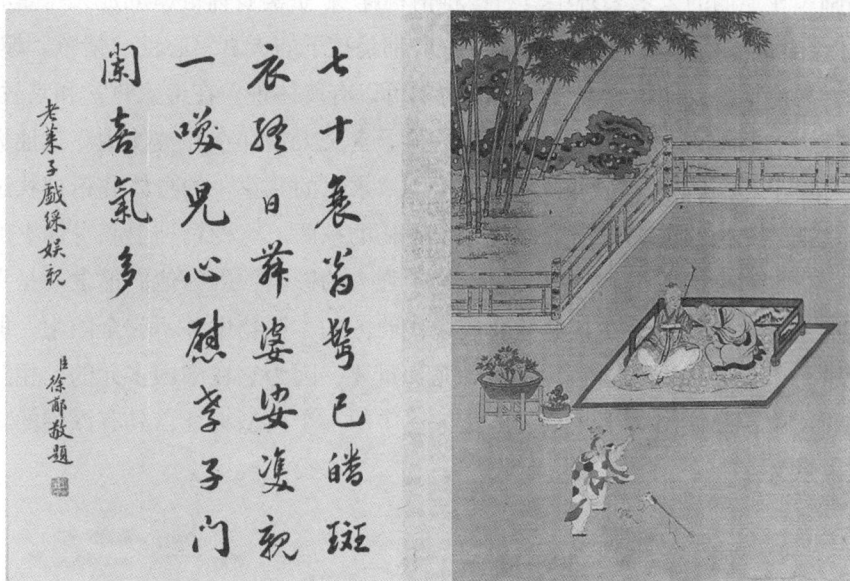

图 2 《老莱子戏彩娱亲》。这幅画展示了"子"在父母面前的社会角色，与年龄无关。转载自明代仇英的《二十四孝故事》。台北故宫博物院藏。

中国"孩子"概念的第二层含义更接近于现代的普遍理解。它被认为是一个人生命周期中的一个阶段，即成年之前人类生存的早期阶段。这种狭义的、更机械的、生理学上的"子"的概念见于传统中国儿科医案等技术性文献，也见于蒙学、传记和自传著作等领域。有趣的是，到了明代，重要的思想家比如王阳明、李贽等人采用了这种更具体的含义上的"童子"，即狭义上的儿童，以区别"子"的一般含义，创造了一种新鲜的、更自由的对儿童和儿童教育的观点。①

---

① 王阳明:《训蒙大意》,《王阳明传习录》(原著中标注书名为《阳明传习录》, 译者注), 第57—58页; 李贽:《童心说》,《李氏焚书》, 卷3, 第22—24页; 也可以参见熊秉真:《童年忆往: 中国孩子的历史》, 第192—216页。

最后，当"童"和"子"在哲学和美学上被用来强调某些特定的特征或品质，作为人性的一种状态时，"孩子"的第三层更抽象的含义出现了，指的是作为存在主义的"儿童"特征的品质。特别是在讨论艺术和文学时，在其他文化环境中，人们也可以把某些童真倾向、艺术风格或伦理价值说成是代表或显得接近"孩子精神"。许多中国谚语用"童"和"子"及其相关的形容词来强调这种文化上对"儿童"作为一种精神状态的欣赏。例如，形容一个人保持"童真"，形容诗人和画家在他们的艺术表现中具有"稚情稚趣"，赞美身体健康的成人"童心未泯"，甚至赞叹一个人"鹤发童颜"。这些都是孩子的天真、心性、情感、趣味、体态，无论年龄或地位，在任何人身上都可以有所体现。在道家哲学和宗教中，这种扩大的、知识化的、哲学上沉思的孩子含义大量存在和被使用。在他们的信仰、追求和实践中，它代表了一种接近"永恒的儿童"的身体和精神状态的培养，把"先天的纯真"描绘成类似于不朽的东西。这种精神上和身体上的儿童的概念也对中国医学和健康文化产生了强大的影响，因为他们追求的是身体再生能力的效果。尽管在其他社会或现代西方的参照物中并不完全陌生，但这种理解对于我们认识中国的儿童概念尤为重要，因为它在中国多元的、相互关联的语境中，凸显出关于儿童的广泛论述中的一个典型特征，具有深刻的理论和比较意义。

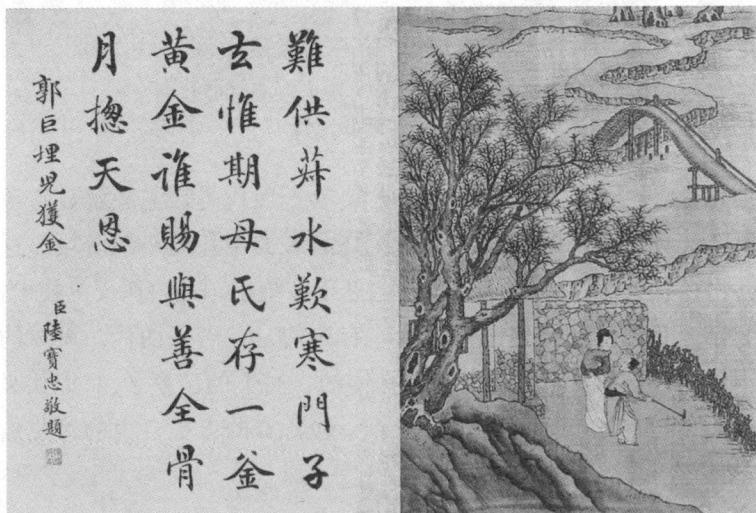

图 3 《郭巨埋儿侍母》。说明了在中国的文化话语中，成年男子郭巨（图为他埋葬自己儿子的行为）"子"的角色，并非指的是真正的年幼。转载自明代仇英的《二十四孝故事》。台北故宫博物院藏。

　　这些"孩子"概念在三个不同领域的相对自主而又相互交流的特点，确保在涉及特定的活动或关注领域（例如，关于健康、家庭生活或哲学活动）时，对"童年"的某种理解可能是操作性力量，但没有一种单一的观点主导的整体概念或对待儿童或童年。首先，普遍的社会价值观，认为孩子是家庭中不可缺少的初级成员，既能服从和服务于长辈的需要，又可传宗接代，是促使传统儿科医学诞生并维持其发展的最强大的力量。其次，这种对婴幼儿作为人的生理初始和幼年阶段的技术性认识，有助于保护和维护人类后代的生存，从而使幼儿初级地位所需要的社会伦理实践成为可能。另一方面，这种对人体不断发展的生理学的认识，接受、促成并修正了人们对纯真、天真和青春的认识的变化，这是一个值得单独论述的领域，太过复杂，不再论述。最后，哲学、宗教和美学上对抽象的永久的婴孩的探求，作为代表一个人"童心"的不退化、永久提升的追求，为医生所认识到的生理法则的局限性和近世儒家社会秩序中小辈所被赋予的僵化窒息的从属地位，提供了一种急需的对比和平衡。这种哲学的、存在主义的"孩子"的解放、反叛和颠覆性的特征，在人类生命的各个阶段作为一种永恒的可能性，而不考虑他们所被期待的家庭角色或世俗

图 4 （宋代）刘松年的《秋林牧纵图》。男孩牧羊是人们熟悉的农事活动。这幅图象征着自由和自然的生活方式。台北故宫博物院藏。

义务，为明清的社会等级制度和政治创造了一个及时的裂缝和宝贵的呼吸空间。它还承诺或暗示了在人类可见的物质存在之外的一种精神超越。

因此，对中国历史上儿童和童年世界的评估，不仅仅是对人类经历中失去的篇章进行补缺的机会，更多的是为我们打开一扇新的窗口，让我们认识到年龄和生物社会阶段等分类因素在人类社会组织和运作中的力量。作为一种分析工具，它还提醒人们，在研究有关人类"内在状态"的问题时，历史可以给许多社会科学的文化特殊性带来启示。这种研究在概念上会受到诸如社会心理学、早期教育或社会学、人口统计学等学科非常"现代"的观点的限制。另一方面，这些学术观点作为现代社会文化力量本身的产物，一直有力地影响着他们所要调查的对象的态度和经历的形成。相比之下，他们处理的证据来自不同时代、在不同力量下构建，提醒人们注意常见的社会科学理论模型，这些模型可能是基于他们的想法一定程度上帮助创造的数据而自我实现的预言。出于同样的原因，进化心理学显得过于笼统，无法满足我们对不同社会日常运作的好奇心，而进化生物学应用于人类社会时，则显得过于粗糙，无法阐述人们对人类习俗变化的实践和环境的认知。

"慈航"的概念起源于中国佛教，后来在明代儿科文献中被使用（"慈航"，这里简译为"温柔之旅"），它提醒我们，在人类历史的不同阶段都对婴幼儿颇为关切。[1]在其略微拗口的英文中，通常被翻译为"同情之旅"，它重新引入了一种社会文化生态学，无论是否处于早期阶段，生命都是相互关联的，因此需要比历史学家可能承认的更有想象力的阐释。因此，社会或学者对儿童和童年的现代"发现"，绝不只是对决定婴幼儿生存和成熟的生理、物质和社会情感条件的复原。它当然不像一些历史学家曾经提出的、现在仍在流传的理论那样，作为集体线性进程的任何指标或衡量标准。它在近世中国历史中的存在表明，这种经历及其表征从来都不是、也很难成为特殊性或普遍性的印证。伴随着它的不断变化的多样性——时间、地域、性别、民族和阶级——这段儿童和童年的历史才开始看到光明。我们学到的知识提醒我们，在诸如儿科、早期教育和儿童心理学等现代学科中，常常（尽管并不总是）隐含着一般的、恒定的、生理学上的儿童或童年，这些学科与社会学和人口统计学一起，现在可以从时间和空间所提供的一些复杂情况中获益。

---

[1] 参见聂尚恒：《痘科慈航》。

　　儿童的生活和童年的经历，在这里被投射成一趟关于中国历史的温柔航程。①在人类漫长而艰辛的生命历程中，这个最早的阶段体现了人类生存的脆弱，只有用同情心温柔以待。尽管在近世中国，大约一亿婴幼儿生活在不同的地方，生活各异，对不同的人来讲意义不同。这种短暂的、脆弱的但又充满魅力的生存方式引起也需要人们的关注，其意义超越了中国的政治或文化边界。在现代显著改变的物质和文化环境中，这种挣扎存在的许多背景，以及随之而来的经济、哲学和物理条件都发生了变化。因此，对于一个有知识的旅行者来说，目前的尝试希望能够激发人们在未来的旅程中有进一步的理解。

----

① "慈航"原是佛教用语，指人的生命经历是在苦海中度过，需要慈悲的菩萨不断地指导和怜悯。到了近世，这个概念被借用来代表婴孩和幼童特殊的天真和脆弱的存在。正如，《慈航》(*A Tender Voyage*) 这个标题表达了这一点。

第一编
身体状况

　　生存是儿童出生时面临的第一个也是最大的挑战。在传统社会中，婴幼儿的死亡率惊人，年龄越小死亡率越高，这是所有人都面临的严重的困难。宋代（960—1279）儿科分科（幼科）的出现，无疑改变了婴幼儿的身体护理方法。以下三章描述了这一职业的成熟及其与新生儿护理和哺育的实际需要的关系。正如它们所显示的那样，这种变化并不是来自该领域专家的单一改革力量的结果。但儿科医案揭示了近世中国幼儿的身体状况。这些文献中阐明的信息揭示了儿童疾病和中国儿童健康的变化模式，以及这些变化背后的经济、社会和文化力量，还有中国不断发展的物质条件和生物环境。

第一章　对儿童的诊治[1]

7世纪，著名的医学家巢元方（550—630）在他的《诸病源候论》中，写下了六卷共255条关于儿童健康问题的论述。相距不足百年，医学权威孙思邈（581—682）在他的《千金方》中单独列出了《少小婴孺方》。但是令人遗憾的是，这一时期的医生仍然很难为六岁以下的儿童提供有效的医疗援助。对于患病的幼童，除了"预测（孩子）是生是死"之外，往往无计可施。大约三百年后，宋代以专长幼科而闻名于世的钱乙（1032—1113）在京师医学院担任教习。又过了大约三个世纪，14世纪初，人们在中国内陆的湖北省发现了一块挂在建筑物上的牌匾，上面书写着"万氏幼科"。在唐代医生对治疗幼童集体无能的反思自责的一千年后，清代朝廷组织编写的典籍《古今图书集成》中医学部分，在"幼科"类别下，包含了不少于一百卷的医论、处方和病例。这些事例与菲利普·阿里埃斯的论断不符，即承认儿童是人类的一个特殊类别只是一种近代现象。[2]在过去的十个世纪里，如何护理儿童、为什么需要护理儿童以及在儿童健康护理过程中遇到了一些什么问题，当然需要解释。

菲利普·阿里埃斯的研究激发了人们的讨论以及反思研究。此后，欧美历史学家利用涵盖广泛时空的资料，进一步考察西方人对儿童的态度。[3]关注非西方文化的学者也对菲利普·阿里埃斯的研究观点做出了回应。类似的探究，如果应用到中国历史上，就会发现一个迄今未被关注的世界，它与儿童的生活有着直接的关联，且留下了丰富的文献资料，包括传统中国幼科医生的工作和记录。这些幼科典籍、方剂和临床病例记录，除了直接记录中医一个重要

---

[1] 本章改编自《幼幼：传统中国的襁褓之道》第二章，第5—23页，台北：联经出版事业公司，1995。

[2] 菲利普·阿里埃斯：*Centuries of Childhood: A Social History of Family Life*. Trans. R. Baldick. New York: Vintage, 1962。

[3] 例如，苏拉密斯·萨哈的*Childhood in the Middle Ages*一书就是试图纠正菲利普·阿里埃斯的观点，即欧洲人在近代早期之前并不承认童年这一范畴，其结论对西方历史上关于儿童和童年的这一学术研究进行了较为广泛的回顾。

分支专业的出现和发展外，还提供了一个不同寻常的进入儿童世界的机会：他们对身体病症和健康状况的诊断、对身体的认识和治疗、日常饮食的季节变化和内容、日常活动的习惯和模式，以及供给日常生活的一般物质和物理环境，他们还提供了一系列关于儿童和童年的概念和处理方法。[①]由于中医儿科蕴含的意义广泛及其在我国医疗发展和卫生实践中发挥的积极的作用，因此，直接或间接产生于保健活动中的文献证据比比皆是。自明清以来，第一手的证人从专业的精英儿科医生到携带独家秘方的街头小贩，医生、受教育的精英、国家以及孩子的父母、亲属和其他照顾者对儿童的理解和身心管理的历史，对这一特殊学科在中国传统医学中的发展进行探索，揭示了儿童如何成为专业关注的焦点。

图 5 《街边小儿科》。这幅画是（清代）沈源所绘《清明上河图》中的一个细节。这是一幅清代仿宋画的局部，画的是一家专门治疗小儿疾病的诊所，招牌底部的四个字表明，营利并非是唯一的追求目标。台北故宫博物院藏。

---

① 对这些儿科文献的系统解读，主要见于两本著作和若干文章。参见熊秉真：《幼幼：传统中国的襁褓之道》；《安恙：近世中国儿童的疾病与健康》；《清代中国儿科医学的区域性初探》；同前，"Facts in the Tale: Case Records and Pediatric Medicine in Late Imperial China"。

一、幼科医学

与其他文明相比，中国的幼科医学算是萌芽较早的。除上古时期许多名存而实佚的儿科著作外，如今可见的儿科论著可上溯至隋代（581—618）。不过中古时期的幼科与其他科别一样，初具规模而未能脱离巫医色彩，相传巫妨所著的《颅囟经》一书最具代表性。不过《颅囟经》[①]事实上，它特别注意囟门处头骨较软的位置，表明当时医学的经验倾向。

隋唐以来的医学文献，已包含专门的章节讨论小儿健康问题。例如，在7世纪的《诸病源候论》一书中，作者巢元方就设置一节专门论述小儿问题。7世纪[②]的孙思邈所著的《千金方》中有《少小婴孺方》两卷，是另一个将小儿问题列在卷首的例子。这两部医学典籍中的幼科内容，一方面涉及新生儿的护理问题，比如断脐、拭口、沐浴、哺乳、衣着等详细内容，另一方面对当时常见的小儿疾病的病因、症候以及治疗提出了自己的看法。[③]在此传统之下，在王焘所作《外台秘要方》四十卷中，也有两卷（八十六门）专谈小儿疾病问题。[④]其后，唐、宋、元三朝（7—14世纪）的主要医家的著作大多涉及幼科，且将其独立列于篇首或篇尾，使其自成单元，以便读者查考，这可以看作幼科走向专业化的一个先声。更重要的是，这部分医学知识，因作者盛名而广为流传，尤其是孙思邈的《少小婴孺方》两卷，以类似单行本的形式历经唐、宋、元、明，被多方传抄翻印。

不过总体而言，直至唐代末期，幼科由于缺乏生理知识和临床技能而发展受限。当时医书承认对幼童健康问题的治疗能力仅限于"卜寿夭，占生死"[⑤]。一般而言，对于六岁以下的稚龄儿童的健康，所悉甚少，婴幼儿一旦染上恶疾，医生大多束手无策。

尽管如此，传统医界并未放弃改善幼儿健康的努力。在这一承继上，钱乙

---

① 《颅囟经》据说是巫妨所著，一般认为是唐末宋初的作品，是现存较早的一部幼科专书。颅是头骨，而囟是头骨的软顶。小儿初生之际颅囟未合，其生理病理亦与成人迥异，该书乃以《颅囟经》为名，以表示为幼科医学之作。目前所见版本，是从后人零散的引文中收集起来的，为《景印文渊阁四库全书》所辑录。

② 原著中标注为8世纪。《千金方》成书约为永徽三年，即652年，翻译时修改为7世纪，译者注。

③ 巢元方：《诸病源候论》，卷45—50，第1237—1392页。孙思邈：《千金方》，《景印文渊阁四库全书》，册738。

④ 王焘：《外台秘要方》。

⑤ 参见《古今图书集成》，卷501，第1页。

的医术和他留下的医学遗产，即三卷本的《小儿药证直诀》①，成为业界期待已久的突破口。据刘跂为钱乙所作的传记记载，钱乙出身于钱塘医学世家，他的父亲（很快弃家出走）和养父均以医为业。当时医生本属方技术士之流，一向父子相传，师徒相授。钱乙稍长亦因知书而从医。他成年后因"颅囟方著山东"②而声名大噪。也就是说，到11世纪中叶，中国社会上已有专攻小儿疾病的幼科医生存在，幼科医学发展的客观条件较之前又迈了一步。

钱乙因成功治愈皇族子女的疾病而奉诏入宫，被擢升为太医丞。"自是戚里贵室逮士庶之家顾致无虚日，其论医诸老宿莫能持难。"③在这样的赞誉下，钱乙不仅进一步树立了幼科医生的权威，而且幼科这个专业也得到了医界的广泛尊重。钱乙的《小儿药证直诀》确立了幼科的性质和方向，成为中国幼科尊崇的开山鼻祖。

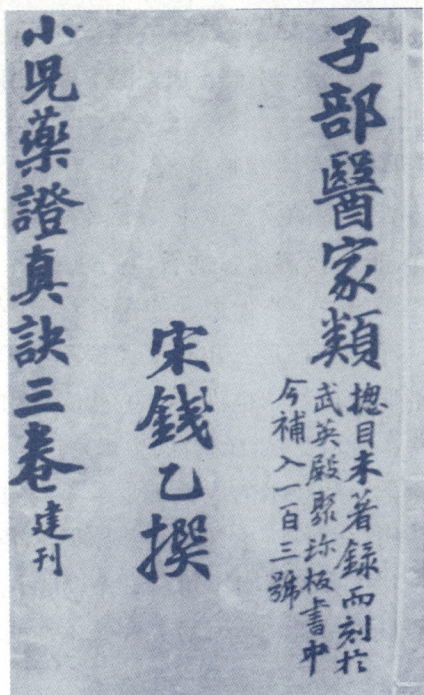

图 6 《小儿药证直诀》封面。此书为钱乙所著，他是第一位以医治幼童为专业的医生。台北"中央"图书馆藏。

---

① 《小儿药证直诀》，又名《小儿药证真诀》《钱氏小儿药证直诀》，文中统一使用《小儿药证直诀》，译者注。

② 刘跂：《钱仲阳传》，第1页，参见钱乙：《小儿药证直诀》前附。

③ 同上，第1页。

从钱乙的时代开始，其他关于儿童健康的文献也开始出现。董汲专论痘疹的《小儿斑疹备急方论》一卷[①]；刘昉所编的《幼幼新书》四十卷（1150），陈文中所著的《小儿痘疹方论》（1214）；以及12世纪中叶的《小儿卫生总微论方》等都比较有名。[②] 这些作品的出版，表明宋代以后幼科日益引起医界重视，幼科医学本身也渐成专业，钱乙及其《小儿药证直诀》对此发展大有裨益。当然，钱乙出身于医学世家，他的医学知识、理论思考和药方的形成都受中国近世之前医学传统的直接影响。他认同传统医家的观点，认为幼科是医界中一个特别困难的领域，在智力和技术上都是一个面临挑战的领域。他希望医界同人能齐心协力，以拓荒精神逐步开辟这片处女地，以期"使幼者免横夭之苦，老者无哭子之悲"[③]。在医理上，钱乙将脏腑学说应用到幼科方面，"五脏证治"理论一直到19世纪都是中国儿科的指导和基础。他所指出的小儿具有"脏腑柔弱，易虚易实，易寒易热"[④]的特性，被传统幼科奉为圭臬。他发展出来的"面上证"和"目内证"的重视望诊的办法，不同于成人医学中常用的"脉诊"和"问诊"办法，被后世广为应用。

从12世纪开始，幼科的发展雏形已成。早在钱乙出现之前，中国就已经有了对儿童健康的专业护理的强烈需求。中国人对祖先的崇拜和对家庭价值根深蒂固的信仰，可能为救治幼童的普世需求提供了社会文化方面的影响。家庭伦理和宗族组织的进一步发展，使这种对子孙后代身体健康的关注在11—12世纪达到了一个新的高度，出现了像钱乙这样的历史性人物，并预示着他"前所未有"的职业成就。也许正是这种广泛的社会背景，使幼科作为医学中的一个分支专业蓬勃发展。幼科的生理理论、病理观察、临床技能、药物发明等，这些"科学"和技术的成就满足了人们的需求。如果没有这些成就，无论是钱乙还是历代幼科医生都不可能发挥出很大的个人影响力。换言之，这种对儿童普遍"关注"的态度，可以看作近世中国社会对儿童"有利"环境的背景，而不是明显的结果。学术研究和技术发明扩大了这种影响，并在民众中广为传播。

---

① 董汲：《小儿斑疹备急方论》，台北故宫博物院善本书室藏。
② 中国幼科自先秦至南宋时期的发展概况，可参见陈邦贤：《中国医学史》；史仲序：《中国医学史》；陈聪荣：《中医儿科学》；王伯岳、江育仁编：《中医儿科学》。（原著中标注作者为汪伯岳、江育仁，译者注）
③ 钱乙：《小儿药证直诀》，第1—2页。
④ 同上。

　　中国儿科的兴起，其意义并不完全在于它的早熟。最近的探究只是加强了对宋代儿科医学所处的大历史环境的探寻。它是如何产生的，又意味着什么？列举几个日期，也许有助于把事情说清楚。就欧洲而言，最早专门讨论与儿童有关的疾病和健康需求的医学论文是在15世纪末和16世纪出现的。①在美国殖民地时期，"事实上，直到18世纪，儿童和婴儿都是妇女的事。医生帮不上什么忙，随同早期定居者的药剂师、理发师、外科医生或其他男性保健人员也帮不上忙"②。在小托马斯·科恩（Thomas Cone Jr.）敏锐的观察中，直到19世纪末医疗实践被分割为不同的专业，儿童疾病从内科医生被转移至儿科医生治疗。线性发展不再对学界有很大的影响，尽管情况不同，但近世中国的幼科的出现和发展值得研究。这样一种科学技术发展和社会文化现象背后的力量是什么？相比之下，在其他地方发生或存在了什么可能阻止了类似的发展？对这些问题的回答具有启发性，不仅有助于更好地理解中国科学与医学史，而且有助于对童年和儿童的历史状况进行比较研究。

二、专门知识的普及

　　16世纪初，吏部尚书许赞向朝廷敬呈了一部由中国西北地区丽泉堂刊行的十卷本的《婴童百问》。许赞在呈疏中言称，他在担任翰林院编修时，于坊间搜集到此书，为"在昔名人著述"，后以"不著撰人"流传于世。但勘查原书，卷一之下题有"鲁伯嗣学"字样，许多人由此认为鲁伯嗣为该书作者。③

　　此书的价值体现在其内容和结构上。诚如书名所示，这部幼科医书以问答形式撰成，以婴童各证设定一百个问题，并根据当时医界知识技能所及一一作答。"每问必究其受证之原，每证必详其治疗之方，观形审势，因病投药，相当详备。"④

　　《婴童百问》一书，由"婴幼童养护"和"疾病治疗"两大部分组成。前者多承继唐代巢元方、孙思邈之作，后者则在钱乙《小儿药证直诀》的基础上

① *The Catalog of Clifford G. Grulee Collection on Pediatrics* 一书藏于美国芝加哥大学图书馆特别文献部，儿科藏书目录载有大量西方儿科文献。最早的研究是15世纪末和16世纪以来关于儿童健康的拉丁文和德文论文，第27—32页。

② 美国儿科的奠基人亚伯拉罕·雅各布（Abraham Jacob）在现代欧洲儿科医学的先驱德国得到了训练。参见小托马斯·科恩：*History of American Pediatrics*，pp. vii–x, 99–107。

③ 许赞：《进〈婴童百问〉疏》，鲁伯嗣：《婴童百问》，台北故宫博物院善本原书，第5页。

④ 同上。

加以发挥，许多关于婴儿护理的主题读起来与隋唐时期的著名医书的观点颇为相似。书中首先介绍了新生儿的护理，接着介绍了婴儿的喂养和保护，最后讨论了婴儿的疾病，比如噤风、撮口和脐风等。其中谈到新生儿服用朱蜜、黄连、甘草等法，作为"清洁肠胃"的第一步。建议人们不要给婴儿穿得过暖，应尽量带婴儿到户外晒太阳、透风，在哺乳和喂养时要注意适度，"不可过饱或积滞不化"，还要特别注意正确的断脐的方法，以避免感染和由此产生的脐风（新生儿破伤风）等。[①]

其他章节讨论了与婴儿生长发育以及儿童疾病有关的问题。例如，在卷四中，第三十一问是"胎疾"，第三十二问探究的是颅骨未闭的软骨区（囟门）。在卷五中，第四十一问是语言迟缓（语迟），第四十三问探讨的是龟背、鹤膝、学步迟缓等问题。从这些内容可以推测出，《婴童百问》的作者熟稔传统医书文献。在小儿疾病方面，该书显然是受钱乙的理论和治疗方法的影响，尤其是在脉象、小儿的肤色、可目测到的病症，以及五脏六腑、惊吓、呕吐、耳鸣、感冒、发烧等疾病的诊断和治疗方面，都有明显的借鉴。当然有些部分添加了作者本人的意见及当时医界的经验，较11、12世纪幼科亦有更详尽的发挥、更仔细的论证。

然而，从历史的角度来看，此书的结构比内容更具深意。因全书以问答方式完成，每设一问，必有论、有验、有方。其问以浅显文字为之，其论简明扼要，其验确实有据，其方条理明晰，作者普及幼科知识的用意及刊行后为落后地区的同业新手提供工具及嘉惠民众的目标，非常明确。

随着《婴童百问》的出版，到15世纪末传统中国的幼科已有丰富的知识体系。此外，有人意识到普及这些专门知识的必要性。此书最早出现在西北区域的陕西省蓝田县，再由当地官员上疏呈献给朝廷，以朝廷之力大为推广。如今所见的嘉靖年间刊版的页首，不仅有吏部尚书许赞的疏文，还有大学士严嵩（1481—1568）[②]的《序》。如此一来，作者著此"普及本"的心意得到最好的体现。

此书问答的形式非常有利于用有组织且简洁易懂的方式，传播知识技能，把数百年幼科医学成果呈现在读者眼前。该书十卷百问，涵盖了当时中国幼科的范畴及关键成就。无论是医生还是普通民众都日渐熟悉这种问题，亦有他科仿此而作，比如《妇科百问》等，足见《婴童百问》的价值所在。同时，为了普及儿童健康知识，医生不断尝试其他体裁，比如歌、赋、口诀等，以期能迅

---

① 参见鲁伯嗣：《婴童百问》，卷1、4、5。

② 严嵩的生卒年学界大多采用1480—1567，译者注。

速广泛地传播医学技术性知识。①17世纪初，王肯堂（1549—1613）的《幼科准绳》问世，全书有部分用歌诀韵语形式写成。②事实上，明清时期各种汤头歌诀之类的作品，可视为以"百问"形式存在的流行化体裁的组成部分。这些努力，在很大程度上弥补了传统中国识字人数少、普遍教育文化程度低的缺憾。他们通过浅白通俗的口语问答或押韵口诀的方式，将民众急需的医学和健康知识传播到偏僻的地方和社会各阶层。这一时期迅速发展的木版印刷、蓬勃发展的出版业以及迅速扩大的"图书市场"，对幼科医学知识的迅速传播，亦有着不可磨灭的贡献。

因此，像"百问"这样的文本，揭示了很多方面的问题。除了对儿童保健的普遍需求外，医疗服务的获取和提供也发挥着越来越重要的作用。到了15、16世纪，在儿童健康领域，一个充满活力的幼科专业及其有进取心的参与者解决了这个实际需求。这些参与者并不局限于具有特定知识和技能的医生，还包括那些有知识的人和关注者，他们认为有必要与民众的需求联系起来。因此，他们建立了重要的渠道，使这种"技术商品"能够被更偏远和贫困的消费者所获得。儿童保健知识的改进和创新供给，可以转化为中国许多婴幼儿的生活条件，而不仅仅是少数特权阶层。

三、幼科医学的专业化

传统中医虽有学术创新，但行医者多半被视为方术之流，被划入手艺人之列。③与儒士相比，幼科医生很少有人能满怀自尊心。在清代以前，历代医学典籍均被归类于子部而不入经部，二十四史中行医者传记均列入方技传，或被视为术士之流，医学及行医者的社会地位由此可见一斑。在这种社会文化背景下，医学知识的传授及行医职业的传承，卜巫星相工艺等方技术士的一般办法，或父子相继，或师徒相传。无论是父子相继还是师徒相传，知识与经验便能长久积累，对该学科或技术的专业化大有裨益。④

① 例如万全：《幼科发挥》，卷1，第4—7页。
② 王肯堂：《幼科准绳》。
③ 参见熊秉真：《清代中国儿科医学的区域性初探》，第17—39页。
④ Consult also Paul Unschuld, *Medical Ethics in Imperial China*. Baltimore: Johns Hopkins University Press, 1979.

　　若观察宋代以后幼科医学的专业发展，万氏家族是一个特别突出的例子。早在14世纪时，万氏家族在长江中游的湖北省罗田县开始行医。数代后逐渐专攻幼科。据记载，一世祖杏城翁在世时，即"以幼科鸣"[1]，可惜英年早逝，遗孤万菊轩发誓"继其志而述之"[2]。他们的第三代传人万全（1499—1582），是《幼科发挥》的作者。万菊轩去世时，其子万全已读书知事，念及"幼科之不明不行也，前无作者，虽善弗彰；后无述者，虽盛弗传"[3]。为了彰显先人成就，广泛传播万氏幼科精髓，乃于暇日，"自求家世相传之绪，散失者集之，缺略者补之，繁芜者删之，错误者订之"[4]，经过万全的精心编辑，几代人的专门知识和临床经验被编成了一部精湛的幼科专著，名为《育婴家秘》。万全编书的用意，仅在"以遗子孙"[5]。

　　具有讽刺意味的是，万全有十子以上，却没有一子能善承家学，继行幼科。随着万全逐渐老迈，他一方面因看到《育婴家秘》一书广传于湖南、湖北、福建、河南、浙江、广东等省，赢得广泛的赞誉和反响而欣慰，"莫不曰此万氏家传之小儿科也"[6]；另一方面，万全也为家中诸子无人能接掌祖业、百年的心血可能付诸东流而苦恼。两方衡量，反复思考，他做了一个影响深远的决定，决定再著一书，进一步阐明万氏家传儿科之秘，并将此知识与经验公布于世，这就是目前仍在流传的《幼科发挥》四卷。

　　由《育婴家秘》到《幼科发挥》，近世中国幼科向医学专业化的方向跨出了重要的一步，像万全这样享有盛名的幼科专家的职业成就充分说明了这一点。万全在《幼科发挥》卷首"叙万氏幼科源流"中，将这一过程和他的心路历程进行了描述，作为《序》阐发：

　　　　余切念之，治病者法也，主治者意也。择法而不精，徒法也；语意而不详，徒意也。法愈烦而意无补于世，不如无书。又著《幼科发挥》以明之者，发明《育婴家秘》之遗意也。[7]

---

① 万全：《幼科发挥》，卷1，第3页。

② 同上。

③ 同上。

④ 同上。

⑤ 同上。

⑥ 同上。

⑦ 同上。

一个专科，从讲求技术上的"治病之法"，到追求学理研究的"主治之意"，是专业化表征之一。一个专精幼科的家族，慷慨地将其家藏之秘刊刻流布，并著专书以阐明背后的"遗意"①，旨在将此专科知识技术由私传转而公布于世，这是专业化表征之二。从这时起，知识产权，由万姓子孙徒弟，转属于天下的"后世君子"，变成了天下公器（学问）的一部分，是专业化表征之三。同时，父子相继、师徒相传时所具有的"口传耳受"的传统，经过刊布天下，蜕变成"文字传统"的一部分。随着文字流布，知识传播范畴较前扩展许多，知识的力量也较昔日增强不少，是专业化表征之四。用万全自己的话说：

> 吾不明，后世君子必有明之者。不与诸子，恐其不能明，不能行，万氏之泽，未及四世而斩矣。与门人者，苟能如尹公之得庾公，斯而教之，则授受得人，夫子之道不坠。若陈相虽周孔之道，亦失其传也，诸贤勖之哉。②

从这番话，及《幼科发挥·序》中如此阐明心胸用意：

> 万氏于此道至焉哉。广嗣者弓禣皇皇焉，而几得之。已痘者胗治皇皇焉，而几得之。……斯书成人之命，所必欲得者，无不得之于万氏。……手授其徒，命曰家秘。不佞奄有赤子之邦，不以广而传之，是蔽造化之大慈，而不能得之于万氏者，无以得之于天矣。不佞又不以归万氏，而归之冥冥有神授之者，庶几附于如保之意。③

这些话语表现出一个专业在道德理想上的提升。由权衡私利，转化成献身公德，从对自我利益的关注上升到对社会福祉的需要的考虑，这一层伦理境界的升华，是专业化表征之五。

万氏幼科的例子可圈可点，但并非孤证。当时长江中下游地区是中国的文化中心，又是医药集散的重点地区，万氏幼科之盛固有其背景，但同时其他地

---

① 万全：《幼科发挥》，卷1，第3页。
② 同上。更多的讨论参见熊秉真：《清代中国儿科医学的区域性初探》，第17—39页。
③ 万全：《幼科发挥·序》，参见《幼科发挥》，卷1，第5页。

方亦见类似例子。著名的儿科医生开始向小镇诊所涌入，儿科方面的书籍源源不断供应市场，比如麻疹、天花等重要的儿童疾病在16、17世纪成为分支学科。如此可见，家秘纷出而公传天下，俨然形成了一种社会风气，是近世幼科医学专业化的具体体现，其所形成的学识交流、技术竞争的环境，更是刺激传统幼科更进一步发展的有利条件。

再者，这个现象还可以从更广阔的角度来看待儿童和童年的历史经历。因为在以万氏幼科为代表的儿科医学的"百花齐放"中，儿童专科医疗在质量上和数量上都有了持续的进步。到了万全的时代，也就是钱乙之后约四个半世纪，幼科医生的人数越来越多，在小城镇或大城市里行医，证实了人们对幼科医生的需求，同时在一定程度上消除了人们对幼科医生的疑虑。幼科医生在世代相传的过程中，将获得的"秘笈"或"专长"从私人领域传到一定的公共领域。当医学家例如万全宣称关爱幼童是上天"欲保万全"的"仁慈"或"福泽"时，他不只是在表达个人观点，也代表了更广泛的社会文化趋势。质言之，随着儿科医学的进一步成熟化、制度化和专业化，有利于儿童生存、儿童保护和某种以儿童为中心的历史力量也得到了巩固。与之相伴的是，中国旧有的"仁义天道"的宇宙观信仰，为职业转型和平静的社会转型提供了坚定的思想基础。人们对养育后代的私人需求与精英阶层或国家保护幼儿的公共利益融合在一起，为幼儿的生存和养育创造了一个越来越有利的环境。

四、政府的作用

与其他国家相比，就一种近世的标准而言，中国政府在发展医学和健康护理方面可谓非常积极，扮演的角色尤为重要。在整个传统中国，历代朝廷对医学改善抱有强烈的兴趣，对历史上中国医疗的发展产生了相当大的影响，幼科就是其中之一。[1]

明代政府于1556年刊行的薛己（1488—1558）[2]与其父薛铠合著的《保婴全书》，是一个很好的实例。16世纪上半叶，长江下游的苏州府人薛己是著名的幼科医生，其父薛铠亦长于医术。据说，薛己"性颖异，过目辄成诵，尤殚精

---

[1] 参见Joseph Needham, *Clerks and Craftsmen in China and the West*. Cambridge: University of Cambridge Press, 1970; Paul Unschuld, *Medicine in China*. Berkeley: University of California Press, 1986；赵璞珊：《中国古代医学》；熊秉真：《清代中国儿科医学的区域性初探》，第17—39页。

[2] 薛己的生卒年学界大多采用1487—1559，译者注。

方书，于医术无所不通"①。16世纪初，他被选为御医，后提拔为南京医馆的院判。嘉靖年间（1522—1566）擢升为太医院院使，他的父亲薛铠，因此被赠授太医院院使的头衔。这对父子的医名远播，与他们的医学著作《薛氏医案十六种》（1529）、《保婴撮要》（1556）和《保婴全书》的出版有直接关系。就近世幼科医学而言，《保婴全书》刊刻流传一事，可以看出朝廷和太医院对传统医学尤其是幼科发展的贡献。

传统中国政府对医学发展的贡献，可以从三个方面来考察，即观念、制度和资源提供。第一个方面，在儒家思想的影响下，传统中国政治哲学一向有"保赤民以保天下"的理念，在此理念支配下，天子和朝中大臣因保土而有保民之责，提倡医学，刻印医书，施药济民，从广义来说，都是皇帝以天子之身克尽抚育赤子厥责的一部分。都察院右副都御史王缉为万历刻本《保婴全书》所作的《序》中就明确指出了这一点：

> 《书》曰：如保赤子；其在兵法曰：视卒如婴儿，可以与之赴深溪。……今天子神圣，海不扬波而犹然轸念。……而公（中丞赵公）也，以赤子之保保民，以婴儿之抚抚卒。卒之四境晏如，民免横夭。譬之去医药，出肘上之方，随试辄效，其仁覆寰寓，又岂直全婴也哉。②

这段话揭示了中国长期以来将政治与医疗卫生事业联系在一起的思想传统。至少从唐代开始，朝廷就积极赞助编纂和出版医书，为技术知识的传播和医疗工作的改善做出了相当大的贡献。中国医史上最重要的几部医书，例如《太平圣惠方》（992）、《圣济总录》（宋代）、《普济方》、《永乐大典》（1408）的医学部分、《古今图书集成》（1723）医部全录五百二十卷，及稍后的《四库全书》（1787）子部医类，非朝廷的雄厚财力及人力资源不可为。除了编纂大部医书之外，朝廷还为有限的医学教育提供便利，提供医疗检查，并免费发放药品。③

第二个方面是制度，涉及的领域是建立医疗机构，尤其是太医院。中国历史上中央政府的医政、医教官署设立较早，且先不论先秦汉魏之制，唐之太医署，宋之太医局，明之太医院，都设有"小儿科"或"小方脉"，主持幼科的官

---

① 《苏州府志》，卷109，第28页；史仲序：《中国医学史》，第130—132页。
② 王缉：《保婴全书·序》，参见《保婴全书》，第8—10页。
③ 参见梁其姿：《施善与教化：明清的慈善组织》，第134—166页。

方医学教育, 并掌管相关的医政管理事宜。

经由太医院, 政府就可以调动资源发挥行政权力的优势。例如, 政府可以确定医谱, 从民间招募著名医生给予地位, 并吸收其知识与经验为全国所用; 在更好的条件下, 政府还可以鼓励医生在治疗方面的研究, 赞助有系统的医学教育, 并制定明智的卫生政策。在当时幅员辽阔的中国, 非政府之力难以企及; 政府还可以其丰富的人力、财力, 用朝廷的名义传播医学知识、分配医药物资, 嘉惠四方民众。从行医者的角度来说, 其职业出路, 常常因政府及太医院的承认而达到巅峰, 院使的头衔常常激励他们更进一步研究。对一般民众而言, 官方医生的社会声望更具权威性。幼科的进步在各个阶段都得益于政府机构, 例如宋代钱乙在太医局的事业蒸蒸日上, 这一点从《小儿药证直诀》的撰写和流传情形就可以看出。[①]薛己在医书方面的成就也与其任职太医院有直接关系, 这也是一个极有说服力的例证。

朝廷还可以通过间接渠道加强医学建设, 通过士绅阶层主持来促进和推广医疗发展。从观念上来讲, 士绅阶层对医学的关注, 与朝廷重视并无二致。天子保赤之责与士绅爱民之心, 理论基础是一样的。通过其官僚机构的职能和士绅的活动来彰显其意图, 是朝廷将天子保赤之责延伸到民众的福祉的合理方式。《婴童百问》和《保婴全书》, 均因得到官方的注意、支持, 得以广泛刊刻流传, 朝廷大员推荐呈送, 中央和地方联手合作, 这样的例子不胜枚举。为《保婴全书》作《序》的王缉官衔为"赐进士第通议大夫奉敕巡抚南赣汀韶各处地方提督军务都察院右副都御史"。崇祯年间将《保婴全书》校对重梓的沈犹龙也是士绅出身。[②]事实上, 大量现存的中国传统小儿科文献, 如其《序》《跋》中所记载的那样, 多由士绅出力而成。譬如上文提到的薛氏家族所著的《保婴全书》二十卷, 卷帙浩繁, 整理精致, 如果没有朝廷出面资助, 单印刷一项就很难行得通。

在现代, 向儿童提供医疗服务和照顾, 仍然被认为是一个政府展现社会责任和政治权力的基本手段。基于儒家思想主导下的传统中国政府在过去也发挥了类似的功能。中国儿科的发展, 以及其他医学分支, 都得益于这一传统。具备资质的医生得到了认可, 并得到了政府的资助; 有效的配方和治疗方法被收集、编撰、宣传, 并向更多的人推广; 贫困者通过慈善机构得到了药物治疗和

---

① 明代龚廷贤、龚信父子, 及薛铠、薛己父子, 他们在医术和医学研究上的成就, 也与太医院的制度和功能密切相关。

② 薛己:《保婴全书》, 第13—26页。(该书为薛铠撰写, 薛己续增, 译者注)

医学指导。鼓励受教育者为了共同的利益与政府携手合作，以增进生殖健康和下一代的福祉。这对儿童的命运和经历的影响也是不容忽视的。

在近世中国日益多样化的社会阶层中，宗教团体、宗族组织、慈善团体，甚至有能力的个人都为医学的发展和儿童的福利做出了贡献。但是，政府的制度性影响从未停歇，并成为这一事业强大的因素。

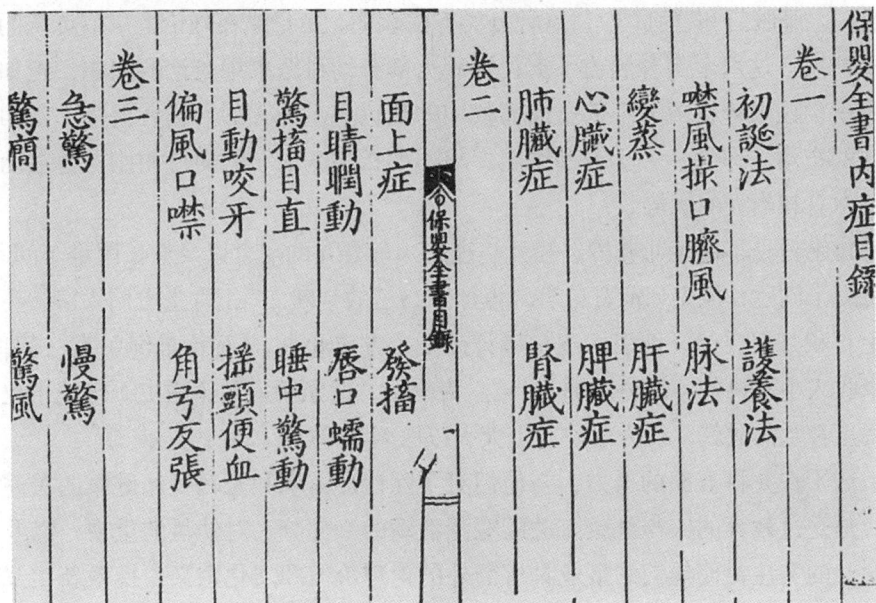

图7 （明代）薛铠《保婴全书》中的目录。该书在明代多次重印，是近世中国儿科的重要文献。台北"中央"图书馆藏。

五、儒士的参与

与其他时代和地方一样，近世中国的行医者，来自社会各阶层，代表着不同的利益诉求。在行医者的队伍中，有太医院的医学博士和医学直讲，有医士、医工，乃至行走江湖的游医、药贩子或"铃医"等，各有其功能和顾客。而另一方面，对医学或医术有兴趣者不一定都是专业医生，在这些非专业从业人员中，儒士在医学上的影响力最大。士绅阶层中的儒士，或为个人兴趣，或为家庭需要，他们成年后投身于医学研究。他们熟读经典，深谙学问之道，领悟能力高，因此他们在"纸上"进行医学阐释的能力，超越了他们"业余医者"的地位。

《幼科准绳》是《证治准绳》的一部分，就是一个很好的例子。《证治准绳》又名《六科准绳》，是一部内容丰富、涵盖面很广的医书。该书编者王肯堂，金坛人，万历年间（1573—1619）举进士，选庶吉士，授检讨，后以"京察"贬官，终福建参政。他博览群书，兼通医学，时人皆知。

王肯堂的《幼科准绳》按幼科病症分为六门，即初生门、肝脏门、心脏门、脾脏门、肺脏门和肾脏门。[1]这种分类方法表明，王肯堂在理论上采信传统的五脏论证法。这六个部分涵盖了宋代之后大部分幼科医书中讨论的问题，正如书名所示，该书旨在成为一部全面而权威的教科书，为天下行医者提供一条四海皆准的指南。作为一个学者型医生，与不那么"学术"的同行相比，他在幼科领域中有相当大的优势。

该书讨论了新生儿养护、婴儿病理、一般婴儿的哺育以及成长困难等问题，对每一个问题，他先列前贤论著，再加上自己的判断。[2]王肯堂由儒入医，在知识上日积月累，旁征博引，逐一考订推敲，方成此书。《证治准绳》甫一问世，其中收入小儿科的《幼科准绳》，被立为全国"医家所宗"，《明史》传记中也很推崇王肯堂的成就，认为他是"士大夫以医名者"。[3]

儒士在儿科方面的努力，与他们对实际社会需求和家庭身体健康的关注有关，是受过教育的人与健康有关的宽泛活动的一部分。对幼科的重视，以及对婴幼儿的关注，使他们的事业具有额外的伦理价值和文化意义。挽救新生儿的生命，保护幼儿的成长，与儒家仁的价值观和士大夫的社会责任相吻合。他们的知识技能和社会资源，以及对医学研究的投身，反过来又加强了对幼小生命的理解、欣赏、帮助和支持。当时的学问具有广泛的含义，而医学作为一种临床专业，还没有封闭所有外行的好奇心。

六、结论

由于儒家重子嗣和家族延续的传统，中国社会特别重视幼儿存活、宗法社会强调传祧义务。自隋唐以来，行医者对婴幼儿的健康给予了特别的关注，极

---

① 王肯堂：《证治准绳》，卷71，《幼科准绳》。
② 参见高镜朗：《古代儿科疾病新论》。
③《明史·吴杰传》，卷299，第7649页；史仲序：《中国医学史》，第130—132页。

大地促进了专业化的发展，该领域的出版物不断增加，所积累的医学知识以歌、赋和口诀的形式在社会上广泛传播，幼科医生关于儿童生理和心理状态的观念也因此逐渐渗入普通民众的头脑。幼科医学不仅作为一种专门的领域出现，而且作为一种社会和文化的力量，向民众讲述婴幼儿的特征——关于儿童和童年的本质。到了近世中国，有关儿童教育的资料显示出对婴儿发展阶段认识的成熟，可以直接或间接地追溯到幼科专业化的过程。这个由思想和实践共同组成的职业医学世界，在其特性上，可能与菲利普·阿里埃斯和其他人在欧洲的术语或现代意义上认为的"儿童"概念有所不同。然而，它清晰地表明，在一个植根于家庭伦理的社会中，国家、受教育的精英和医疗专业人员可以共同创造出一个关注儿童特殊状况的环境。

除了专业服务外，中国上千年历史中的幼科医学发展还有很多启示。在重新引入中国幼科世界的过程中，它的内涵不仅仅是追溯一个科学发展的历史和早期的起源。考虑到关于这些主题的专业化的医学文献在15—16世纪开始以拉丁文和德文大量涌现，可追溯到7世纪的幼科医学和11世纪以来的儿科专业是非常了不起的。在美国，儿科专业的发展始于亚伯拉罕·雅各布博士等人领导创立了专业协会和期刊，创办了儿童医院，并在19世纪中叶以后进一步分科，迎来了一个完全不同的儿童保健时代。然而，鉴于西方后来的这些发展，中国幼科医生走过的道路却值得我们另眼相看。首先，他们的存在标志着集体认识到对特殊护理的需求，并将注意力集中在幼童身上。其次，中国或其他任何地方的幼科发展几乎总是以对幼儿生命的独特性的兴趣为前提。像幼科这样一门职业学科的出现和被接受，揭示了对儿童的特征及其所带来的对童年的认识。作为新建立的儿童健康权威，传统的中国幼科医生使用了他们对人类生命最初阶段的生理学观点，这与其他社会文化背景下的观点截然不同。再次，当初催生这一职业的更广泛的社会需求继续支撑着它的发展，并要求其服务的进一步普及。自此以后，中国悠久的医药学传统为其职业发展提供了历史背景和社会环境，使其得以蓬勃发展。最后，自上而下支持其发展的国家机构和政府规章制度，保障了公共部门的基本支持网络。幼科医生与家长及就诊儿童的接触记录，为我们提供了难得一见的儿童病中有痛、痛中有乐的活动情景。

第二章　新生儿照护[①]

对于任何一个穿越到隋唐时期中国的旅行者来说，当看到一个正在分娩的唐代农村妇女时，那场面一定会让人心惊胆战。首先，当婴儿从产道出来后，一种浓稠的褐色糊状物被迅速地灌入新生儿的喉咙，好像母亲生怕被别的东西抢占了先机一般。其次，母亲将新生儿浸入事先准备好的水盆中快速清洗，有时甚至可能未剪脐带。之后，母亲用牙齿或用一块陶瓦将脐带砑断，婴儿被用旧衣服缝制的被子包裹起来，抱到胸前哺乳。一千年后，如果穿越的旅行者遇到同样的分娩情况，场景却截然不同。分娩后，对婴儿的清洁已用快速的干拭取代了之前的温水清洗。将猪乳或葱汁滴入婴儿的口中，以刺激婴儿，而以往胎粪带来的困难也不再棘手。最令人惊奇的是，人们会用烧灼的剪刀或刀片在距离身体几寸处用红线绑着的地方剪断脐带，术后用艾灸和"烙脐饼子"封住伤口，然后用药粉覆盖创处，用新的白麻布包好。如果穿越的旅行者询问为何这样做，这些农村妇女就会说，她们是通过保健和医药的韵文学来的技能。这些韵文还包含了紧急抢救难产、早产及那些生下来"不能呼吸的婴儿"的方法。当时的话本小说以及优雅的宋诗都描写了新生儿"洗三"的聚会习俗。这一千年间，中国人对婴儿的接生态度发生了什么变化？更重要的是，我们该如何解读这些日常故事背后的历史？

无论在对其研究较多的西方，还是在只被作为观察对象的其他社会，医学和保健史最近都受到了极大的关注。人们对它既兴奋又疑虑。这种兴奋来自一种智力上的救济，即作为现代科学技术缩影的医学和健康护理，已经被认定为社会文化构建活动的一种标准。然而，一丝尴尬仍然存在，因为文化研究方法可能会使任何对熟悉的成就或历史上的"客观"变化的观察产生疑问，从而成为批判性反思的基础。医学知识和卫生保健技术的发展，既代表了文化话语，也代表了面对死亡和痛苦的实际斗争。它们是否需要作为同一故事中相互排斥

① 本章改编自《幼幼：传统中国的襁褓之道》第四章，台北：联经出版事业公司，1995。

的方面进行非此即彼的激烈辩论，或者有没有另一种方式来阐述历史观念、概念和社会文化行为的演变？

传统中国的幼科或初生养护的发展，是评价医学知识的文化话语和实用主义现实的一个很好的例子。文化话语途径将科学、技术和机构与社会心态、个人态度和文化价值的大局及深层潮流联系起来。与之相对应的是事实的真实性，它把对社会历史、经济发展、人口结构、物质生活和生态因素的相关观察纳入考虑范围，建立起比客观发现和技术进步的进展更丰富的描述。对历史和历史学家来说，中国幼科的发展及其与儿童健康问题的斗争，是一个意义深远的新课题。新生儿护理作为该专业服务的一个切入点，凸显了专家干预与大众需求之间的相互作用，这可以从多个角度来理解。

尽管西医在现代取得了公认的成就，但它既不是历史上最有效的，也不是实践中最普遍的。例如，对儿童的专门关注和医疗护理，直到相对较晚的历史时期才在欧洲出现，部分是在启蒙运动和卢梭哲学的影响下，并沿着进一步多样化和专业化的趋势，18世纪之后，儿童疾病和健康问题的专门医学研究开始在欧洲加速发展。[①]然而，儿科医学作为医学专业的一个分支，直到19世纪中叶才逐渐形成，先是在西欧，然后在美国。[②]在此之前，婴儿护理，特别是新生儿护理，已经作为产科的一部分存在。而在中世纪，欧美的助产士或家仆对新生儿进行护理。虽然有一些在20世纪前的医学文献讨论儿童健康和疾病，但关于新生儿护理的内容几乎没有。西方新生儿护理从产科向儿科的转变始于20世纪后半叶，是一个循序渐进的过程。[③]新生儿医学作为一个独立的领域（称为"新生儿学"，作为儿科下的一个分支专业），只在过去几十年才发展起来。[④]

---

① Nils Rosén von Rosenstein（1706—1773）所著的 *The Diseases of Children and Their Remedies*（1764）是首部最常被引用对儿童给予专门医学关注的重要著作。虽然在此之前，在17世纪晚期，开始有关于婴儿和儿童疾病的讨论，例如Walter Harris（1647—1732）的 *De Morbis Acutis Infantum*（1689）和 William Cadogan（1711—1797）的 *A Essay Upon Nursing*（1748）。参见小托马斯·科恩：*History of the Care and Feeding of the Premature Infant*, p. 4。

② 参见小托马斯·科恩：*History of American Pediatrics*; Victor C. Vaughare, R. James McKay, and Waldo E. Nelson, *Textbook of Pediatrics*, pp. 1–12。

③ 小托马斯·科恩：*History of American Pediatrics*。

④ George F. Smith and Dharmapuri Vidyasagar, *Historical Review and Recent Advances in Neonatal and Perinatal Medicine*; 小托马斯·科恩："Perspectives in Neonatology," *Historical Review and Recent Advances in Neonatal and Perinatal Medicine*, vol. 1, pp. 9–34。

相比之下，幼科作为一种连贯的知识体系和一个活跃的临床专业，在中国出现的时间要早得多。至少从 11 世纪下半叶开始，钱乙和他的医学理念（以《小儿药证直诀》的形式）标志着幼科实践的开始。除了有关儿童的一般医学著作外，幼科已经发展成为一门活跃的医学学科，有独立的理论思想、经验和治疗设备。[①]在儒家价值观的推动下，新生儿护理领域出现了特别的关注点。[②]一千多年来发生的变化，可以说明知识和技术是如何从为了提高新生儿的生存概率的不懈努力中发展出来的。[③]

一、文献和主要趋势

本章所使用的主要资料是 11—18 世纪的幼科文献，并辅以隋唐医书作为对比。传统中国的幼科典籍卷帙浩繁，不少典籍内容甚是细致。从 7 世纪起，除了一般医籍或妇科、本草等医书中所含幼科部分外，单就幼科专书，目前可知的仍有百余种，其中重要的幼科专书在各地一再付梓，甚至重印几十版。这些幼科专书的内容，涵盖各类对幼儿保健及幼科疾病的分析、讨论与治疗，对每项问题有论、有方、有案，往往是几代人的临床经验的结晶。这些关于儿童健康和儿科医学的原始资料，为了解中国近世婴幼儿的健康状况，以及当时医界和整个社会对幼儿医疗护理的实际能力，提供了丰富的信息。

这些跨越千年的医学文献所产生的粗略图景是一种有意识的、持续的努力，尤其是专业的幼科医生，以确保新生儿有更好的生存机会。在一定程度上，由于儒家对子嗣的重视，再加上佛教对生命的慈悲，对婴幼儿的特别关注在中国医学中很早就出现了。[④]早在幼科医学出现之前，至少从 7 世纪开始，著

① 关于传统中国儿科医学的历史背景、起源和发展的详细研究，参见熊秉真：《清代中国儿科医学的区域性初探》，第 17—39 页；熊秉真：《明代的幼科医学》，第 53—69 页。

② 在现代医学中，新生儿护理或新生儿医学被定义为处理生命最初 28 天内婴儿的一个分支专业。然而，在传统中国幼科中，新生儿被定义为在生命的最初一天或最初几天的婴儿，他被视为渡过了最初的生存危机。

③ 对这一问题另一种更详细的处理，早先曾以中文发表过，参见熊秉真：《中国近世的新生儿照护》，第 387—428 页；虽然中国有独立的产科，与妇科密切相关，与儿科发展的时间大致相同，但其护理的重点只是产妇的健康。因此，在分娩的情况下，中国产科医学关注的是产前方面，以及顺利分娩，但主要是照顾妇女的健康和身体需要。新生儿从产道出生到剪断脐带，所有需要处理的事情都被认为属于幼科或儿童医学专家的职责。关于中国传统妇科历史发展的专论，参见费侠莉：*A Flourishing Yin: Gender in China's Medical History, 960-1665*。

④ 关于中医儿科兴起的社会文化背景和儒家哲学的影响，参见熊秉真：《明代的幼科医学》，第 53—69 页。

名的医者就特别关注新生儿的需求。①此外，仔细研读这些医学文献，我们会发现，文献中的"新生儿"一词是指刚从母亲的子宫中分娩出来的婴儿。实际上，当时的中国医生已经将新生儿护理确定为一个值得特别关注和具体指导的问题。

到了11世纪，幼科从普通医学中分支出来成为一个独立领域，这极大地促进了新生儿护理的发展。②在10—14世纪，关于新生儿护理的阐述不仅出现在几乎所有重要的医学典籍中，而且幼科手册中关于新生儿的讨论也变得越来越详细和复杂。③医生寻求改进婴儿出生后的关键程序，例如剪断脐带和排出胎粪。他们还更好地认识到了体温、卫生和脐带残端护理等问题的重要性。

在15世纪和16世纪，关于新生儿护理的幼科讨论在数量和复杂性上都有所加强。婴儿哺育开始有专书进行讨论。④重要的儿科文献详细介绍了关于适当护理和新生儿保护的信息，并对特殊需求进行了解释和建议。⑤从这些讨论中，人们更清楚地认识到，通过适当的护理提供预防性医药是对当时许多威胁新生儿的致命问题的最明智的解决方法。此外，这类专门知识的出版和传播的增长表明，一方面，人们有意识地努力在从业人员和受过教育的精英中普及这些儿科专门知识，另一方面，也在相对容易接受的普通民众中普及。

新生儿护理的重要变革始于11—12世纪，在16—17世纪其理论与实践达到高峰。17世纪初至18世纪中叶⑥，在《古今图书集成》的幼科类下，出现了《小儿初生护养门》。这是幼科护养的开篇之作。⑦当时的讨论表明，人们意识到婴儿年龄与其脆弱性、易受伤害性之间的关系。因此，出生后最初几个小时给予

---

① 王焘的《外台秘要方》是8世纪著名的医学著作，其中有两节专门论述婴儿的护理，分别为《小儿初生将护法一十七首》及《小儿初生将息法二首》。孙思邈所著的备受推崇的7世纪医书《千金方》也有单独的一章，称为《初生出腹论》。参见王焘：《外台秘要方》，卷35，第421—429页；孙思邈：《千金方》，《初生出腹论》，收录于《古今图书集成》，卷422，第30—31页。
② 参见陈邦贤：《中国医学史》，第81页；《中国医药学家史话》，第67—69、97—99页。
③ 宋代张杲《医说》中的《小儿初生畏寒》，危亦林《世医得效方》中的《初生》就是很好的例子。参见张杲：《医说》，卷10，第746页；危亦林：《初生》《养护法》，《世医得效方》，卷11，第359—360、363页。最好的例子见于《初生论》，出自《小儿卫生总微论方》，卷1，第52页。
④ 例如，参见《保产育婴养生录》。
⑤ 寇平：《护养之法》《初生将护法》《将护法汤氏谓护养》《发际》，《全幼心鉴》，卷1、2；鲁伯嗣：《护养法》，《婴童百问》，卷1，第18—21页；王銮：《护养论》《小儿初生总论》，《幼科类萃》，第7—9、55—56页；薛铠：《初诞法》《护养法》，《保婴全书》，第1—3、5—8页。
⑥ 《古今图书集成》于1701年开始编纂，历时28年。原著为"17世纪初至18世纪中叶"，译者注。
⑦ 《小儿初生护养门》，《古今图书集成》，卷422，第306页。

的护理对婴儿的生存至关重要。最后，对难产和早产的紧急措施的考虑也浮出水面。[1]随着这些发展，近世中国对改善新生儿护理的探索达到了高潮。从对正常健康新生儿的担忧发展到对高危新生儿的紧急救助，它揭示了几个世纪后现代儿科所共享的模式。

这一科学发现和习惯做法的累积效应至少可以从四个领域中得到确定。第一，长期以来关系新生儿生死的关键问题取得了重大突破。这方面，近世幼科医生对新生儿破伤风（脐风）的认识，对断脐、护脐方法的指导，是最有力的一个例证。这种知识和护理方面的进步，有着巨大的价值和历史影响。第二，随着认识的提高和技术的改进，对新生儿的处理方法也在不断发展。传统拭口、初浴和下胎粪等习俗的演进，代表着在经验观察的基础上，对新生儿生理卫生需要有了新的认识。第三，幼科医界不仅继续致力于健康新生儿的妥善照护，而且开始设法挽救难产、早产或其他有出生缺陷的高危风险的新生儿。他们对新生儿体温的维持、其他异常状况的处理以及简单的急救方法，做了相当有意义的探讨。这些新的探讨代表着新生儿护理的发展，具有里程碑意义。第四，也是最重要的，新生儿照护知识大量普及并广为流传。幼科专书不断在市场上涌现，其中较受重视者在全国范围内不断被重印，有的发行数版之多。民间各种幼科常识的传抄本也屡见不鲜，这些一版再版及彼此传抄的幼科专书，成为一种改善新生儿健康的社会力量。此外，幼科医生及社会有识之士，将新生儿护理方法演化为易于传诵的口诀，编成浅显的问答手册，有些还配上示意的图解。这种大众化的媒介，对知识、技术的传播、发展起到了很大作用。由此，近世中国新生儿照护方法的质变对历史上的人口结构产生了量的影响。

二、新生儿护理程序

传统中国对新生儿的照顾，各地区虽民情风俗、阶级有差异但大同小异。分娩妇女或旁侍者对新生儿做的第一件事是"急用软绵裹指，拭去口中恶汁"[2]。这种拭口或清洁口腔的习俗，中世纪以前就盛行不衰，并有详细的记载。[3]新生

---

① 例如，陈复正：《初诞救护》，第25—26页。选自清代幼科医生陈复正所作《幼幼集成》。
② 鲁伯嗣：《初诞》，《婴童百问》，卷1，第15页。
③ 同上，第15—16页。

儿发出第一次啼哭后，一般照护之法的下一步是为新生儿清洗身体，称为"初浴"①。初浴可以用全温水，亦可干拭。

在拭口和初浴之后，第三道程序是断脐——这是分娩中的一项关键任务。近世中国断脐的方式不一，咬断、割断、烧断、剪断，文献中均有记载。②几个世纪以来，这个领域发生了重要的变化。断脐之后，伤口以灸法等做处理，敷上药粉仔细包裹，这个护理过程被称为"裹脐"③。之后才将新生儿用父母"故衣"或细软绵帛裹起，这一步称为"裹儿"（襁褓）④。这样做的目的是让婴儿保暖，又不至于太热，也有的认为是保护婴儿不因肢体活动受伤，或保护婴儿不受外人外物的惊扰。⑤

在大多数社会中，新生儿护理的第一个阶段是在首啼、初浴、断脐和襁褓之后结束，下一步就是把婴儿交给母亲喂养和休息。然而，隋唐时期的中国习俗要求在开始哺乳前，先给婴儿服用一些朱蜜膏、甘草汤或黄连汁等，以去除体内恶汁、胎粪及清理肠胃，再让婴儿就乳进食。⑥这原本是由古代一种被称为胎毒的医学理论发展而来，后来在婴儿卫生方面有了新的含义⑦，因此，有些婴儿在出生几小时甚至一天后才开始哺乳。⑧

上述程序存在着区域和阶层的差异。从现有的证据中，我们可以发现至少

---

① 徐春甫：《小儿初生总论》《出生浴法》，《古今医统大全》，卷10，第5635—5636、5639页；陈自明：《妇人大全良方》，卷24，第800页；寇平：《初生浴法》，《全幼心鉴》，卷2；王肯堂：《浴儿法》，《幼科准绳》，卷1，第10页；王大纶：《洗浴》，《婴童类萃》，第4页；吴谦：《浴儿》，《幼科杂病心法要诀》，卷1，第15页。

② 参见不著撰人：《断脐论》，《小儿卫生总微论方》，卷1，第53—55页；寇平：《断脐法》，《全幼心鉴》，卷2；孙一奎：《断脐法》，《赤水元珠》，卷25，第843页；龚廷贤：《断脐法》，《寿世保元》，卷8，第568页。

③ 危亦林：《灸法论》，《世医得效方》，《古今图书集成》，册456，卷422，第31b页；万全：《小儿不宜妄针灸》，《育婴家秘》，《古今图书集成》，册456，卷422，第32a页；寇平：《新生儿戒灸》，《全幼心鉴》，卷2；王銮：《芽儿戒灸》，《幼科类萃》，第14—15页；孙一奎：《戒灸》，《赤水元珠》，卷25，第843页。

④ 孙思邈：《初生出腹论》，《少小婴孺方》，第7—13页。

⑤ 张从正：《过爱小儿反害小儿说》，《儒门事亲》，第5935—5941页；龚廷贤：《小儿初生》，《寿世保元》，卷8，第567—568页。

⑥ 孙思邈：《初生出腹论》，《少小婴孺方》，第7—13页；朱震亨：《初生》，《丹溪先生治法心要》，卷8，第826—830页；方贤：《初生总说》，《奇效良方》，卷64，第75—79页；鲁伯嗣：《初生》，《婴童百问》，第15—18页；王肯堂：《初生》，《幼科准绳》，卷1，第10页；王大纶：《初诞论》，《婴童类萃》，第61—65页；龚廷贤：《小儿初生》，《新刊济世全书》，第751—753页。

⑦ 寇平：《下胎毒》，《全幼心鉴》，卷2；王銮：《下胎毒论》，《幼科类萃》，卷1，第11—12页；徐春甫：《下胎毒法》，《古今医统大全》，卷10，第5639页；王肯堂：《下胎毒法》，《证治准绳》，第46—48页；孙一奎：《除胎毒》，《赤水元珠》，卷25，第1—2页。

⑧ 朱震亨：《初生》，《丹溪先生治法心要》，卷8，第826—830页。

有三种变化：一是对步骤先后顺序的重新安排①；二是每个步骤的处理方式略有改变②；三是手续过程整体简化③。尽管近世中国新生儿护理的一般程序在地理区域和社会阶层之间保持相似，但人们仍在不断努力改进这一共享知识资源的关键原则和步骤。

三、脐风和断脐法

在现代卫生技术出现之前，对新生儿最严重的威胁是脐带处理不当引起的破伤风。它常于婴儿初生一周内发病，是隋唐以前新生儿死亡的主要因素。在传统医学典籍中，对断脐、裹脐及伤口的处理都有详细记述。④11—17世纪，中国幼科所做的修订使得近世中国在新生儿护理方面取得重大突破。

从民俗资料和传统医学典籍中可以发现，中国古代为新生儿断脐，办法大致有二：一是用利器割断，包括用刀片、剪刀，甚至用陶瓦片等；二是不用任何器具，通常由母亲用牙齿咬断脐带（大多在农村民间使用）。⑤

有很多证据表明，中国人长期以来一直被脐部感染所困扰，医界也曾在一段时间内苦于寻找新生儿脐风的本质。例如，早在3世纪末，《针灸甲乙经》就提到了著名医生皇甫谧对婴儿脐风的针灸治疗。⑥在7世纪时，医学家比如孙思

---

① 例如，一些幼科文献建议人们第一步立即抱起新生婴儿，"便以绵絮包裹，抱大人怀之温暖"，之后才应该给他拭口、清洁身体等。这个建议代表了那些特别注重保暖的做法，其出发点在"盖乍出母腹中，不可令冒寒也"。参见《初生论》，《小儿卫生总微论方》，第52页。

② 例如，一些幼科医生认为，除了擦拭口舌外，还应该清洗眼睛周围的污汁秽血。在历史上和社会各阶层中都使用过净胎粪的方法。唐宋时期以朱蜜法、甘草法为佳，明代则以黄连法、牛黄法为佳。农民家庭采用较简便的发酵豆豉法或韭菜汁法，而不是经典推荐的朱砂加蜂蜜。参见孙思邈：《少小婴孺方》（辑于《千金方》）；鲁伯嗣：《初诞》，《婴童百问》，卷1，第15—18页；寸贤：《初生总说》，《奇效良方》，卷64，第75—79页；薛铠：《初诞法》《护养法》，《保婴全书》，第1—3、5—8页。

③ 众所周知，较富裕的家庭在孩子刚出生时，会给孩子喝镇神安魂的汤药，让孩子平静下来，或给孩子喝猪乳或其他滋补品。此外，中国北方的家庭习惯给婴儿施灸，作为预防噤风或脐风等疾病的措施，尽管作为一种地区性做法，南方的幼科医生反对这种做法。此外，幼科医生往往把拭口和清洁脐部合二为一，或把整个过程缩减到断脐、褓裸和就乳等最基本的需要。参见孙思邈：《初生出腹论》，《少小婴孺方》（辑于《千金方》），第30b—31a页；朱震亨：《慈幼论》，《格致余论》，第9324—9328页；《初生》，《丹溪先生治法心要》，第826—830页；程杏轩：《医述》，卷14，第919页。另参见上页注释⑤。

④ 孙思邈：《初生出腹论》，《少小婴孺方》（辑于《千金方》），第30b—31a页；《断脐论》，《小儿卫生总微论方》，卷1；寇平：《断脐法》，《全幼心鉴》，卷2；徐春甫：《断脐法》，《古今医统大全》，卷10，第5640—5641页。

⑤ 参见高镜朗：《断脐法》，《古代儿科疾病新论》，第2—3页。

⑥ 《针灸甲乙经》，于282年出版。中国古代关于脐部破伤风的思想，参见高镜朗：《断脐法》，《古代儿科疾病新论》，第14—16页。

邈等人建议："儿已生……乃先浴之，然后断脐，不得以刀子割之，须令人隔单衣物咬断，兼以暖气呵七遍，然后缠结。"①

孙思邈和其他隋唐时期的医学家，比如巢元方、王焘等，都认为新生儿容易患脐风。②他们中多数人认为：与以往胎毒内带的概念相反，这种疾病真正的源头应当是脐带区域的外来污染。他们认为这与处理脐带不恰当直接有关，并认为这是一种在出生后第一个星期内发生的恶性疾病，通常是致命的。③由此，孙思邈的指导带着相当谨慎的实验态度，觉得早先的刀割可能根本不可取，直接以口齿接触脐带也不合适，他建议避免以金属利刃断之，而在口齿与脐带之间先以布帛作为隔离。④

对新生儿破伤风认识的真正改变，以及对脐带切割方法的改进，出现在12世纪中叶，当时对该病的特点有了深刻的发现。1156年，太医局在刊行的《小儿卫生总微论方》中，首次提出了以下论述：

> 儿自初生至七日内外，忽然面青，啼声不出。口撮唇紧，不能哺
> 乳。口青色，吐白沫。四支（同"肢"）逆冷。乃脐风撮口之证也。⑤

它生动地描述了新生儿破伤风的临床症状。该文随后提出了这样一种观点，即这种疾病的起源实际上来自人体之外，而不是像许多人认为的那样来自胎毒或其他任何内在的东西。⑥

对于胎毒的认识，该书在经验观察上算是跨出了一大步，并提出了一个大胆的说法。"亦如大人因有破伤而感风。则牙关噤，而口撮不能入食。身鞭，四

---

① 孙思邈：《初生出腹论》，《少小婴孺方》，收录于《古今图书集成》卷422，第30b—31a页。

② 王焘：《外台秘要方》，卷35，第421—430页。

③ 长期以来，隋唐时期的医生没有明确区分"脐风"与"脐肿"或"脐疮"等感染。此外，人们还不断提到"胎痉"和"胎风"等作为新生儿破伤风的症状，这些症状都是指胎儿时期固有的裂伤或癫痫。参见熊秉真：《中国近世的新生儿照护》，第402—407页。

④ 由于孙思邈的个人名望和他的文章的影响，他的方法经常被引用和广泛采用。8世纪下半叶王焘的《小儿初生将护法一十七首》中，关于断脐的论述几乎与孙思邈的完全一致。参见王焘：《外台秘要方》，卷35，第421—429页。

⑤ 《初生论》，《小儿卫生总微论方》，卷1，第52页。

⑥ 在调查脐风的可能原因时，作者指出："由儿初生剪脐，不定伤动，或风湿所乘。"这一说法是在主流医学认为脐部破伤风的产前起源和遗传性的背景下提出的，是一种大胆的观念。参见《脐风撮口》，《小儿卫生总微论方》，卷1，第56—58页。

支（同'肢'）厥逆。与此后（同'候'）颇同。"①

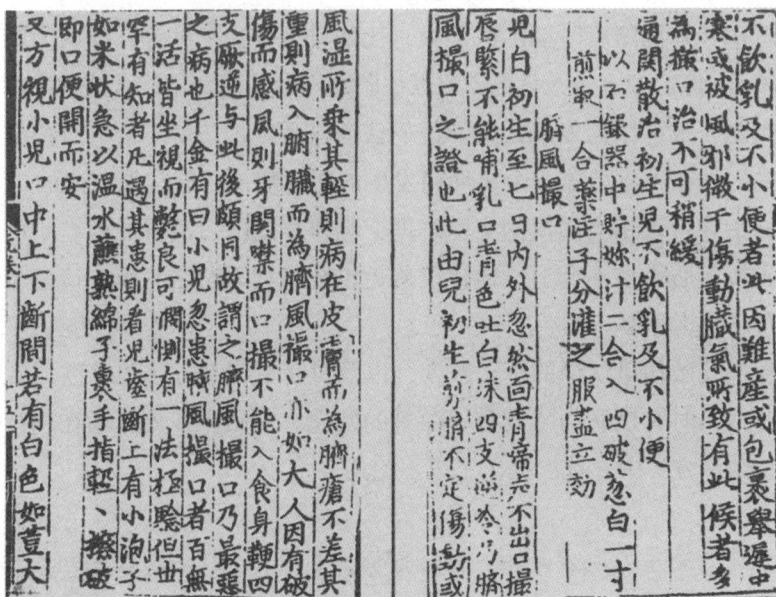

图8 《脐风撮口》，转载自《小儿卫生总微论方》，（宋代）作者不详。这是1156年医生在长期的脐带切割术争论中的一段重要论述。台北"中央"图书馆藏。

这段看似不起眼的文字，鞭辟入里，揭开了自古以来新生儿脐风究竟属于何症的谜团。它提出新生儿脐风之发病过程，与成人破伤风发病过程一般无二的新颖观点——这是在现代微生物学理论和破伤风杆菌的发现之前就出现的敏锐观察和智慧推断。一旦怀疑脐风和接受开放性伤口之间的联系，就为改进断脐的方法奠定了基础。

《小儿卫生总微论方》可能受到中国传统疡科和针灸的影响，发前人所未见，提出一种"烙脐饼子"和灸法。②这种以高温烧灼处理脐部伤口的方法，逐渐在幼科专家和有见识的家长中推广。脐风虽未被完全消灭，但经验证明，高温烧灼可能提示了一个正确的方向。

---

① 当时，中医已经有了成人破伤风的概念。事实上，今天的现代医学已经继承了中医和日常语言中破伤风的经典术语。参见《脐风撮口》，《小儿卫生总微论方》，卷1，第56—58页。

② 原文为："才断脐讫，须用烙脐饼子安脐带上，烧三壮，炷如麦大。若儿未啼，灸至五、七壮。"烙脐饼子是用"豆豉、黄蜡各一分，麝香少许。以豆豉为细末，入麝香研匀，熔蜡和剂，看大小捻作饼用"。参见《断脐论》，《小儿卫生总微论方》，卷1，第53—55页。

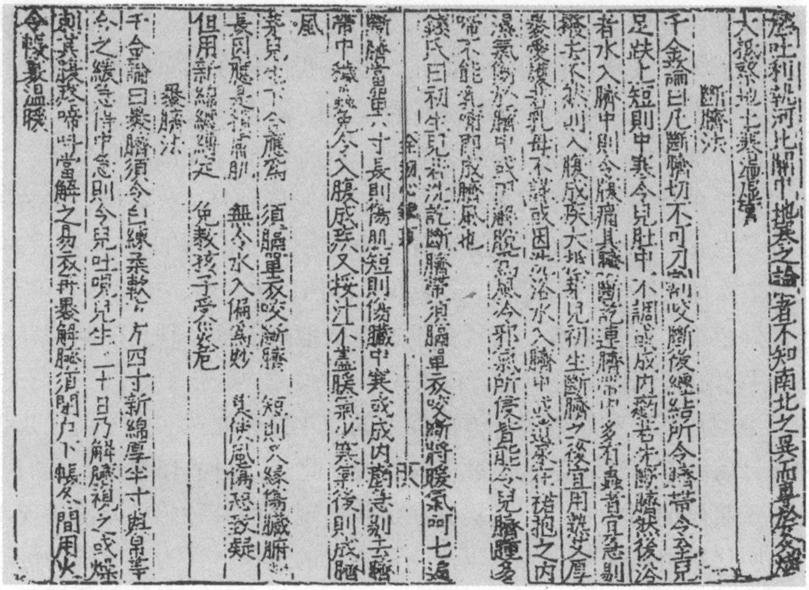

图9 （明代）寇平《全幼心鉴》中的《断脐法》。近代以前，因断脐造成的伤口污染是新生儿死亡的主要原因。台北故宫博物院藏。

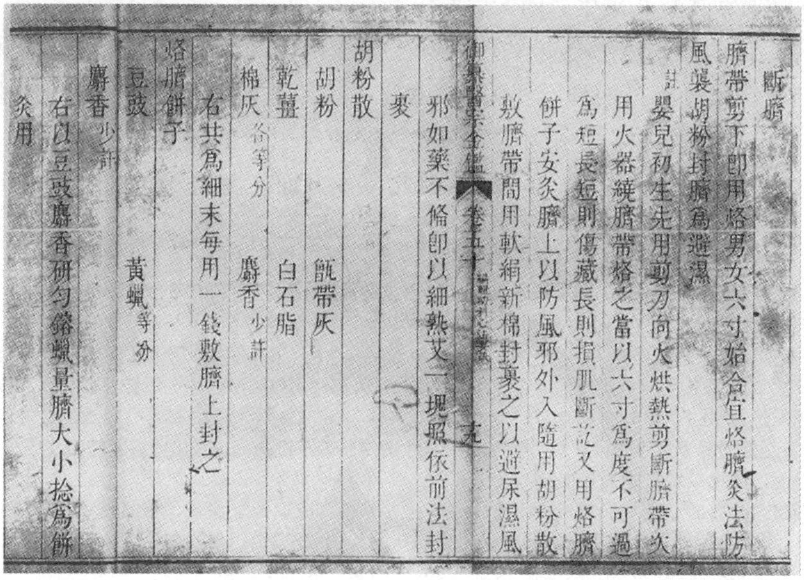

图10 （清代）吴谦《幼科杂病心法要诀》中的《烙脐饼子方》，收录于《医宗金鉴》。宋代的人们认识到，断脐时操作不当会导致致命的后果。受传统的外用药和针灸的启发，这篇文章传播了关于将脐带残端烧灼的建议，减少了污染的机会。台北"中研院"傅斯年图书馆藏缩微文献。

12—18世纪，随着幼科医学的发展和幼科医生的增加，脐带切割和脐带护理方法发生了很大变化。值得注意的是，这一变化是在大量辩论、讨论和探索中发生的。[1]1742年，清政府组织编写的医学巨著《医宗金鉴》公布了一种安全断脐法的标准准则。首先，婴儿初生时，应将脐带绑在离婴儿身体六寸（约20厘米）以上的地方，以确保安全的切割点。先将剪刀过火烘烧，然后用其来剪断脐带。之后，应该用火器对脐部伤口进行灼烙，用火灼封住割断后的伤口，并在伤口上涂抹烙脐饼子和艾绒。最后在脐部伤口包扎前，应涂抹药用干燥粉，以防止潮湿感染，促进愈合。为了更迅速有效地推进这个理想的断脐办法，编者将整个手术过程编成了一首七言口诀。[2]

近世中国在断脐和脐带护理方面发生的变化并非偶然。关于新生儿脐风的探索和修订后的断脐法就是这个过程的见证。此外，到了16世纪，人们不仅提到一种关于脐风的污染介质，还提到在症状出现前的某种感染或潜伏现象。经验丰富的明代幼科医生万全，提出了一种新奇的观点，认为脐风传播可能是由一种物理性的媒介——他称之为某种"泡子"经由脐部伤口，"落入腹中"。[3]《幼科金针》的作者秦景明认为，当疾病从伤口开始发展，会经过一个"蕴邪"的阶段。[4]此类对于脐风病症类似潜伏期的推测，与医界长期以来的认识相吻合，这种疾病通常在婴儿出生第四天后发作。[5]

到了16世纪，一些敏锐的儿科医生逐渐认识到，普通的脐部感染和致命的脐部破伤风可能是两种不相关的疾病。[6]脐部常见的感染，比如"脐湿""脐肿""脐疮"等，大多是由潮湿（湿气或尿液）引起的，主要是局部的，与脐风所代表的危害性问题截然不同。因此，一方面，在脐部包扎的名义下，进

---

[1] 关于这一过程的详细论述，参见熊秉真：《中国近世的新生儿照护》，第398—412页。

[2] 吴谦：《断脐》，《幼科杂病心法要诀》（辑于《医宗金鉴》），第14—15页。

[3] 万全原论有云："不知保护于未病之先，不知调护于初病之日。其泡子落入腹中，变为三证。一曰撮口，二曰噤风，三曰锁肚。证虽不同，皆脐风也。撮口证儿多啼，口频撮者……不乳者不治。"参见万全：《幼科发挥》，卷1，第11—12页。

[4] 在解释之前的污染过程时，秦景明曾提及："初生剪缚脐带不得法……或以冷刀断脐"，以致"客风侵入脐中"。参见秦景明：《脐风撮口》，《幼科金针》，第5—7页。

[5] 因此衍生出"四六风"或"四七风"的名称，至少从中古时期到20世纪，中国农村人口都知道这个名称。参见高镜朗：《断脐法》，《古代儿科疾病新论》，第2—3页；现代文学作品例如陈忠实的《白鹿原》，生动地提到20世纪初这股"四七风"在中国北方农村的肆虐。

[6] 虽然至少从8世纪开始，人们就认识到常见的脐部感染，但这种轻微的刺激性感染与致命的脐部破伤风之间的关系并不清楚。王焘在8世纪的《外台秘要方》中，有《小儿脐汁出并疮肿方一十一首》。但直到12世纪，随着《小儿卫生总微论方》的出版，这些传染病的相对无害性及其与致命性破伤风的区别才得以明确。参见王焘：《外台秘要方》卷36，第57—60页；《脐风撮口》，《小儿卫生总微论方》，卷1，第56—58页。

一步考虑了创面的护理问题；另一方面，在预防和治疗方面，一般的局部脐部感染与脐风这种危及生命的症状是分开的。脐部包扎通常包括断脐后在该区域涂抹药物，仔细包扎创口，此后定期检查，清洁和更换绷带，避免潮湿和污染。①随着切割脐带和包扎脐部方法的改进，一种分娩文化出现了，并对隋唐之前的方式进行了改进。它建议助产士和家人用新的布料夹住脐带，在离腹部几寸的地方将其绑住，用剪刀剪断，烧灼伤口，用绷带小心翼翼地将脐部包好。②这些技术方式的普及使得这些信息得到了不均衡却持续不断的传播。③

四、新生儿身体清洁活动

中国社会很早就沿用一套对新生儿身体洁净的处理办法，主要是从拭口、初浴和清洁消化道这三个环节演变而来。这三个环节在近世中国发生了重要的变化。

（一）拭口

中国社会长期沿用拭口的传统习俗。④大多数隋唐至明清时期的理论家遵循古代的胎毒概念，认为如果让血水污汁在婴儿张口啼哭时进入体内，会引发各种疾病（尤其是致命的儿童疾病，例如水痘和麻疹）。这种思想从8至15世纪，一直为民间所奉行。⑤16世纪的儿科名医更有进步的理念，例如寇平认为，"活

---

① 《保产育婴养生录》是明代流行的一本保健手册，对裹脐手术有详细的指导。其中提及："凡裹脐须会白练，柔软，方四寸，新绵，厚半寸，与帛等合之，缓急得中。……儿生二十日乃解脐视之。或燥刺其腹疼啼叫，当解之，易衣再裹。儿解脐须闭户下帐，冬间令火里温暖，仍以温粉敷之。"参见《裹脐法》，《保产育婴养生录》，卷1。

② 李梴：《医学入门》，《古今图书集成》，卷422，第346页；传统医学文献中提到的包脐时使用的干燥剂药粉有很多种。其中比较常见的有《保产育婴养生录》中所讲的"温粉"，或《丹溪先生治法心要》中的所谓干矾药粉，第909—910页；参见高镜朗：《古代儿科疾病新论》，第3—4页。

③ 鲁伯嗣：《婴童百问》，卷1，第21—34页；万全：《育婴家秘》，第59—60页；寇平：《全幼心鉴》，卷2；秦景明：《脐风撮口》，《幼科金针》，第5—7页；吴谦：《幼科杂病心法要诀》（辑于《医宗金鉴》），卷50，第25—30页。

④ 至少早在唐代，孙思邈的作品就证明了拭口习俗的流行。孙思邈《初生出腹论》开篇就说："小儿初生，先以绵裹指，拭儿口中及舌上青泥恶血，此为之玉衡（或作玉衔）。若不急拭，啼声一发，即入腹成百病矣。"参见孙思邈：《少小婴孺方》（辑于《千金方》），第30b—31a页。

⑤ 参见寇平：《拭口法》，《全幼心鉴》，卷2；危亦林：《拭口法》（原著中标注为《灸法论》，译者注），《世医得效方》，卷422，第31b页；《拭口法》，《保产育婴养生录》，卷1；徐春甫：《拭口法》，《古今医统大全》，卷10，第5637—5639页。

法定用须讲究，从来此理少人知"①。

到了16世纪末，名医张介宾（1563—1640）以其长年丰富的临床经验为基础，对拭口法背后的医理提出独到的见解。首先，他对传统的胎毒说表示怀疑。他不认同初生婴儿因为口中污物进入体内而得病。他认为：

> 保婴诸书皆云，分娩之时，口含血块，啼声一出，随即咽下，而毒伏于命门，因致他日发为惊风、发热、痘疹等证。此说固似有理，然婴儿通体无非血气所结，而此亦血气之余，何以毒遽如是？即使咽之，亦必从便而出，何以独留为害？无足凭也。②

他接着指出，自古拭口法背后的真正意义，乃在婴儿诞生之时，"形体初成，固当为之清楚"，是为了新生儿的口腔卫生，而不是防止吞咽污物。这可以证明长期以来拭口的合理性。此外，他认为，口腔中的污物即便进入婴儿的身体，并不会造成严重的问题，因为它将直接通过消化道被排出体外。

张介宾务实的态度，有助于解开拭口习俗背后的医学原因的神秘面纱。当时的医者似乎都在关注新生儿口中的浊液是否会造成两种危害。第一，婴儿口腔中的黏液或秽液可能成为口腔和舌头疾病的载体，从而造成喂养和健康问题。在隋唐时期传统医学文献中描述了各种新生儿口腔问题，例如"重颚"或"鹅口疮"，证明了相关的问题和治疗方法。③直至今天现代医生和护士继续使用纱布或吸痰器清洁新生儿的口鼻，主要是出于卫生考虑。第二，吸入被胎粪污染的液体（现代医学称为胎粪吸入）可能导致呼吸道感染。④在隋唐以来的中医文献中，由于缺乏口腔清洁而导致的疾病（例如高烧、痰多和感冒），可能是与支气管炎或肺炎有关的症状，或许是由意外地将污液吸入肺部而引起的。通常情况下，毫无疑问第一种考虑形成了拭口的基本原因，正如张介宾深刻的评论那样："与向所附会的胎毒说，并无甚干系。"⑤

到了张介宾所处的16世纪后半叶，拭口的方式已经变得更加多样和讲究了。除了过去用干净柔软的绵帛包指拭口外，人们在产妇足月时，即"预以甘草细

---

① 参见寇平：《拭口法》，《全幼心鉴》，卷2。
② 张介宾：《初诞法》，《景岳全书》，卷40，第75—76页。
③ 高镜朗：《新生儿疾病类》，《古代儿科疾病新论》，第11—13页。
④ John P. Cloherty and Ann R. Stark, *Manual of Neonatal Care*, pp. 203–206.
⑤ 张介宾：《初诞法》，《景岳全书》，卷40，第75—76页。

切少许，临产时以绵裹沸汤，泡盏内覆湿。收生之际，以软绵裹指，蘸甘草汁，拭其口"①。有的人用甘草汁、淡姜汤拭口或"用盐茶以帛蘸洗其口"，还以燕脂（同"胭脂"）蘸茶清，擦拭婴儿的口舌齿颊。②对于近世中国的许多家庭来说，这些简易的新生儿口腔清洁法，相当实用，简便可行。

到了19世纪初，医生程杏轩（1736—1820）所辑《医述》中，综合近代医家对拭口的各种说法，认为人们已充分意识到拭口的价值所在。他和其他医生一起建议拭口法延长时限，每天擦拭几次，直到孩子满周岁为止。③还有人建议人们也采用干净的丝绸来擦拭眼睛、脸部、头部等，防止感染。④源于古老猜疑的习俗例如拭口和原有的胎毒观念被采纳，成为建立在改变了的卫生认识的基础之上的"合理"做法。到了19世纪，在中国较为发达的地区，这种做法已经进入婴儿护理的常规清单。

（二）初浴

婴儿经产道乍出母腹，周身湿漉，连带血水黏液，显而易见亟须清洗。各个朝代为新生儿净身所采用的办法有许多不同。早在唐代中医文献中已提及小儿出生初浴的问题。7世纪中期，孙思邈的《千金方》的《初生出腹论》中，强调"儿已生，拭口"，啼哭出声后，"乃先浴之，然后断脐"，原因在于"若先断脐然后浴者，则脐中水"。该文还指出，"新生浴儿者，以猪胆一枚取汁，投汤中，以浴儿，终身不患疮疥"，并且警告家人，"勿以杂水浴之"。⑤当时浴儿用的"汤"，可能是指煮沸过的温水。《外台秘要方》出现了更详细丰富的浴儿法，建议人们用含有药物成分的"熟汤"浴儿。新生儿洗浴后，应"以粉摩儿"。⑥

到了12世纪，关于幼科的文字记述变得更加详尽。人们对煮开的水的重要

---

① 薛铠：《拭口》，《保婴全书》，卷1，第3—5页。

② 张介宾：《初诞法》，《景岳全书》，卷40，第75—76页；程杏轩：《拭口》，《医述》，第917—918页；吴谦：《拭口》，《幼科杂病心法要诀》（辑于《医宗金鉴》），第12—14页。

③ 程杏轩认为"小儿初生未啼时，以指轻擦其口，挖去污血，随以甘草汤软帛裹指，蘸拭口中涎沫"，或"用盐茶以帛蘸洗其口，去其黏涎"。这样做的目的是清洁婴儿口中的黏液，防止感染，发生传统所称"马牙、鹅口、重舌、木舌"等疾病。程杏轩也同意陈飞霞等医者的意见，在护理婴儿时，应考虑扩大拭口的范围，无论是用盐水还是用温和的姜汤。每天三至六次，擦拭婴儿口腔唇舌，一直到过周岁。如此，"每日洗拭，则毒随涎去，病从何来"？参见程杏轩：《开口》，《医述》，第918—919页。

④ 张介宾：《初诞法》，《景岳全书》，卷40，第75—76页。

⑤ 孙思邈：《初生出腹论》，《少小婴孺方》（辑于《千金方》），收录于《古今图书集成》，卷422，第30b—31a页。

⑥ 王焘：《外台秘要方》，卷35，第442—443页。

性有了更明确的认识。例如浴水以煮沸为佳——沸汤约煮至十分之七，滚沸消毒自然毋庸置疑。[①]新生儿不碰生水成为共守的禁忌。为防止临产时措手不及，可预先将浴汤煮沸储存起来，届时加热备用。婴儿洗浴时，应注意水温的冷热适宜和保持脐带的干燥。[②]

到了15、16世纪，人们越来越关注在这个脆弱阶段的婴儿应保持的干燥和温暖。[③]这个主意反过来促使一些医生考虑不用水清洗的替代方法。为了保持婴儿的体温和避免生水造成的危险，明代的幼科专家建议在婴儿出生后用擦拭的方法来代替清洗。他们嘱咐父母用一条以沸汤稍加湿润的毛巾或一块干净的绵帛迅速擦拭婴儿的身体，然后立即用襁褓包裹。[④]采用这种改良的方法，既不用担心婴儿会接触污染，也不用担心会着凉。这种改良的方法，可能最初源于干冷的北方地区，但到了明代中期，它已经进入了众多的幼科医书和地方习俗中。[⑤]

婴儿的初浴，通常被推迟到其出生后的第三天，逐渐发展成为"洗三"习俗。到了明清时期，"洗三"已经发展成为一种民间盛行的仪式，很多人都会选择吉日吉时，邀请亲朋好友前来参加。在当时的医学文献中，有大量的证据证明了这一习俗的广泛存在。[⑥]在传记资料和笔记小说中亦常见生动的描述。[⑦]"洗三"所用仍为煮沸过的浴汤，或掺以猪胆汁，或用桃、柳和其他根茎煮的五根汤，或用其他药用植物（例如薏苡之枝叶）煎成。[⑧]幼科专家建议人们不必过于

[①]《洗浴论》中详细阐述了宋代医者对浴儿用水的准备："凡煎汤，每用水一斗，入药，煎至七升，去滓。适寒温用之。冬不可太热，夏不可令冷。须调停得宜，乃可用之。"参见《洗浴论》，《小儿卫生总微论方》，卷1，第52—53页。

[②]《小儿卫生总微论方》作为宋代育婴常识发展的代表。书中写道："儿才生下，须先洗浴，以荡涤污秽，然后乃可断脐也。若先断脐，则浴水入脐而为脐疮等病。及浴水，须入药，预先煎下，以瓶贮顿，临时旋暖用之。不犯生水即佳。"参见《洗浴论》，《小儿卫生总微论方》，卷1，第52—53页。

[③]例如，明代《保产育婴养生录》中的一篇《浴儿法》中，主张新生儿等候洗浴时，应先以棉絮裹起，浴后亦当注意保暖。参见《浴儿法》，《保产育婴养生录》，卷1。

[④]王大纶：《初诞论》，《婴童类萃》，第61—65页。

[⑤]高镜朗：《浴儿法》，《古代儿科疾病新论》，第4—5页。

[⑥]寇平：《初生浴法》，《全幼心鉴》，卷2；孙一奎：《浴儿法》，《赤水元珠》，卷25，第843—844页；王肯堂：《浴儿法》，《幼科准绳》，卷1，第10页；吴谦：《浴儿》，《幼科杂病心法要诀》（辑于《医宗金鉴》），第14—15页。

[⑦]例如，在著名小说《金瓶梅》中，西门庆为李瓶儿的新生儿"洗三"。参见兰陵笑笑生：《金瓶梅》，第31回，第459页。

[⑧]其中以五根汤最为普遍。其准备办法如下："第三日浴儿，予每用五根汤极妙。五根汤者，桑、槐、榆、桃、柳是也。各取嫩枝三寸长者二三十节煎汤。看冷热入猪胆汁二个浴之。周岁之内可免疮疥丹毒，又可以避邪恶。"参见孙一奎：《赤水元珠》，其他药用植物例如薏苡的叶子也可使用。

拘泥于"洗三"之俗，其目的是保护婴儿不受风寒感染。人们不必一定要在吉日吉时进行初浴。对于体质较弱的婴儿，他们建议多等十天或十五天再行汤浴，这样可以避免风寒感染。[①]

图11 《初生浴法》。近世中国的儿科医生越来越重视保持新生儿的体温。因此，建议至少要等新生儿三天后再洗浴。这幅插图显示了民间艺术（描绘婴儿出生时洗浴的习俗）与小说叙述（描写推迟洗浴的习俗）之间的差距。转载自"吴月娘失偶生儿"，《金瓶梅》（明代万历版，1617），第79回。

① 《赤水元珠》中讲："盖三日浴儿，俗礼也。倘儿生脆弱，迟十数日或半月，亦无害。择晴明吉日，于无风房内浴之。"孙一奎：《浴儿法》，《赤水元珠》，卷25，第843—844页。

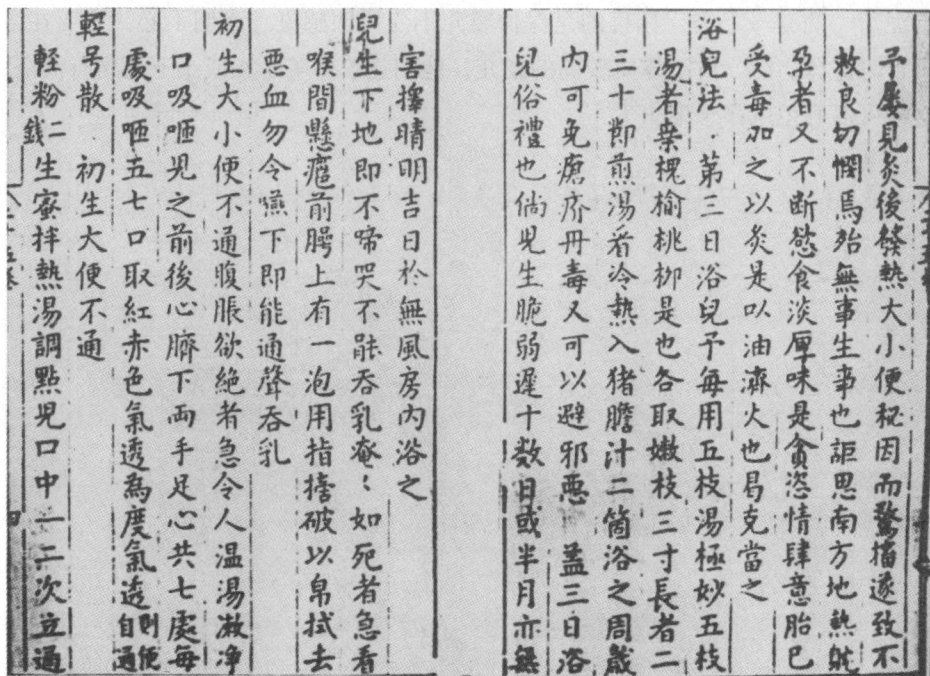

图 12　《浴儿法》，转载自《赤水元珠》，（明代）孙一奎撰。文中针对宋代主张新生儿要过三天后洗浴的观点，给出了更开明的建议："倘儿生脆弱，迟十数日或半月，亦无害。"台北"中央"图书馆藏。

（三）清洁消化道

　　婴儿出生后，就需要开始哺乳。但根据中国传统的规矩，并不赞同在婴儿出生后立即哺乳，而是主张先喂以甘草汁或其他稀薄药饮，清除婴儿体内的胎粪，待婴儿的消化系统较清净后再哺乳。在中世纪以前常以甘草汁或黄连汁为之。葛洪（283—363）的《肘后方》中已有记载，很有可能是在此之前就盛行民间的一种育婴习俗。该习俗与当时流行的胎毒观念有密切关系。①

---

① 从早期的医学文献中可知，中国古代认为在怀孕期间，胎儿可能会从受孕中获得一种热毒，这种热毒后来成为疾病的根源。因此，文献中建议在婴儿出生后用清凉的泻药来清除这种胎毒，然后再开始哺乳。最早使用的方法是朱蜜法。隋唐时期的医家开始提倡使用更温和的甘草法。唐代医书比如《千金方》《外台秘要方》等述及清理新生儿"胸中恶汁"的方法。用甘草、朱蜜或牛黄等制成的膏药或汁液是常用的药物。通过呕吐或排泄，希望婴儿胎粪略得清除，再予以哺乳。但《千金方》也指出，如果饮用一份甘草汁后没有效果，就不必勉强过量，以免伤害婴儿。参见孙思邈：《初生出腹论》，《少小婴孺方》（辑于《千金方》），第30b—31a页；王焘：《外台秘要方》，卷35，第421—429页。

到了15世纪和16世纪，新生儿清洁消化道的传统做法出现了两种新趋势。第一，人们提倡用较温和的方法来取代有刺激性的旧配方。诸如寇平的《下胎毒》等开始讨论新的想法。[①]寇平不赞成过去使用的强效泻药，例如朱砂和黄连，建议使用温和的淡豆豉汁——这是当时多数幼科医生的观点。[②]第二，寇平等人认为，这种做法的真正原因是低盐发酵的大豆具有清洁消化道和帮助"消化乳食"的作用。[③]

因此，到了16世纪，中国幼科医界对奉行已久但不知其所以然的"下胎毒"民间习俗，有了进一步的学理认识。近世中国的医者采用改良的方法，比如用淡豆豉汁、韭菜汁或猪乳等，一方面如同现代儿科给予的稀释葡萄糖液或白开水一样，可以净其肠胃。近世中国和现代的方法都有清洁胃和肠道、诱导吸吮的作用。此外，哺乳可能不会在产后立即开始。这一时期的幼科文献认为，在这种情况下，可以给婴儿喝甘草汁、轻度发酵的豆豉汁，特别是猪乳，作为暂时的母乳替代。随之，"下胎毒"的习俗就改名为"开口法"。普通民众用新"发现"的道理来继承传统的习俗，但其间的道理与胎毒论已不相干，乃代表另一番育婴常识。[④]

五、新生儿急救

一个社会对新生儿的态度，多半先顾及健康者，然后才顾及危殆者，中世纪之前中国医学典籍讨论新生儿照护问题，大多均以足月健康婴儿为对象，甚少涉及异常或脆弱的新生儿急救问题。到了宋代，医界开始讨论因难产或其他原因造成并发症或出生异常的新生婴儿的救援措施。这些救援新生儿的努力，主要有两种形式：一是日益关注婴儿身体的保暖，二是寻找设备来拯救在危险条件下出生的婴儿。

---

① 寇平在文中指出："古之为方书中，言儿始生落草，服朱砂、白蜜、黄连欲下胎毒，明医详之。论曰：今之人比古之人，起居摄养，大有不同。其药乃伤脾败阳之药，若与儿服后，必生异证。……大抵万物人之类，从根本而生长。若根壮实，则耐风寒。……凡下胎毒，只宜用淡豆豉煎浓汁，与三五口，其毒自下。又能助养脾气，消化乳食。"参见寇平：《下胎毒》，《全幼心鉴》，卷2。

② 参见王銮：《下胎毒论》，《幼科类萃》，卷1，第11—12页；徐春甫：《下胎毒法》，《古今医统大全》，卷10，第5639页；王肯堂：《服药下胎毒法》，《幼科准绳》，第10—11页。这些幼科著作强调今昔之异，力陈当时社会"起居摄养"与古代"大有不同"。而事实上，近世幼科医学知识和思想的不断进步，可能是更为体贴和成熟的因素。

③ 高镜朗：《泄毒法》，《古代儿科疾病新论》，第6—7页。

④ 陈复正：《调燮》，《幼幼集成》，卷1，第26—27页。

（一）保暖

中国传统的幼科典籍在讨论新生儿初浴、断脐、裹脐和襁褓时，都会提醒分娩时让婴儿保暖，保护他免于受风、潮湿和寒冷，比如断脐、裹脐、襁褓等必要的活动，要确保门窗紧闭。在寒冷或潮湿的日子里应该生火，或者选择在温暖干燥的日子进行初浴。

从宋代开始，幼科专家对体温的价值有了更深刻的认识。这种新的认识体现在两个方面。第一，越来越强调保持健康婴儿体温的重要性。第二，幼科医生意识到，保持体温往往是挽救难产婴儿的决定性因素。对于第一点张杲（1149—1227）的《医说》中，有一篇专论名为《小儿初生畏寒》，其中提到：

> 小儿初生，候浴水未得，且以绵絮包裹，抱大人怀中暖之。及浴了，亦当如此。虽暑月亦未可遽去。绵絮渐渐去之。乍出母腹，不可令冒寒气也。[1]

在张杲看来，在等待洗浴的时候，应该注意给婴儿先包裹起来。也就是说，新生儿甫落地，应先将其用棉絮包裹起来，为之保暖，防止新生儿体温迅速散失，减少其遭遇风寒的机会，许多幼科医生都持这种态度。[2]

对于难产或其他危急状况的新生儿而言，其体温的维持常为生死存亡所系。这种观点最早出现在《小儿卫生总微论方》一书中，在讨论一些应急措施时，该书指出：

> 又儿才生下，气欲绝不能啼者，必是难产或冒寒所致。急以绵絮包裹其儿，顿放大人怀中温暖。若已包裹，须更添之，令极温暖。且未得断脐，将胞衣置炭火上烧之。仍捻大纸脚盛蘸油点着，于脐带上往来遍燎之。以脐带连脐，得火气由脐入腹故也。更以热醋汤，捋洗脐带。须臾则气回啼哭，然后如常洗浴、断脐。此法甚良，救者甚多。[3]

---

① 张杲：《小儿初生畏寒》，《医说》，卷10，第746页。

② 明末幼科名医王大纶在其《婴童类萃》的《初诞论》（第61—65页）中，亦指出"初离胞胎，亦宜温暖"。

③《回气论》，《小儿卫生总微论方》，卷1，第52页。

文中明显强调了新生儿身体温暖的重要性。当时及后来的医学典籍都提到，遇有类似危急状况，婴儿甫一降生，第一件要做的事，就是立即将其包裹在炭火烤过的棉絮中，保其体温，方可论及其他救治办法。类似《小儿卫生总微论方》的保暖急救方法，在明清幼科典籍中广泛流传。①

因对保暖一事的重视，近世中国家庭特别注意新生儿照护上的防风、防湿、防寒。对于健康的婴儿，降低着凉感冒引发的新生儿支气管炎和肺炎的机会，大大减少了新生儿死亡率。而对于状况危急的新生儿，强调保温取暖，也能增加其存活概率。

（二）异常分娩和新生儿急救

异常分娩和急救措施的初步讨论始于宋代。比如《小儿卫生总微论方》中所描述的以保暖、暖脐、热醋擦拭脐带等方法，设法抢救危殆的新生儿，这是当时的核心观点。当时幼科医生所想挽救的新生儿，主要是落地"不啼"者，即"儿才出生母腹中，哭声迟者"。除上述的保暖方法外，还有所谓的"小儿初生回气法"，以及更传统的"葱鞭法"。当婴儿产下之际，若发现有不啼不动、呼吸困难等紧急状况时，应"急以葱白细鞭其背"，以轻击背部的助力及葱白的辛辣刺激，使婴儿能哇然出声，终能转危为安。行"葱鞭法"的同时，亦有"呼父小名"者。②这种做法显然是将民间信仰与医疗结合起来的一种救护婴儿的习俗。不过，这些方法主要针对那些无生理窒碍的足月婴儿。他们的危急情况主要是由难产或初生不啼造成的。

随着时间的推移，幼科医生对进一步的新生儿急救越来越感兴趣。③他们开始研究"通便法"，"治儿初生，大小便不通，腹胀欲绝者"。此外，幼科专家还制订了一些方法来帮助那些"鼻塞气粗"的新生婴儿，或者"无谷道"甚至"遍身无皮"的新生儿。④

18世纪时的清代，陈复正（1736—1795）的《幼幼集成》中有《初诞救护》

① 陈言：《小儿初生回气法》，《三因极一病证方论》，卷18，第426—427页；张杲：《医说》，卷1；危亦林：《世医得效方》，第359页；寇平：《全幼心鉴》，卷2；徐春甫：《古今医统大全》，第5636—5637页；孙一奎：《赤水元珠》，卷25，第3页；王大纶：《婴童类萃》，第61—65页。
② 《回气论》，《小儿卫生总微论方》，卷1，第52页。
③ 寇平：《护养法》《初生将护法》《将护法汤氏谓护养》，《全幼心鉴》，卷2。
④ 王大纶：《初诞论》，《婴童类萃》，第61—65页。

一篇，专门论述新生儿的异常状况和抢救措施，其中讨论了十种异常状况，除了早期医家提出的"初生不能发声""难产气绝""回生起死"等之外，还加上"受寒肾缩""闷脐不能出声""初生不尿"等新的问题。此篇对明代幼科医生偶或触及的"生下无谷道""初生无皮""初生大小便不通"等状况，有更进一步的处理。[①]鉴于当时的社会环境和医疗技术，陈复正所谈的新生儿急救法，内容切实可行，挽救了一部分的早产、畸形、轻微残障的新生婴儿。

从11世纪开始，中国幼科重点放在正常健康婴儿的护理上；到了18世纪，中国幼科对复杂分娩、抢救早产儿和畸形儿等方面有了较大的关注和探索。显然，这还不能满足所有的社会需求。但对比世界幼科的状况，近世中国的幼科发展并不是一种静态的知识或艺术形式，其取得的成就亦值得注意。[②]

六、专业知识的普及

在近世中国，有效提供医疗服务并改善健康状况存在许多障碍。庞大的人口中大多数人没有受过教育，并广泛分布在当时几乎无法接受的欧亚大陆上，这本身就是一个巨大的障碍。改善的新生儿护理代表着一种相当专业的技术知识，需要进行大量的阐述和宣传。另一方面，许多新生儿护理程序的预防性使得普及至关重要。如果新的知识和技术只掌握在专家手中，就不会有太大的社会效应。因此，至关重要的是，通过将重要的发现转化为民众可以理解接受的形式所做的努力，这些不断发展的幼科知识和技术才能产生更广泛的社会影响。[③]例如，鲁伯嗣的《婴童百问》，以一问一答的形式撰写，便于读者了解当时幼科的成就和实力。其他医学作者也尝试使用歌诀，在简洁的手册中加入了插图，为非专业人员和游医提供明确的指导。即使是用于寺庙占卜的卦辞也未被忽略，都成为传递幼科知识和技术的工具。口耳相传的宣传受到很大重视，受教育程度低的农村人口由此多了获得"新"知识和有用的技术的可能性。

新生儿护理的普及和传播的过程有多种形式。例如，为了更迅速有效地推

---

① 陈复正：《初诞救护》，《幼幼集成》，卷1，第25—26页。

② Thomas E. Cone Jr., *History of American Pediatrics*; idem, *History of the Care and Feeding of the Premature Infant*; George F. Smith and Dharmapuri Vidyasagar, eds., *Historical Review and Recent Advances in Neonatal and Perinatal Medicine*, vol. 1, *Neonatal Medicine*.

③ 关于儒士与医学家共同探讨儿科医学普及的大趋势，以及国家在这一领域的演变，参见熊秉真：《明代的幼科医学》，第53—69页。

广断脐和脐部护理的适当方法，清政府组织编写的《医宗金鉴》一书，就把断脐的技术以七言口诀的形式进行了推广：

> 脐带剪下即用烙，男女六寸始合宜，烙脐灸法防风袭，胡粉封脐为避湿。①

为了普及脐部护理的基本技能，鲁伯嗣用简单的语言和问答的方式讲解了脐部护理的关键步骤。万全的《育婴家秘》、寇平的《全幼心鉴》、秦景明的《幼科金针》和吴谦的《幼科杂病心法要诀》等，均将断脐、护脐的办法编成口诀，期使此重要知识能借口耳相传，在城乡各地散播开来。②

此外，人们还试图将新近理解的医学概念或卫生技能转化为易于记忆的口诀。例如，寇平就用韵文来解释拭口的重要性：

> 小儿生下不能啼，恶物咽中未去之；软绵急须揩拭口，好将硃蜜（现为"朱蜜"）莫疑迟。勿令他日为疮疹，免使乘心热透肌；活法定用须讲究，从来此理少人知。③

《医宗金鉴》中的《拭口》一篇，也是用口诀点明其中缘由：

> 拭口须用燕脂法，秽净方无口病生；古云未啼先取秽，只缘未察此中情。④

在整个近世中国，类似的宣传新生儿护理理念和实践的努力一直在进行。在国家、儒士和宗教组织的支持下，幼科专家所撰医书中的创新理念和创新技能得到传播。商业化消费和文化生产的市场，加上活跃的出版业和广泛流通的商品，是这幅图景的重要组成部分。在这幅图景中，从15世纪到18世纪初的《全

---

① 吴谦：《断脐》，《幼科杂病心法要诀》，第14页。

② 鲁伯嗣：《婴童百问》，第21—34页；万全：《育婴家秘》（原著中标注为《幼科发挥》，译者注），第59—60页；寇平：《全幼心鉴》，卷2；秦景明：《脐风撮口》，《幼科金针》，第5—7页；吴谦：《幼科杂病心法要诀》（辑于《医宗金鉴》），卷50，第25—30页。

③ 寇平：《全幼心鉴》，卷2。

④ 吴谦：《拭口》，《幼科杂病心法要诀》（辑于《医宗金鉴》），第12页。（原著中标注为《断脐》，译者注）

幼心鉴》《婴童百问》《医宗金鉴》等手册中简单的、押韵的描述，普及干拭和保持体温的重要性。由于这些作品，到了明清时期，"洗三"成为一种普遍的做法，甚至成为一种仪式化的习俗。类似的过程给肠道清洗的旧习俗赋予了新的意义，正如我们在食欲诱导"开口法"的传播中所看到的那样。从16世纪开始，可能由于成功地传播了更合理的新生儿护理方法，促使儿科医生对抢救难产和有缺陷的新生儿的兴趣与日俱增。

七、历史影响

中国历史上的人口统计学的成果，目前尚无法提供关于新生儿存活率、罹病率和死亡率的资料，从而不能对这一特定时期的幼科医学的表现做出有意义的评估。[①]但上述四个领域的发展本身意义重大，这些影响可以从以下几个方面加以理解。首先，识别重要的新生儿健康的危害，例如脐风的识别，以及明智地使用烧灼术来减少污染和感染的风险，标志着经验医学的重大突破。即使没有这一时期的新生儿死亡率的统计数据，我们也可以推断，这种改进的知识和程序可能对降低新生儿死亡率有重要影响。在新生儿卫生、保持体温和紧急护理方面的理论和实践的改进，我们也可以推断类似的观察，尽管这些观察方式可能没有那么复杂。其次，新生儿护理只占中国幼科整体表现的一小部分，而幼科又只是中医总体发展的一部分。这一总体图景，虽然绝不是统一的，却显示了持续探索、观察、研究和辩论中的坚持不懈。在这个过程中，医学专家时常能纠正过去的错误，打破以往的假设，并提高人们的健康和福祉。此外，这些新生儿护理方面的发展并不是孤立存在的，在大量的技术手册和家庭病历记录中，婴儿的生理、生长发育、护理和喂养等方面的知识有了明显的改善。[②]

一个社会的健康环境与物质生活条件密不可分。因此，中国人的物质条件（例如衣、食、住、行）的变化绝不是单一的，仍有待进一步研究。11世纪中国较早地实现了幼科的专业化，这在世界历史上是独一无二的。从那时到18世纪，在新生儿护理领域取得的进展表明了专业化的关注和职业化的投入如何更好地满足传统社会的重要健康需求。直到这一时期结束，在改善新生儿护理方

---

① 参见Ts'ui-jung Liu：" The Demographic Dynamics of Some Clans in the Lower Yangtze Area, Ca. 1400–1900," pp.115–160；" The Demography of Two Chinese Clans in Hsiao-shan; Chekiang, 1650–1850," pp.13–61；Yuan Yijin, "Life Tables for a Southern Chinese Family from 1365–1849," pp.157–179。

② 关于这个问题的专论，参见熊秉真：《幼幼：传统中国的襁褓之道》。

面的医学知识和技术水平上仍然是其他地方无法比拟的。因此，对于学者来说，评估这种技术和社会差异可能对中国和世界在人口统计学和历史上造成的差距，应该是有价值的。

八、结论

中国的新生儿护理在近世中国有了长足的发展，在断脐、脐部护理、身体清洁、保暖、急救等方面的发展尤为突出。此外，尽责地普及这些医疗成果所做的努力，也有助于将专业知识和技术应用到社会实践中。这一过程在1550—1750的两百年间逐渐成熟，并产生了累积性的影响，尽管它植根于儒家重视子嗣的传统。中世纪之前的医学文献显示，在幼科诞生之前，人们就特别关注幼童的福祉，并预见到了新生儿护理等领域的变化。宋代的先驱幼科医生，以这一早期传统为基础，通过专业的理解和丰富的临床经验，在新生儿护理以及其他领域取得了大力的突破。正是在这些最初的开创性步骤之后，明清的儿科专家又对婴儿生存的关键措施进行了额外的修订和实质性的改进。锲而不舍地努力传播新的信息，也使新生儿护理的变化成为一种动态的历史力量。

当然，对传统中国的卫生和保健条件的研究仍存在不足。我们对中国历史上更广泛的体质和物质方面的了解也仍然有限。不管怎样，目前的研究表明，类似的或相关的努力可能会填补中国历史地图上的空白区域。

第三章　哺乳和哺育[①]

　　生命，或对生命的一瞥，通常取决于它在哪里或如何遇到。来自不同地方的谚语和记录讲述了关于身体需求等平凡事情的不同故事。传记和家书关于抚养和婴儿哺养的信息中都提到乳汁的缺乏。例如，对抗太平天国运动的领袖左宗棠（1812—1885），只是无数缺乏母乳的母亲所生的婴儿中的一个。他的母亲只得喂以米汁。[②]经济条件较好的家庭雇请乳母，但合适的乳母很难寻。邵行中（1648—1711）"十易保母，乃得乳"[③]。岑毓英（1829—1889）未满周岁时母亲去世，他拒绝别人代乳，祖母被迫"哺之以粥"[④]。然而，在医学史的相关文献中，亦记载了过度哺乳的问题。早在12世纪，中国幼科的奠基人钱乙就对如何处理婴儿"不乳"的问题提出自己的看法。[⑤]16世纪幼科医生万全讨论了各种哺乳问题，例如"呕乳"，这些问题来自乳汁过多过度哺乳的母亲。[⑥]幼科医生提供了有关乳母、替代食品、过度喂养和断乳的建议，但不可否认的是，文献中呈现的矛盾场景，已经超出了原有的叙事立场和解释角度。这一点，从医生和母亲在面对问题和解决方式差异上就可见一斑。关于中国在构建"母性"的长期传统或对婴儿护理和喂养方式的认识转变的证据，可以从有形的痕迹和各种主观的来源中收集。

　　在抽象与实际之间的领域，一些历史因素无疑比其他因素更难以保留。几个世纪以来，哺乳或母乳喂养就是这样一个领域。以下是对宋代以来中国医学著作中关于母乳喂养和婴儿喂养的说明和做法的介绍。这批咨询文献随着时间的推移以及经济或地区的变化而变化，其中包括执业医师为临床参考或学徒培训而保存的幼科病例记录。传记资料、家谱、私人书信和诗歌，以及通常的

---

① 本章改编于《幼幼：传统中国的襁褓之道》第五章，台北：联经出版事业公司，1995。
② 罗正钧：《左文襄公年谱》，第5页。（原著中标注作者为严正均，译者注）
③ 姚名达：《清邵念鲁先生廷采年谱》，第9页。
④ 张藩：《清岑襄勤公毓英年谱》，第7—8页。（原著中标注作者为赵藩，译者注）
⑤ 钱乙：《急欲乳不能食》，《小儿药证直诀》，第18页。
⑥ 万全：《幼科发挥》，卷3，第66—69页。

社会历史文献资料提供了一系列万花筒般的声音，用以补充或比较这一技术文献。

图 13　（宋代）李嵩的《市担婴戏图》（1210）。画面中普通女性当众哺乳的场景在中国并不罕见，这可能反映了当时的社会习俗。台北故宫博物院藏。

　　人们对此类"自然行为"的关注及由此形成的习俗和规则揭示了社会对生存的看法，或初次接触这一事务的人如何应对儿童的日常需求和妇女的身体状况。对产妇饮食和婴儿哺乳的研究也反映了对哺乳现象和母乳成分的"科学"兴趣。[1]它对女性生育能力的影响以及由此产生的人口学影响也值得分析。[2]当把中国传统医学和传记文学中关于母乳喂养和婴儿哺育的记录与其他可用信息进行比较时，反思、关注和实践成为构建与重建儿童及其生活世界的首要

---

[1] See World Health Organization, *Contemporary Patterns of Breastfeeding*.

[2] See R. G. Whitehead, *Maternal Diet, Breast-Feeding Capacity, and Lactational Infertility*; John Dobbing, *Maternal Nutrition and Lactational Infertility*.

价值。[1]

一、传统的哺乳法

在唐代，虽然幼科专业分科尚未出现，但著名的医学典籍中已有关于婴儿正确"哺"和"乳"的讨论。[2]宋承其后，育婴方法因幼科萌生而益见精辟，《小儿卫生总微论方》中的论述可见早期哺乳方法的丰富内容：

> 凡乳母，乃血气化为乳汁，则吾谓善恶悉由血气所生。喜怒、饮食，一切禁忌，并宜戒慎。若纵性恣意，因而乳儿，则令儿感生疾病也。若房劳乳儿，则令儿瘦瘁交胚不能行。若醉以乳儿，则令儿身热腹满。若畜热乳儿，则令儿变黄不能食。若怒作乳儿，则令儿惊狂上气。若吐下乳儿，则令儿虚羸气弱，是皆所忌也。
>
> 凡每乳儿，乳母当先以手按散其热，然后与儿吮之。若乳惊汁涌，恐儿咽乳不及，虑防呛噎，则辄夺之，令儿少息，又复与之，如此数次则可也。又当视儿饥饱节度，一日之中，知几乳而足，量以为常。每于早晨，若有宿乳，须当捻去。若夏月不去热乳，令儿吐哯，冬月不去寒乳，令儿咳利。又若儿大喜之后，不可便乳，令儿惊痫。若儿大哭之后，不可便与乳，令儿吐泻。又乳母不可太饱，恐停滞不化。若太饱，则以空乳令吮，则消。[3]
>
> 凡每乳儿，乳母当以臂枕儿头，令儿口与乳齐，乃乳之。不可用膊，恐太高，令儿饮乳不快，多致儿噎。又乳母欲寐，则夺去其乳，恐睡着不觉，被乳填沃口鼻，别生其他事，又且不知儿饥饱也。[4]

[1] 据Valerie A. Fildes介绍，700—1860年左右，西方医学和咨询文献中关于母乳喂养的观念没有太大改变。参见Valerie A. Fildes, *Wet Nursing: A History from Antiquity to the Present*。
[2] 参见孙思邈：《少小婴孺方》，第6页；王焘：《外台秘要方》，卷35，第444—446页；李贞德曾讨论过唐代之前的生育与中国妇女健康，参见李贞德：《汉唐之间医书中的生产之道》，《"中研院"历史语言研究所集刊》，67：3，第533—654页；李贞德：《汉唐之间求子医方试探：兼论妇科滥觞与性别论述》，《"中研院"历史语言研究所集刊》，68：2，第283—367页。
[3] 文中没有说明是母亲还是孩子不能吃得太多。可能有文字上的错误。
[4] 《乳母论》，《小儿卫生总微论方》，卷2，第10—11页。在将本文及其他文本翻译成英文的过程中，得益于与劳伦斯·加特纳和Charles Stone的讨论。

上面这段话，涉及三个主要方面：一是正确的哺乳方法，包括程序、规律、姿势及其他应注意的事项；二是对哺乳期妇女的种种要求和限制；三是重视乳养对象——婴儿——的生理及心理状况。

（一）正确的哺乳方式

近世的幼科医生教导妇女乳养婴儿，重点在指出一套合适的哺乳方法，包括哺乳前的准备、正确的姿势、平时的哺乳规律以及乳汁的温度、流量、新鲜度和其他应注意的细节，其目的在于帮助婴儿的母亲或乳母采取一种安全、合宜、舒适的方法。《小儿卫生总微论方》对这些方面都做了相应建议。首先，建议母亲或乳母在哺乳前用手按压乳房以散发一些热度，再给予婴儿吸吮。当把乳头放入婴儿口中时，应该要防范乳汁泉涌而出，婴儿如果吞咽不及，可能会被噎住。当出现这种情况时，母亲或乳母应立即将乳头夺出，让婴儿稍事喘息，然后再继续哺乳。这样重复几次以后，可以建立起一种和缓适中而有规律的哺乳方式。其次，应该设法建立一套日常乳儿的规则，其诀窍就是母亲或乳母细心观察婴儿的饥饱程度，慢慢揣摩确定每次喂养的分量和每天适当的喂养次数。如果没有一个有规律的时间表，婴儿的饮食习惯不稳定，可能会对婴儿的健康造成不良影响。

关于乳汁本身，《小儿卫生总微论方》中亦有谈到。每天早晨，如果发现乳房里有"宿乳"，母亲要先把它挤出后，方可让婴儿吸吮。此外，在哺乳前母亲或乳母应夏除"热乳"、冬除"寒乳"。这些说法涉及当时对母乳性质的认识，因对母乳品质非常重视，讲究新鲜温和，所以对所谓"宿乳"或夏天、冬天温度可能稍热或稍寒的乳汁都心存疑虑，主张除去。

为了保持哺乳时的方便、舒适与安全，《小儿卫生总微论方》建议母亲或乳母要采取适当的哺乳姿势。哺乳时，母亲或乳母应用自己的手臂托住婴儿的头部，使其枕着大人手臂，口部恰好与乳部高低相齐。正如文中所说，由于很多母亲或乳母哺乳时喜欢采用卧姿，因而特别提醒不要用肩膀托婴儿头部，如此姿势过高反而使得婴儿吮吸不便，吸吮乳汁较慢，甚至被噎被呛导致婴儿窒息。乳儿安全问题似乎从来都是个大问题。母亲就寝前要将乳头从婴儿口中拔出，以免睡着了会堵住婴儿的口鼻。此外，在睡觉时哺乳也很难控制喂奶量，不易了解婴儿的饥饱。

《小儿卫生总微论方》提供了这样一个周全的哺乳方法。后来的医学典籍虽然仍在讨论这个主题，但在六个多世纪以来，几乎未出其右。例如，宋代的幼科医生陈自明就喂养的规律和分量表达了类似的观点，但方式要简略得多。"饲乳之后，须依时量多寡与之。勿令太饱，恐成呃奶，久则吐奶，不可节也。"①

婴儿喂养应维持定时定量的原则，此后医者亦多言之。元代著名的幼科医生曾世荣曾有专论《活幼口议·哺乳·议乳失时哺不节》，文中指出，定时哺乳对婴儿的健康和发育极为重要。而哺乳的原则，在"合乎中道"，如果婴儿不按时哺乳，不但不能"壮其肌肤"，健康必然受损，"不病自衰"。同时也提醒家长，不要过早地剥夺婴儿的母乳喂养，予以其他食物代替，导致婴儿容易患病。②

曾世荣强调母亲应按时哺乳，担心有些家庭不够重视或不善于哺养婴儿，影响其健康，所言平实切要，在当时极为罕见。因近世中国大多数幼科医生顾虑家长哺乳婴儿的方式有所偏差，多怕母亲爱儿心切，饲之过量。明代广为流传的《保产育婴养生录》引用前贤之言，劝导乳儿时"不可过饱"，盖"满而必溢，则成呕吐"。③过度喂养，似是一个相当普遍的问题，幼科医生反复强调节制乳儿，的确代表了一种开明和进步的观点。明代寇平《全幼心鉴》中的《乳儿法》也提出了同样的观点，王銮《幼科类萃》中的《乳哺论》以及徐春甫《古今医统大全》中的《乳哺》篇，均作此论。④《全幼心鉴》中《强施乳食令儿病》篇称，不善乳儿者常责怪小儿多病，其实过失不在幼儿，而在成人，并引前人之论，重申"婴儿常病，伤于饱也"⑤。《幼科类萃》则引用同样的谚语，赞成"忍三分饥，吃七分饱"⑥。这种看似激进的主张，被后世多数医者所效仿。

这一不断演变的幼科话语的历史背景值得特别关注。从13世纪开始，对过度喂养的警惕是否代表了对哺乳和婴儿护理更宽松态度的严厉反应？还是我们正目睹这一场从元代开始愈加放纵的母乳喂养和产妇护理的流行风俗在医学上的反思？长时段去仔细比较医学文献和家谱，可以发现这两者的结合很有意思。与11—13世纪相比，专业的幼科医生确实对婴儿和儿童护理表现出一种越来越"严肃"和特殊的态度。因此，这些幼科医生和进步的权威人士通过提出详细

---

① 陈自明：《产乳集》，《妇人大全良方》，卷24，第8页。

② 曾世荣：《议乳失时哺不节》，《活幼口议》，卷5，第79—80页。

③《乳儿法》，《保产育婴养生录》，卷1。

④ 寇平：《乳儿法》，《全幼心鉴》，卷2；王銮：《乳哺论》，《幼科类萃》，卷1，第9—10页；徐春甫：《乳哺》，《古今医统大全》，卷10，第5633页。

⑤ 寇平：《乳儿法》，《全幼心鉴》，卷2。

⑥ 王銮：《乳哺论》，《幼科类萃》，卷1，第10页。

的警告来确立自己的地位。另一方面，13—16世纪，条件优渥的家庭在婴儿喂养和幼儿身体护理方面的做法，似乎正在变得松懈和过度放纵。传记资料显示，随着供富家儿童消费和娱乐而生产的玩具和阅读材料大量涌现，家长为孩子提供越来越多的物质。这样的证据不禁让人追问：田园诗式的、快乐健康的婴戏图在元代之后不复存在，是否仅仅因为过去的理想在某种程度上已经实现，从而失去了它作为幻想的旧有形象？无论如何，幼科医生痛斥明代母亲过度哺乳，这些父母至少在一定程度上取代了曾激怒曾世荣与其同行的唐代或宋代的父母，因为他们在婴儿还没有准备好接受和吸收之前就改喂固体食物。不断变化的医学理念和不断发展的社会实践共同勾勒出这样一幅复合图景：医生大声斥责母亲，先是斥责她们剥夺了婴儿的营养，之后又斥责她们在育儿和婴儿护理方面过分娇惯。

对于母乳的新鲜度、温度和质量，亦有医生在《小儿卫生总微论方》之后进行了深入讨论。陈自明警告哺乳期的母亲勿食"大段酸咸饮食"，应避免"才冲寒或冲热来，便喂儿奶"[1]，担心母乳的温度会影响婴儿的接受和消化。此外，元代危亦林的《世医得效方》和明代寇平的《全幼心鉴》[2]，对母乳的新鲜度和温度有隐约的担忧，都坚持认为母亲在哺乳前应挤掉"宿乳"。

在《小儿卫生总微论方》出版后，医生对哺乳的正确姿势也有一些不同的建议。例如，陈自明建议母亲准备几个装有豆子的布袋作为婴儿的枕头，将之置婴儿身体两侧，把婴儿夹托起来，靠近母亲身边。他还表示，如果母亲在夜间需要哺乳，应起床坐好，再抱着婴儿喂乳。这两则建议表明了对婴儿喂乳时的舒适安全设想之周到。[3]寇平继续讨论旧式躺着让婴儿的头枕在臂上的喂乳姿势，但同样赞同晚上哺乳时应起身抱儿再喂。[4]

为了安全起见，很多医生都建议母亲就寝时不再哺乳。危亦林的《世医得效方》和寇平的《全幼心鉴》，都提出了这一论点。危亦林指出"恐睡困不知饱足"[5]；寇平则认为"恐其不知饱足，亦成呕吐"[6]。这两者均未提到《小儿卫生总微论方》强调的就寝时哺乳易使婴儿窒息的危险。

---

① 陈自明：《产乳集》，《妇人大全良方》，卷24，第9页。
② 危亦林：《乳哺法》，《世医得效方》，卷11，第17页；寇平：《乳儿法》，《全幼心鉴》，卷2。
③ 陈自明：《产乳集》，《妇人大全良方》，卷24，第9页。
④ 寇平：《乳儿法》，《全幼心鉴》，卷2。
⑤ 危亦林：《乳哺法》，《世医得效方》，卷11，第17页。
⑥ 寇平：《乳儿法》，《全幼心鉴》，卷2。

综而言之，12—17世纪，中国医疗当局所建议的母乳喂养程序，其中许多与现代观念不谋而合。然而，在频率和数量上，那时并没有根据婴儿的年龄和发育情况进行调整。人们非常强调母乳的质量、温度和新鲜度，代表当时医者对婴儿生理和心理健康的高度关注。当然，从我们当代人的角度来理解，难免存在过犹不及的观点，比如"宿乳"[①]。至于一些医学典籍中提出的禁忌，例如，母亲若将乳汁撒到地上，如果虫蚁食之，则乳汁将会枯竭[②]，反映了旧时医学典籍中仍夹杂有民间传统和民俗迷信的成分。

（二）对哺乳者的要求

传统中医认为，母乳的性质、成分与母亲的生理和心理状况直接相关。因此，对于哺乳期的母亲来说，其饮食、情绪状态、体温及健康上的任何变化，都会立即影响母乳的成分，进而影响婴儿的健康。因此，对哺乳期妇女的日常饮食和情绪活动都有极其广泛和严格的限制。《小儿卫生总微论方》要求哺乳期妇女特别注意饮食上的禁忌，不要在房事、醉酒、发怒、发热、呕吐等情况后哺乳，涉及饮食、情绪、体温和健康四个方面，这在后来的医学典籍中也是常谈的问题。陈自明在《妇人大全良方》中，提醒妇女"阴阳交接之际，切不可喂儿奶，此正谓之交奶也，必生癖"，而且"奶母不可频吃酒，恐儿作痰嗽、惊热、昏眩之疾"。[③]

禁止在性生活后或醉酒后立即哺乳的警告是很常见的，欧洲的基督教文化禁止在性交后哺乳，认为这是不道德和淫乱的。明代《保产育婴养生录》的要求则更为广泛，告诫人们，在洗浴后、怀孕时、患有"风病"或暴饮暴食后，不宜哺乳。[④]其后，王銮的《幼科类萃》、徐春甫的《古今医统大全》、朱惠明的《慈幼心传》等，曾略做补充和修改，但大抵不出其议题范畴。[⑤]

同一时代，关于母乳引起的婴儿病，论述最详尽的是《全幼心鉴》中的《乳令儿病证》篇，列举了十种会导致婴儿生病的不良乳汁，分别是喜乳、怒乳、寒乳、热乳、气乳、病乳、壅乳、魃乳、醉乳、淫乳。分别讲明了不良乳汁给

---

① 高镜朗：《古代儿科疾病新论》，第24—28页；拉尔夫·霍尔布鲁克：*English Family Life, 1576-1716: An Anthology from Diaries*, pp. 103-104。

②《乳儿法》，《保产育婴养生录》，卷1；寇平：《乳儿法》，《全幼心鉴》，卷2。

③ 陈自明：《产乳集》，《妇人大全良方》，卷24，第10页。

④《乳儿法》，《保产育婴养生录》，卷1。

⑤ 朱惠明：《乳儿法》，《慈幼心传》，第3页。（原著中标注作者为朱惠民，译者注）

婴儿带来的可能疾病，并附有历代医生的建议。[①]其中四种（病乳、壅乳、魃乳、醉乳）涉及母亲的健康状态，另外四种（喜乳、怒乳、气乳、淫乳）指的是母亲哺乳时的情绪状态，而寒乳、热乳则指母亲哺乳时的乳汁温度。这是首次以哺乳期妇女喂奶的性质与质量来直接命名，强烈地反映了近世医生一种普遍的观念，即哺乳期妇女的生理和心理状态直接影响其所分泌乳汁的品质。因此，哺乳期妇女在哺乳前或哺乳期间的活动或状态会影响乳汁，进而影响婴儿的健康。王銮在《幼科类萃》的《乳哺论》一节的篇首即言：

> 初生芽儿，藉乳为命。乳哺之法，不可不慎。夫乳者，荣血之所化也。至于乳子之母，尤宜谨节。饮食下咽，乳汁便通。情欲动中，乳汁便通。病气到乳，汁必凝滞。儿得此乳，疾病立至。不吐则泻，不疮则热，或为口糜，或为惊搐，或为夜啼，或为腹痛。病之初来，其溺必甚少。便须询问，随证调治。母安则子安，可消患于未形也。[②]

相信婴儿摄入的乳汁与其成长过程中的性格之间有一定的联系，并不是中国人独有的。古代西方的禁忌中反对用动物的乳汁喂养婴儿，或把个人的力量或能力归功于婴儿时期接受的某种特殊乳汁的民间传说或神话，都证明了类似的说法。至少从古罗马时代开始，欧洲人就相信，"婴儿吸吮的是哺乳者的气质和性格"，13世纪的百科全书宣扬了"好的乳汁会产生好的后代，坏的乳汁会产生坏的后代"的观念，这使得选择乳母——"专业的哺乳妇女"——尤为重要。《产褥期实践》等汇编中建议将母乳滴在指甲、岩石、抛光的剑上，或者用水晶来检查哺乳期妇女的乳汁的质量。[③]中国人通过对哺乳期妇女用药来治疗哺乳期婴儿的病症的做法，在欧洲也有所遵循。[④]现代医学承认哺乳期妇女饮食的重要性及其对母乳状况和质量的影响，至于母亲的情绪和体温是否也会影响乳汁和婴儿，现今医学尚未验证。不过近世中国医生确实认为乳汁能敏感细微反映母亲的生理与心理。由于乳汁对婴儿的健康和福祉有直接的影响，人们宁愿对哺乳期妇女进行格外广泛而严格的约束，以保稚弱婴儿免于无辜病痛。

---

① 寇平：《乳令儿病证》，《全幼心鉴》，卷2。

② 王銮：《乳哺论》，《幼科类萃》，卷1，第9页。

③ 12—15世纪的欧洲参考文献，例如《产褥期实践》提到了用指甲测试母乳质量的民间做法，还建议用水晶测试或将母乳滴在岩石或抛光的剑上来判断母乳的质量。引自 Valerie A. Fildes, *Wet Nursing: A History from Antiquity to the Present*, pp.32-33。

④ 参见 Valerie A. Fildes, *Wet Nursing: A History from Antiquity to the Present*, chaps. 2 and 3, pp. 26-35。

（三）选择乳母

传统中医一向主张，初生婴儿由自己母亲亲自哺乳为最好的选择。《小儿卫生总微论方》中有"儿生自乳养者，一切不论"[①]，认为母亲亲自哺乳的婴儿，便可避免大多数常见问题。然而，如果母亲不能自己哺乳，社会和医界并不反对有能力的家庭雇请乳母代为哺乳。目前所见对雇用乳母持保留态度的一篇言论，针对的是人道主义的考虑，而非婴儿健康。宋代理学家程颢（1032—1085）担心被雇乳母可能弃自己的婴儿于不顾，雇乳者等于剥夺了他人婴儿的乳汁，陷其子于饥饿，因此，他认为最好的办法是"二妇乳三子"，即雇用两个乳母，各自带着自己的婴儿和主人的婴儿一起喂乳。[②]中国士人和医生还制定了乳母的规则，因为乳母是被雇请到家中乳养婴儿，雇乳母的家庭不仅要负责乳母的饮食起居，而且还可以监督乳母哺乳时的情形。不像早期西方把婴儿送出去，任凭乳母将婴儿领回自乳，导致了很高的死亡率，随后引起社会的关注和医界的反对。[③]有趣的是，当早期的现代欧洲改革派将他们的注意力转向改良的乳母喂养时，他们也要求把"被放养"的婴儿带回家，并加强监管。[④]

一旦决定雇请乳母，医学典籍中对如何选择乳母有很多中肯的建议。早在唐代，孙思邈的《少小婴孺方》即谈到"择乳母法"：

> 凡乳母者，其血气为乳汁也。五情善恶，悉是血气所生也。其乳儿者，皆宜慎于喜怒。夫乳母形色所宜，其候甚多，不可求备。但取不胡臭、瘿瘘、气嗽、瘑疥、痴癃、白秃、疬疡、沈唇、耳聋、齆鼻、癫痫。无此等疾者，便可饮儿也。师见其故灸瘢，便知其先疾之源也。[⑤]

---

① 《乳母论》，《小儿卫生总微论方》，卷2，第9页。

② 关于雇用乳母之事，宋、元、明、清的医生和士人没有严重的分歧，程颢的建议是对这个问题的唯一商榷的说法。参见《家范典·治家篇》，载于《古今图书集成》，册321，卷2，第10a页。这种传统中国人道主义的看法与西方雇用乳母的态度不同，西方人考虑的是母亲自身乳汁营养的重要性，担心雇来的乳母的乳汁质量低下会导致孩子早亡。

③ 劳伦斯·斯通：*The Family, Sex, and Marriage in England, 1500-1800*, pp. 55, 65, 269-273；迈克尔·米特罗尔、莱因哈德·西德尔：*The European Family: Patriarchy to Partnership from the Middle Ages to the Present*, p. 42。

④ Valerie A. Fildes 讨论了她所称的西方历史上"专业母乳喂养"模式的变迁，并谈到了现代改革的开始。参见 Valerie A. Fildes, *Wet Nursing: A History from Antiquity to the Present*, chap. 8, pp. 111-126。

⑤ 孙思邈：《择乳母法》，《少小婴孺方》，第6页。

　　孙思邈认为乳母性情和善，形色悦人，当然最好，不可求全的情况下，乳母的健康最为重要。孙思邈提出有皮肤、呼吸、癫痫等十一个方面问题的人，不适合做乳母。如果乳母不主动提供病史及种种隐疾，他指出可由有经验的医生查看她身上灸疗留下的疤痕，作为可靠的、间接的信息。从这些疤痕的位置，可以推测出此人的病史，决定其是否适合做乳母。从隋唐到宋代，对乳母的选择，建议大抵相类，例如王焘的《外台秘要方》①，他认为性情、相貌虽有关系，但健康状况仍为择定乳母的首要条件。宋代陈自明《妇人大全良方·将护婴儿方论》对这些观点予以综述：

　　　　择乳母，须精神爽健，情性和悦。肌肉充肥，无诸疾病。知寒温之宜，能调节乳食。奶汁浓白，可以饲儿。②

　　明代的妇幼医学典籍对选拔乳母的要求更加严格，考虑愈加周详。除了前人述及者外，新增加了两项要求：一是排斥残障及容貌丑陋者，二是特别注意乳母的性格德行。《保产育婴养生录·择乳母法》中，对乳母的要求更为具体，凡"独眼跛足，龟胸驼背，鬼形恶貌，诸般残患者"，皆不可用，指出乳母与幼儿"渐染之久，识性一同，由如接木之造化也，其理甚详"。因此，人们非常担心乳母对婴儿性格产生的影响。③在《全幼心鉴·择乳母》中，寇平亦说"形容丑恶不宜乳"，"联疮麻风毒"之人也不适合做乳母。他认为，在经过一段长期的亲密生活之后，婴儿可能会受到乳母性格的影响。④

　　从16世纪起，幼科医学典籍例如王銮的《幼科类萃》中的关于"慎择乳母"一项，全不见对乳母以往病史的关注，却将重点集中在禀赋、性格、情感的斟酌，以及识性染渐的问题上。徐春甫的《古今医统大全·幼幼汇集》也表达了类似的观点。朱惠明的《慈幼心传》中也提出："乳母宜择精洁、纯厚、笃实及乳浓厚者为佳，若残疾陋恶及乳清淡者不宜用。"大家一致认为，乳母的性格会对婴儿产生影响。因此，她的性格、个人卫生以及是否残障都值得注意。当然，能供应浓厚乳汁，仍为要旨。⑤

① 王焘：《择乳母法》，《外台秘要方》，卷35，第446页。
② 陈自明：《将护婴儿方论》，《妇人大全良方》，卷24，第9—10页。
③《择乳母法》，《保产育婴养生录》，卷1。
④ 寇平：《乳令儿病证》，《全幼心鉴》，卷2。
⑤ 朱惠明：《择乳母》，《慈幼心传》，第4页。

17世纪的幼科医生，例如王大纶在《婴童类萃·择乳母论》中也表达了类似的观点。他首先指出："小儿随母呼吸，母安则子安，母病则子病，此必然之理也。……且儿禀父母之精血，化育而生。初离胞胎，血气脆弱，凭乳母之乳而生养焉。"[1]因此乳母对婴儿非常重要。在选择乳母时，一方面要关注其性格，"须要婉静寡欲"，因为婴儿"强悍暴戾，和婉清静，亦习随乳母之性情。稍非其人，儿亦随而化矣。犹泾渭之分焉，源清则脉清，源浊则脉浊"；另一方面，也不能忽视其身体健康，以"无痼疾并疮疖者"为宜。此外"乳母肥实，则乳浓厚，儿吮之则气体充实。乳母瘦瘠，则乳清薄，儿吮之则亦清瘦体弱。壮实肥瘦，系儿终身之体格，非小故也"。不过，与前人不同的是，王大纶并未一一列举不宜做乳母的疾病名称，也未再排除残障及容貌丑陋者。反而，他特别提出"生过杨梅疮者，儿吮此乳，即生此疮，如出痘症，十难全一"，以为不可。他还说"有体气者，儿吮此乳，则腋下狐臭不免"，但他没有排斥拒绝。[2]

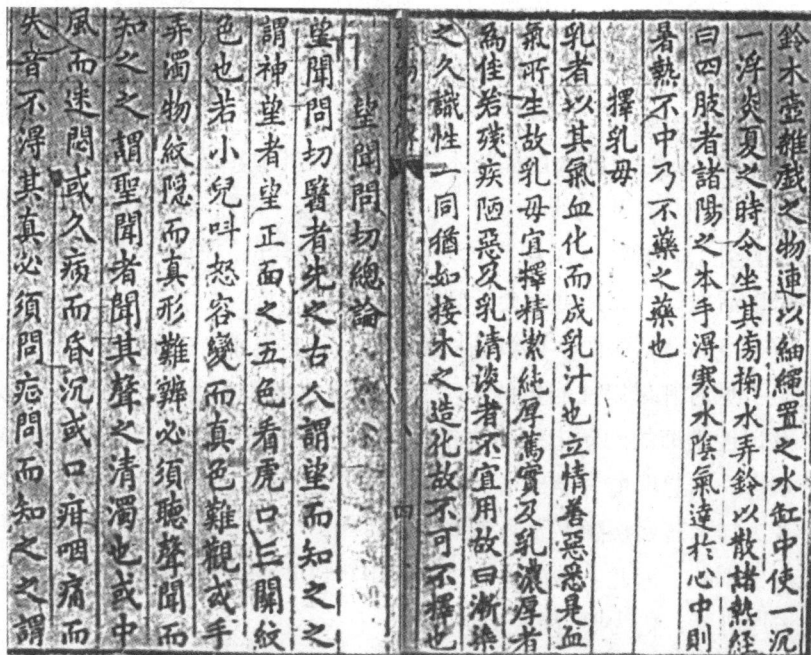

图14 （明代）朱惠明《慈幼心传》中的《择乳母》。传统中医认为，只要按照这段文字中的指示，仔细挑选代乳者，雇来的乳母是合格的。台北"中央"图书馆藏。

① 王大纶：《择乳母论》，《婴童类萃》，第7—8页。
② 同上。

　　这些关于选择乳母的建议，与当时医生对乳汁性质的认识及对乳母的职责的规范，均有关系。乳母体格的强弱与罹患的疾病可能影响所产乳汁的质与量是一个重要的假设。包括她过去所患和现在所患的疾病。目前的疾病最可能影响到她的母乳，导致不适当的"病乳"；至于以前所患的疾病，如果是慢性病或传染病，就可能会影响她自身的健康或传染给婴儿，因此不适合哺乳。比如过去医学典籍中所提及的慢性咳嗽、结核病、传染性皮肤病，或某些精神病等，均在禁忌之列。至于轻微和急性的疾病，乳母可以完全康复，并不一定会影响乳汁的分泌和喂养，其实不必否定。

　　当时的医生一度排斥残障者和容貌丑陋者担任乳母，多半代表一种社会立场，不见得是出于严格的医学或生理学考虑。至于论及乳母性格及习性的重要性，可能是基于两个相关的理由。第一，如果乳母的性格暴躁不稳定，可能会影响她的责任心以及可靠性；第二，乳母还扮演着代理母亲的角色，负责婴儿的日常照顾，在孩子的婴幼儿时期，她往往是孩子最亲密的陪伴者。因此，她的情绪和性格自然会影响婴儿的习惯和习性。此外，包括婴儿睡眠、洗浴、抱提、行动、嬉戏及受惊等问题，也成为叮嘱乳母的一部分。关于选择乳母时在社会层面及心理层面的考虑，虽然不属于狭义的医理范畴，但暗示了与儿科医生的关注直接相关。

（四）哺食方法

　　同样值得关切的是，婴儿吮吸母乳的同时或稍后，常有辅以乳汁以外的食物（古代称之为"哺"），这是指导性文献中的一个单独的主题。即现今所谓的固体食物，因为它们可以替代或补充母乳和动物的乳汁。因此，在不同的情况下，给婴儿提供什么，在什么时候提供和如何提供适合婴儿需要的食物成为讨论的焦点。

　　隋唐的医学典籍在谈到"哺儿法"时，主要侧重开始吃固体食物的合适时间及其种类。例如，王焘的《外台秘要方》分别给出了男孩或女孩"初哺"的吉日。他还专门告诫不要给孩子吃咸味的东西。[①]从上下文来看，王焘所考虑的是让婴儿开始吃乳汁以外的食物，而不是简单地把它们作为替代食品或辅食。尽管作者既没有提到开始喂食的合适年龄，也没有提到准备这些食物的正确方法，但是给婴儿喂辅食是一个令人感兴趣的话题。

---

① 王焘：《哺儿法》，《外台秘要方》，卷35，第444页。

宋代以后，新的幼科医学典籍对婴儿喂养问题的论述更加详细和具体。这些讨论从分量多少、乳哺结合、开始时间和食物种类四个方面展开。在食物适量方面，许多医学典籍都认为过量喂养是最令人担忧的。无论是在社会上层人士的实践中还是在医生的眼中，过度或强制喂养都是一个问题。更有可能的是，这类问题之所以备受关注，可能是由于其来自精英家庭的放纵的育儿方式，因此也成为幼科文献关注的重点。元代曾世荣的《活幼口议·哺乳》一节，有一个很好的例子。曾氏将"哺不节"与"乳失时"列为最令人担忧的两个问题，认为适当哺食，可以"厚其肠胃"，但人们应该特别注意的是，"入月恣肥甘"，不能太早开始给婴儿哺食。尤其要注意"食不可不节"，没有节制地给婴儿哺食，这会导致"儿无疾而怯"。①类似的言论代表了医生对婴儿食品喂养（实际上是过度喂养）的担忧。

医生表达的第二种担忧是乳汁和哺食的混合喂养。危亦林在《世医得效方·乳哺法》一节中所言：

> 乳后不与食，哺后不予乳。脾胃怯弱，乳食相并，难以克化。幼则成呕，而结于腹中作疼。大则成癖、成积、成痞，皆自此始。②

哺乳不交杂而食，以免造成消化不良，是明清幼科医生的共识。比如《保产育婴养生录》《全幼心鉴》等医学典籍中都有类似的论述，证明了这一普遍的预防措施。③

医生关注的第三个问题是幼儿开始哺食的时间和分量问题，但前后期的观点有明显差异。葛洪《肘后方》中的一段话，可作为前期的代表："儿生三日，应开腹，助谷神。用碎米浓作汁饮，如乳酪。与儿大豆许，旋令燕（同'咽'）之。"④这个想法似乎是让婴儿尽早开始吃一些真正的食物，让他的消化能力得到锻炼。⑤

---

① 曾世荣：《议乳失时哺不节》，《活幼口议》，卷35，第79—80页。
② 危亦林：《乳哺法》，《世医得效方》，卷11，第17页。
③《哺儿法》，《保产育婴养生录》，卷1；寇平：《乳令儿病证》，《全幼心鉴》，卷2。
④《哺儿法》，《保产育婴养生录》，卷1。
⑤ 同一篇文章的另一段说："儿生三日之外，当与少哺，以粟米煮粥饮，研如乳汁，每日与半蚬壳许。以助谷神，导达肠胃。"参见《哺儿法》，《保产育婴养生录》，卷1。

此外，根据唐代医政部门的说法："婴儿出生七日后可以给他哺米汁，量在三豆许。"[1]这些证据表明，直至唐代之前，人们在婴儿出生后几天内，给婴儿吃一点食物（通常以谷类食物饮料的形式）。这种想法似乎是为了刺激消化功能，而不是提供额外的食物摄入量或营养价值。

早在隋代就出现了一种不同的婴儿食品喂养方法。巢元方曾说：

> 儿生满三十日后，当哺少物，如二枣核许。至五十日，樱桃许。上百晬，如大枣许。若乳少，当以意增之。不可多与，恐不能胜。[2]

其重点显然是将食物作为辅食，主张在婴儿大一点时如果母乳不足，则增加哺食。宋代的《圣济经》也建议："三十日后须哺，勿多者。若不嗜食，勿强与。强与则不消，而后成疾。"[3]明代寇平《全幼心鉴》的"哺儿"原则与此相类，"若乳母奶少，不得从此法，当用意增之，却不可过饱。若儿不嗜食，勿强与之，强与之则不消，必成疾也"。[4]在这一时期，关于婴儿喂养的讨论，从婴儿出生后刺激其消化，转变为将之作为可补充母乳的营养来源。

何时开始及如何给幼儿吃这些辅食，是至关重要的问题。像钱乙这样有经验的儿科医生，一方面看到"儿多因爱惜过当，三两岁犹未饮食，致脾胃虚弱，平生多病"深觉遗憾；另一方面又深知幼儿肠胃脆弱，应该特别调制适当食品方可开始哺食。[5]钱乙的建议如下：

> 半年，宜煎陈米稀粥粥面时时与之。十月后渐与稠粥烂饮，以助中气，自然易养少病。惟忌生冷油腻甜物等。[6]

在这里，钱乙主要是根据哺乳期婴儿的营养需要，主张给他补充额外的食物，"易养少病"，他认为半岁是一个好的开始时间，且哺食应是柔软、清淡、容易消化的，这一观点被后世多数幼科专家所认同。[7]过度喂养或喂难以消化的

---

① 《哺儿法》，《保产育婴养生录》，卷1。
② 同上。
③ 同上。
④ 寇平：《乳令儿病证》，《全幼心鉴》，卷2。
⑤ 《古今图书集成》，卷422，第34a页。
⑥ 同上。
⑦ 同上。

食物应该避免。17世纪初，王肯堂建议人们"早晚二哺"，但建议"三岁未满，勿食鸡肉"，以免"子腹生虫"。[1]18世纪初的程杏轩主张，以炒熟早米磨粉加少许糖，用沸水冲成米浆类易消化的哺食，供母乳不足的婴儿食用。他还告诫人们"勿予肉食"，警惕肉食对幼儿的危险。[2]

整体而言，循序渐进和小心谨慎似乎是中国传统婴儿喂养理念的主要原则。在哺食开始的时间和分量上，主张采用渐进的方式，缓慢推进逐步增加，适度喂养是不变的规则，有时甚至略显保守，对婴儿的哺食种类的诸多限制过于严格。如果遵循这些指导原则的话，两三岁内的幼儿，除乳汁外，只能辅以烂熟的粥面和蔬菜，如此一来，蛋白质、维生素及矿物质的摄取，都可能存在不足。在保守的思想观念下，中国传统育婴法在哺食方面是重消化而轻营养。

二、哺育与婴儿喂养中存在的问题

一般母亲乳养婴儿，即便遵循医生的建议，亦不能保证事事顺利，困难依然存在。传统的幼科医学典籍中还讨论了一些有关乳儿的问题，涵盖了哺乳期妇女常遇到的困难及当时的应对办法，其中最常见的有四个方面的问题：替代食品、不乳、吐乳和断乳。

（一）替代食品

医学典籍建议，母乳供应不足时，若家庭无力雇请乳母，可用的替代食品有两种：一种是其他动物的乳汁，另一种是稀糊状的谷类食物。不像古希腊、古罗马那样有所禁忌，在中国，以家畜之乳育儿的习俗由来已久。农村家庭普遍养猪，除了使用牛乳的旧做法外，还经常用猪乳喂养婴儿，以动物乳汁补充母亲初乳未至或乳汁不足的举措，为多数幼科医生所赞同并加以鼓励。钱乙甚至教导民众一种最卫生便捷的撷取猪乳的方法：建议先让猪崽吸吮，引得母猪乳汁涌出后，再将母猪自后脚提起，小猪便自动脱开，即可取得干净、安全、新鲜的猪乳喂养婴儿。[3]当无动物乳汁替代时，经常使用的替代食品是各种精磨的谷类食物，加水煮成稀粥喂养婴儿，这与给更大一些婴儿提供的各种固体辅

---

① 王肯堂：《乳哺》，《幼科准绳》，卷1，第9页。
② 程杏轩：《医述》，第915—916页。
③《古今图书集成》，卷422，第34a页。这段话虽然引自钱乙，但在今天现存的《小儿药证直诀》文本上并没有出现。

食相似。实际上，医生更倾向推荐固体食物作为母乳的替代食品。①

（二）不乳

　　婴儿不乳的问题，早在宋代，医生就已经注意到。钱乙认为，如果婴儿"急欲乳而不能食"，即意味着不正常的现象，可能是某些婴儿疾病的初期症状，不可轻视。②对不乳的现象，后世医学典籍或试施疗治，或申述其因。③他们认为，导致婴儿不乳有多重因素，包括难产、着凉、胃撑胀、患病，或急性感染、排泄困难等，应辨证而论治。④总之，大多数医生同意《幼科杂病心法要诀》中所表达的观点："儿生能乳本天然，若不吮兮必有缘。"⑤如果婴儿持续拒绝哺乳，照养者必须正视解决。⑥

（三）吐乳

　　婴儿吐乳，是另一个常见且为近世幼科医生讨论的问题。早在宋代，医生注意到婴儿吐乳有两种常见情况：一种是新生儿吐乳，另一种是患病或发烧时吐乳。⑦元、明以后，对小儿呃乳及吐乳的讨论更加细致了。⑧明代著名的幼科医生万全的分析最为提纲挈领，他根据病因将婴儿吐乳分为三个类型。一是因过饱而造成的呕乳，谓：

> 　　呕乳者，初生小儿，胃小而脆，容乳不多，为乳母者，量饥而与之，勿令其太饱可也。子之胃小而脆，母之乳多而急。子纵饮之，则胃不能容，大呕而出。呕有声，而乳多出。如瓶注水，满而溢也。⑨

　　二是因抱婴儿姿势不当造成的偶然溢乳现象，谓：

---

① 寇平：《哺儿》，《全幼心鉴》，卷2。
② 钱乙：《急欲乳不能食》，《小儿药证直诀》，第18页。
③ 张杲：《不乳》，《医说》，卷10，第12页；危亦林：《不乳》，《世医得效方》，卷11，第14—15页；王銮：《幼科类萃》，卷3，第61—62、74—75页。
④《初生不乳不小便》，《小儿卫生总微论方》，卷1，第56页；王肯堂：《不乳》，《幼科准绳》，卷1，第12页；龚廷贤：《不乳》，《寿世保元》，卷8，第572—573页；程杏轩：《不乳》，《医述》，卷14，第920页。
⑤ 吴谦：《不乳》，《幼科杂病心法要诀》，第18页。
⑥ 亦可参见陈聪荣：《不乳》，《中医儿科学》，第24页。
⑦ 钱乙：《生下吐》《吐乳》，《小儿药证直诀》，第14—15页；张杲：《医说》，卷10，第6页。
⑧ 曾世荣：《活幼口议》，卷5，第73—74页；鲁伯嗣：《婴童百问》，卷5，第338—345页。
⑨ 万全：《呕吐》，《幼科发挥》，卷3（原著中标注为卷1，译者注），第66页。

> 溢乳者，小儿初生筋骨弱，左倾右侧，前俯后仰，在人怀抱扶之
> 也。乳后太饱，儿身不正，必溢出二三口也。如瓶注水，倾而出也。[1]

三是无特别原因而微渗出的呪乳：

> 呪乳者，小儿无时乳常流出，口角唇边常见，如瓶之漏，而水渗
> 出也，即哺露。[2]

万全随后指出，呕乳和溢乳都不是严重的问题，只要控制好饮奶量，注意抱姿、举姿，这两种情况都很容易避免。而时常呪奶的婴儿，可能胃力较弱，应考虑给予藿香、木瓜等辛香之剂，以助消化而加以改善呪乳问题。[3]

万全的论述，一一解析了婴儿吐乳的各种原因及征象，试图将日常吐乳和伴随疾病出现的呕吐两种现象区分开来。其后医学典籍继续就吐乳问题进行的讨论，多着力于此两者的区别。正常的吐乳，常见且不必诊治。因病而致的吐乳，则要给予治疗，赖细察形色脉证而辨治之。[4]

（四）断乳

婴儿断乳的年龄，各个社会不同。传统中国哺乳时期较长，断乳时间较晚。很少有人会在孩子一岁的时候断乳，大多会在两岁左右或开始会走路的时候才真正断乳，转喂固体的辅食。[5]有时，遇到母亲乳汁不足或再次怀孕的情况，孩子可能会在一岁到两岁断乳。

断乳常非易事，古今中外皆然。一方面，这对孩子的饮食习惯和健康状况是一项挑战，另一方面，不论何时断乳，总有许多孩子啼哭不止，母亲很难顺利达成目标。因此，自古幼科医学典籍中多有讨论各种断乳方法，来协助受挫

---

[1] 万全：《呕吐》，《幼科发挥》，卷3（原著中标注为卷1，译者注），第66页。
[2] 同上。
[3] 同上。
[4] 薛铠：《呕吐哕》，《保婴全书》，卷5，第661—673页；王肯堂：《不乳》《吐不止》，《幼科准绳》，卷1，第12—13页；张介宾：《吐乳》，《景岳全书》，卷41，第101—102页；孙一奎：《伤乳》，《赤水元珠》，第25页；吴谦：《幼科杂病心法要诀》，第39—41页；程杏轩：《医述》，第954—955页。
[5] 寇平：《乳儿法》，《全幼心鉴》，卷2。

的母亲达成断乳的目的。在当时，孩子两三岁还没有断乳的情形是很常见的，医生与社会大众均不以为意。只有当孩子继续哺乳数年，到五六岁后才被视为问题，欲予改善纠正。[①]

至于实际上如何解决婴幼儿断乳不成的问题，过去医生建议的方法类似于民俗疗法。秦汉以来民间盛传的一项"断乳方"是："山栀子三个，烧存性，雄黄、朱砂、轻粉各少许，共为末，生麻油调匀。儿睡着时，以药抹两眉，醒则不食乳矣。"[②]这种观点在唐代至元代的不少医学典籍中都有出现。明代的一些小儿科典籍也建议选择吉日断乳。[③]这些建议表明，断乳会给哺乳期的母亲带来压力，她们会寻求外力的帮助，即使只是心理上的安慰。[④]明代医生还建议注意孩子消化道的不适症状，因为这些症状可能会给断乳带来额外的困难。[⑤]另一些人则开出了减少乳汁分泌的食谱，以配合断乳的需要。[⑥]

三、医案中的例证

从近世幼科医学典籍和传记资料中，可以了解到更详细的实际母乳喂养的事例。幼科病历中记载的许多事例都与哺乳有关。例如明代幼科医生万全的《幼科发挥》中记载了五个婴儿吐乳的事例。其中两个是婴儿因病吐乳不停，一个是当地（湖北省罗田县）陶姓儒学教官的八个月大的儿子，"汤凡入口即吐"[⑦]。另一个是王次峰三个月大的次子，也是"药乳不纳"[⑧]。据说这两个孩子的病情均是以猪胆汁、童子尿调成汤药剂冷服而被治愈的。第三个是一个三个月大的女婴，患伤食吐乳。据万全判断是因积食所致。家人起初否认，后来婴儿吐出饭食，才承认五天前到外祖父母家探亲，被一个热情的亲戚哺喂了半碗以上的饭食，导致孩子数天后仍然"壅塞肠胃，格拒饮食，所以作吐"。最后

---

① 寇平和王肯堂均以"小儿年至四五岁当断乳而不肯断者"为关注对象，而明代龚廷贤则认为五六岁应该断乳。参见寇平：《断乳法》，《全幼心鉴》，卷2；王肯堂：《断乳法》，《幼科准绳》，卷1，第6页；龚廷贤：《断乳》，《寿世保元》，卷7，第518页。

② 朱震亨：《断乳方》，《丹溪先生治法心要》，卷8，第913页。

③ 寇平：《断乳法》，《全幼心鉴》，卷2。

④ 对断乳困难给予明确的指示，参见朱震亨：《断乳方》，《丹溪先生治法心要》，卷8，第913页。

⑤ 寇平：《断乳法》，《全幼心鉴》，卷2。

⑥ 龚廷贤：《断乳》，《寿世保元》，卷7，第518页。

⑦ 万全：《呕吐》，《幼科发挥》，卷3，第66—67页。

⑧ 同上，第67页。

万全用"下"法解决了这个问题。①

第四和第五个事例是刚出生的婴儿吐乳。其中一个是"初生即吐"。万全考虑到新生儿脆弱的肠胃难以承受药剂，未开任何药方，建议父母多观察婴儿的情况，设法辨清婴儿吐乳的原因。如果是"初饮乳，乳多过饱"所致，只需让母亲注意缓缓与之即可。若因洗浴时着凉所致，亦可用葱姜与乳汁同煎而少量服用，或用炙甘草煎汤清理肠胃，婴儿的健康便可恢复。②第五个事例，是一个"自满月后常吐乳"的婴儿，父母十分忧心。万全告诉其家人："呕吐者，非常有之病也，今常吐乳，非病也。"建议父母从母亲的哺乳习惯中寻找问题的根源。如果"母气壮乳多者，唯恐儿饥，纵儿饱足"，乳儿过度，会使婴儿将"所食之乳，涌而出"。这种吐乳通过控制摄入量，或者通过更适当的抱儿姿势，是很容易纠正的，只要"能紧护持，则不吐也"。如果婴儿胃弱，消化力不强，"不能受乳而变化之"，以致"无时吐之"，而"所吐不多"，是一般所称的哺露。万全建议，应当补其脾胃，助其消化，以肥儿丸主治。③

清代魏之琇所辑《续名医类案·小儿乳病》中也刊录了八个婴儿乳养困难的事例。其中有两起是婴儿患病，进而影响乳食，一起是湖北省的一个两个月大的婴儿忽然发热不乳，还有一个婴儿忽然患喑不能出声，两人都分别接受了药物的对症诊治。④

另有两个例子，是婴儿饮了酒乳或醉乳而出现的状况。一是名医张从正（1156—1228）遇到的一个"寐而不寤"的婴儿，多位医生均以"睡惊"来治疗，甚至有人想要用艾火灸之。婴儿的父亲对这样的判断提出疑问，问道："此子平日无疾，何骤有惊乎？"随后，带着他的孩子来请张氏诊治。张从正给孩子把脉后，确定并非惊风，乃私下里质问孩子乳母："尔三日前曾饮醉酒否？"乳母承认："夫人以煮酒见饷，酒味甚美，三饮一罍而睡。"张从正由此确定此婴儿久寐不醒，是母亲、乳母两人均大意，贪饮美酒，开方醒酒剂解之。另一事例是明御史陈金陵家中小儿，一日亦忽"闭目，口不出声，手足俱软"，急忙延请医生诊治。一位应邀就诊的医生表示，"公子无病，乃饮酒乳过多，沉醉耳。浓

① 万全：《呕吐》，《幼科发挥》，卷3，第67—68页。
② 同上，第68—69页。
③ 同上，第69页。
④ 魏之琇：《小儿乳病》，《续名医类案》，第82—84页。

煎六安茶，饮数匙便醒"。①

魏之琇的《续名医类案》中还记载了"淫乳"，即母亲交媾后立即乳儿，造成婴儿不适。这两起医案中，一是万氏所遇到的一个婴儿，出现了"吐乳便黄、身微热"等症状，万氏私下里告诉孩子的父亲："必伤交媾得之"，并解释道："父母交感之后，以乳哺儿"而导致。另一个例子，孩子有"目睛缓视，大便臭秽"之症，幼科医生薛立斋判断为"饮交感时乳所致"。② 近代临床记载，母亲交媾后立即哺乳可能会导致婴儿的身体不适，比如轻度呕吐、烦躁、腹泻等，但这种影响并不像传统医学著作所称的那样严重和普遍。③

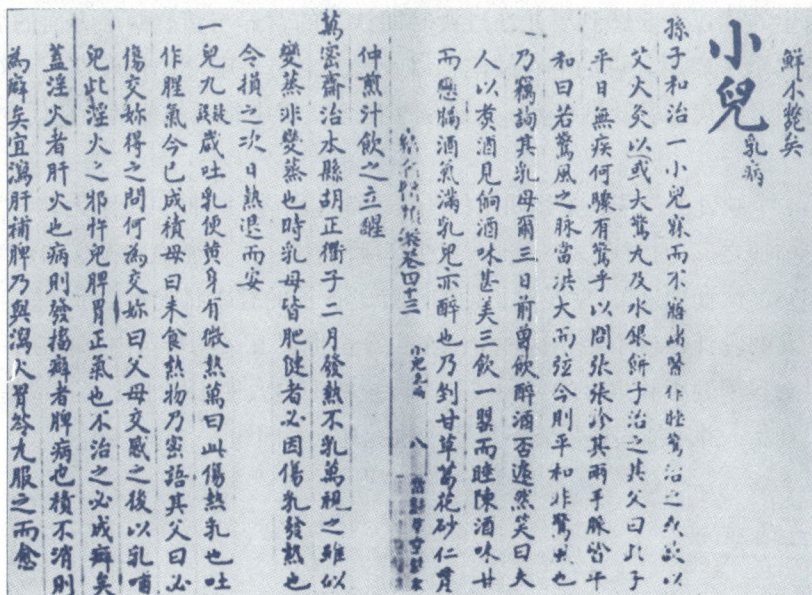

图 15 《小儿乳病》，转载自（清代）魏之琇所辑的《续名医类案》。母乳是新生儿营养的主要来源。这段文字描述了人们在喂乳和断乳时的烦恼。台北"中央"图书馆藏。

魏之琇的最后两个事例是关于母亲或乳母乳汁不足所造成的问题。一是王三峰一岁左右的多病的儿子。医生万氏给孩子做检查，认为"此乳少病也"，父亲起初不同意诊断结果，认为"儿乳极多"，待医生走后，母亲检查乳母，才发

---

① 魏之琇：《小儿乳病》，《续名医类案》，第82—84页。

② 同上。

③ 高镜朗：《古代儿科疾病新论》，第25页。

现她果然没有乳汁。当被问及她照顾孩子的方法时，这位乳母回答说："昼则饭以哺之，或唉以粑果。夜则贮水以饮之。"这个靠乳母嚼饭和饮水度日的一岁的孩子，久而久之，便营养不足，导致经常生病并不奇怪。当他的父母再去找医生请教时，医生的回答表现出过人的智慧，特别为孩子的处境考虑：

> 欲使即换乳母，则儿认惯，不可换也。若不使有乳妇人哺之，则疾终难治也。不若仍与旧母养之，择一少壮有乳者，夜相伴，以乳哺之。久而惯熟，自相亲矣。①

医生的建议，兼顾到婴儿在过渡时期饮食的营养与情感两个方面的需求。该事例揭示了雇用乳母的潜在缺陷，以及婴儿对母乳喂养的依赖期相对较长。该乳母用米饭代替乳汁的事实，也证实了医学文献中常见的辅助和替代食品的信息。

第二个缺乳的例子，是姚明水的儿子。此儿刚满一岁时，母亲无乳，"乃以糕饼枣柿哺之"。时日已久，孩子"上则口舌腐烂，下则脓血相杂。治疗半载，肉削如柴，饮食少进"，后经过长期的治疗，孩子的健康状况才慢慢转好。②哺乳期妇女的乳汁供应不足，这种情况在当今全世界10%的母亲中都存在，这也是近世对孩子健康和生存的一种威胁。传统的中国人使用碳水化合物或糖果作为替代食品，并不能缓解母乳不足造成的所有营养问题。

四、普通观察

医疗记录代表了专家的声音，它以一种特殊的方式表达和传播，而母乳喂养和婴儿哺育是如此日常的活动，人物传记中时常可见，由此，将专业报告与普通民众的市井故事记录进行比较是很有意思的。近世中国传记资料和家谱中常记载乳汁供应不足或对喂养、哺育的焦虑，泌乳困难的母亲被频频提及。许多人声称，健康状况不佳或其他社会心理压力会对哺乳期妇女的乳汁供应产生消极影响。这样的传闻需要还原其历史背景。例如，母乳喂养是否确实是当时所有阶层家庭的主要做法？如果是这样，以咨询文献或民众智慧的形式出现的

---

① 魏之琇：《小儿乳病》，《续名医类案》，第84页。
② 同上。

一般哺乳指导是否提供了所需的实践指导？普通人对母乳的普遍理解是否与母乳喂养的专业文献中描述的生理问题有关？最常见的替代食品是什么（无论是其他食物还是雇用乳母的角度）？从宋代开始，儿科文献中所讲述的医学实践是一种互动的场所，也是一种内外部的抗衡运作力量。历史环境既孕育了它们，又不断被它们的活动所改变。

19世纪的记录显示了一幅常见的诉苦图景。陈衍（1856—1937）婴儿时期，他的母亲患病而导致乳汁枯竭。①孩子在婴儿期，母亲缺乳或乳汁不足时，若是家庭无力雇用乳母，孩子的健康就会受到影响。皮锡瑞（1850—1908）幼时母亲无乳，乳养状况不佳，遂致"幼弱"。②许多家庭无力雇用乳母，只得转用其他替代食品，以哺养婴儿。左宗棠出生时，由于母亲无乳汁，左宗棠日夜号泣，母亲只能喂以米汁。③岑毓英原由母亲自乳，周岁时母丧，他不肯接受别人代乳，祖母只好"哺之以粥"。④这些例子表明，当不能选择乳母时，最常使用的替代食品是稀粥。这种做法可能受到也可能没有受到医学典籍的影响，但医疗记录和家谱中的记载相当一致。

士人家庭或因母亲乳汁不足，或因母亲不愿或不便自乳，雇人代乳的情况很常见，但合适的乳母并不易得。例如，曾纪芬（1852—1942）提到曾氏家族曾经请过乳母。⑤陈英士（1878—1916）母亲产后多病，亦依仗雇乳媪乳之。⑥当邵行中需要一个乳母时，他的祖母费尽心思。正如传记中所记载："十易保母，乃得乳。"⑦徐鼒（1810—1862）的家人也曾为他"觅乳媪，不称意，久得孙氏乃安"⑧。汪康年（1860—1911）幼时，母亲为他找人代乳，一直不能如意，其后他的二弟、三弟出生，决定不再雇用乳母，都由母亲亲自乳养。⑨这些轶事表明，即使是经济条件允许的家庭，想要找到合适的乳母也比较困难。当时关于选择好的乳母的医生的建议，可能会有帮助，但也增加了父母的忧虑。

---

① 陈声暨:《侯官陈石遗年谱》，第11页。

② 皮名振:《清皮鹿门先生锡瑞年谱》，第4—5页。

③ 罗正钧:《左文襄公年谱》，第5页。

④ 张藩:《清岑襄勤公毓英年谱》，第7—8页。

⑤ 曾纪芬:《崇德老人自订年谱》，第9页。（原著中标注作者为聂其志，译者注）

⑥ 徐咏平:《民国陈英士先生其美年谱》，第4页。

⑦ 姚名达:《清邵念鲁先生廷采年谱》，第9页。

⑧ 徐鼒:《敝帚斋主人年谱》，第3—4页。（原著中标注为徐鼐:《清皮鹿门先生锡瑞年谱》，译者注）

⑨ 汪康年:《汪穰卿先生传记》，第10页。

五、结论

传统医学典籍中关于母乳喂养的论述是非常实用的。虽然对哺乳的生化机制或哺乳的生理过程的"科学化"分析，在近世中国的大部分时间里尚未出现，但医生对哺乳时的程序、姿势、规则及要规避的问题等方面的考虑显得理智而又细致。这些观点是以平实的方式提出来的，总体上没有诉诸神话或民间偏方的补救措施。此外，医案和家谱都表明，母乳喂养是当时最主要的婴儿喂养方式，尽管在乳汁不足的情况下，也会使用动物乳汁或稀薄谷类等替代食品。而且有能力的家庭雇用了乳母，尽管存在诸多问题。

从这些医案中可以看出，中国普遍的母乳喂养做法对健康和人口有广泛的影响。首先，母乳营养安全，可加强婴儿的营养和免疫力。其次，由于产后闭经的影响，长期的母乳喂养（中国妇女通常要到孩子两岁或开始走路时才断乳）对婚姻生育率起到了额外的控制作用。近世中国的家谱显示，一般生育间隔在2—3年，历史上的人口学研究也推断出适度的婚姻生育率，即每个妇女生育5—6个孩子，这可以看作长期母乳喂养的额外证据。特别是由于当时对产后性行为没有严格的禁忌，长期的母乳喂养成为一种重要且有效的避孕机制，被广大民众所理解和采用。中上阶层的家庭雇用乳母，可能缩短了生育间隔，从而提高了妻子的生育能力。让乳母住在主人家并为其提供食物和便于监督的做法，可能比欧洲的婴儿被送出去哺乳的健康状况更好。

最后，关于性别和性问题，医案是一种特殊的技术文献类型，在这种文献中，妇女主要被描述为功能性人物，哺乳期妇女因其作为母乳提供者的生理功能而被讨论。在这个特殊的背景下，她们的需求和感受被衡量和理解为与孩子的关系，而不是与男性的关系。哺乳期的母亲被赋予了责任和严格的要求，因为她们被认为是身体更强壮的一方，是脆弱婴儿的保护者，而非一种相对于男性权威下的弱者或劣等的性别。因此，母乳喂养被视为与性考虑有关，但大多独立于性的考虑之外。从这一背景下产生的女性形象似乎更加中性，因此在某种程度上没有其他文学类型中经常与女性有关的感情色彩。

第二编
社会生活

中国古代最古老的青铜器中，商周时期的特征是刻有铭文，表明这些器皿和它们所代表的遗产，要为"子孙万代常保用"。到了18世纪的康乾盛世，古色古香的青铜器或真正的家具（例如竹制扶手椅），仍然可以雕刻有同样的铭文。对建立在家族繁衍基础上的永恒渴望，从一个时期延续到另一个时期，这种虔诚的愿望，大多以千秋万代为目标。对一个植根于祖先崇拜的文化和一个崇尚文化忍耐的社会来说，养儿育女构成了实现这两者的关键中介。在这三千年间，社会风俗和个人习惯的变化，都植根于对这种生物社会再生产的信念和投资。当然，子女和孙辈以及父母、祖父母的预期都有特定的目标。这样的时间因素，无论是基于个人、家庭还是更大的历史层面，均通过个体生活造成的影响而产生一种总体结果，一些人认为这种结果可以被认为是政治或制度、经济或思想上的变化模式。然而，它们也可以被理解为家庭领域中不为人知的存在，这是一个没有被分析，没有任何评论的领域。养育子女（从父母的角度）和成长经历（从孩子的角度），可以从中感知和表现历史。在祖先庇荫下的生活，是为他们的后代服务或任其摆布，任凭个人意愿来选择。

第四章　养育方式

日常生活是历史上最难发现的事情。关于中国儿童早期生活的历史研究就是一个例子。近来关于传统中国家庭的研究提供了丰富的信息，包括宗族的组织和运作、个体家庭的政治和经济策略、士绅的职业模式等。[①]然而，到目前为止，对一个特定年龄段的个人状况和日常生活的了解还没有得到普遍的关注。关于传统中国年轻人的生活，以及明清社会书香门第中男孩的成长方式和经历，可以提出一系列的问题。

从童年的角度看中国人的童年观是复杂的。基本的文化史资料，比如教化或日常指导，呈现出相互矛盾的印记。例如，孟子对人性中先天之善的根源的理解，他认为："孩提之童，无不知爱其亲者。"[②]这种带有典型的儒家乐观主义的宣言，自动接受了儿童的"性善论"，虽然不一定意味着在养育孩子时采用"自由"放任的模式。另一方面，还有一些教材中所表达的民间智慧，比如《三字经》中"子不教，父之过；教不严，师之惰"[③]。它暗示了一种对儿童不依靠别人可以保持行为得体的自然能力更严厉和"悲观"的看法。那么，我们是否应该由此得出结论：传统中国的大多数人其实更容易对自己的孩子采取严师般的态度呢？有一则传统轶事称，"昔孟母，择邻处"[④]。孟子的母亲是悲观主义者，因而不相信自己儿子所天生具备的乐观信念吗？在中国传统文化中，我们还可以从哪些途径来寻找那些儿童养育模式和幼儿的成长经历？

要梳理传统中国童年经历中社会方面的细微差别，可以从近代中国的几百部年谱传记中留下的蛛丝马迹入手。[⑤]亲朋好友的私人信件、诗歌、日记、文章

---

① 参见帕特里夏·伊佩霞（Patricia Ebrey）和华琛（James L. Watson，又名屈顺天）的文章，*Kinship Organization in Late Imperial China, 1000–1940*。

② 孙奭：《孟子注疏》，卷13，第291页。

③ 王应麟：《三字经》，第1页。

④ 同上。

⑤ 现存的明清时期的年谱有八百多本。其中以清代的年谱居多，内容最丰富，信息量最大。年谱记录了商人、农民、工匠、艺术家、士大夫的生活，除了一般的门阀世家外，还记录了少数民族和宗教人士的生活。然而，只有约一半的年谱包含有意义的童年岁月的记载，三四百个案例生动地描述了这一时期的成长过程。参见来新夏：《近三百年人物年谱知见录》。

和墓志铭构成了这些年谱编写的核心资料。它们中部分作为引用资料而保存下来，为近世中国的男女童年生活提供了丰富的第一手资料。这些年谱按时间顺序排列的事实使它们成为研究年龄段（例如社会阶层和成长过程）的便捷工具。然后可以通过其他社会历史资料来验证和补充这些初步信息，例如日记、随笔、小说、戏剧和故事，对当地风俗和仪式、民俗活动、艺术描绘以及偶尔的法律档案和临床情况报告的当代叙述，这些大致描述了迄今认为无法获得的儿童生活的多面性表现。

图16 《五瑞图》，（宋代）苏汉臣作。在一种成为节日娱乐的传统仪式舞蹈中，宋代的孩子穿着盛装，戴着面具，表演判官、雷神、药神、门神等角色。台北故宫博物院藏。

图 17 （宋代）苏汉臣《长春百子图》中的"蹴球为戏"。踢球是理学家所禁止的。但是，这幅画清楚地证明了是艺术界内部发生的激烈的社会争论。台北故宫博物院藏。

　　近世中国的儿童和童年的历史必须与中国古代最早形成的经典模式相对照，比如作为文本和哲学传统的儒家思想，一方面，中世纪的重要的复兴，另一方面，包括理学作为宋代以后社会的一种特殊转变和配置。士绅的少年时代（或更年轻的精英男童）是进一步了解该时期儿童状况或生活的一个适当的社会文化基准。

一、传统幼教模式

中国家庭生活中规定的养育子女的原则可以追溯到古代。在《礼记·内则》的经典语录中，对贵族家庭养育子女的正确方法给出了明确的指示，如下所示：

> 子能食食，教以右手。能言，男唯女俞。男鞶革，女鞶丝。六年，教之数与方名。七年，男女不同席，不共食。八年，出入门户及即席饮食，必后长者，始教之让。九年，教之数日。十年出就外傅，居宿于外，学书计。[①]

除了这些有条不紊的指导之外，《礼记》在以下几个方面都令人印象深刻。第一，它描述了一种育儿文化，从人类发展阶段的特殊观点出发，制订了切实可行的步骤。第二，它非常强调儿童社交技能和行为礼仪的男女之别、遵守礼貌和对长辈的尊重，这些构成了启蒙教育灌输的中心。第三，任何"小学"阶段儿童（九岁前）应该掌握的知识主要是数字、方向、日历等实际科目。这个阶段对文学技能只字未提，亦没有建议对执行这一理想而采取惩戒措施。

《礼记》中所勾勒的这一基本学习阶段，是中国历史上第一个千年里士绅家庭正确养育子女的基础，也是其后时代讨论的灵感来源和基线。宋代理学家创作了许多家训，例如司马光的《居家杂仪》是这一经典模式调整后的代表。[②] 在宋代以后理学关于儿童和童年的话语中，除了在设计上更加精巧，更加考虑幼儿的生理需要之外，还出现一个新的内容，那就是前所未有地强调了儿童早期发展的重要性和强大的价值，甚至强调体罚的方法。[③] 道德和行为要求的训练仍然明显优先于书本学习和知识技能。此外，人们还注意到，在童年早期，在十岁以后进入不同的课程之前，士绅家庭的女孩与男孩几乎一样平等地接受教育。[④]

---

① 郑玄：《礼记郑注》，卷8，第28—29页。

② 司马光：《居家杂仪》，第5—6页；胡广：《性理大全》，卷45，第41页；朱熹：《近思录》，卷11，第1b页。

③ 司马光为男孩和女孩规划了一至八岁的发展计划。参见司马光：《教男女》，《居家杂仪》，卷19，第333页。

④ 同上。

二、母哺父教

近世中国童年的一个显著特点就是所谓的"母哺父教"模式。当然，宋代以后，妇女负责照顾哺育儿童，例如日常的喂养、穿衣、护理，而男子则负责教男孩技能，同时决定女孩应该或不应该学什么、做什么。① 由于一夫多妻制在上层阶级中并不罕见，因此妻妾常在日常琐事上互相帮助。例如汪辉祖（1730—1807）出生在一个经济不宽裕的士绅家庭，他的生母是操劳家务的妾室。他父亲的妻子作为"嫡母"，在汪辉祖还是个婴儿的时候，嫡母就分担了大量的育儿工作，比如带着婴儿睡觉。据他的自传记载，当他晚上哭闹需要吃奶时，嫡母会把他送回生母身边哺乳。汪辉祖的嫡母显然对他非常关心。② 当然，妇女之间的这种密切协作并非自然而然，实际的考虑往往增强了互助的需要。③ 在较贫穷的家庭中，女性亲戚、邻居和朋友经常帮助孩子的母亲。

父亲一方的女性亲属，例如姑姑或伯母、叔母经常参与孩子的日常照顾。牛运震（1706—1758）的叔母，在牛运震两岁时来归，叔叔很喜欢这个聪明的侄子，情不自禁对他的新娘子说起"侄儿伟器"，叔母很快就真正喜欢上这个蹒跚学步的孩子。她让牛运震坐在自己的腿上，每天给他梳头。据牛运震后来回忆，这位叔母很高兴地给他带各种水果和零食，照顾他的日常饮食，特别关注他的健康。例如叔母对他牙痛的治疗，让他记忆犹新。④

其他情况下，女性亲属之间的合作虽然必要，但并非皆自愿。清初政治家吕留良（1629—1683）的生病的母亲因父亲去世而病情加重，其不得不由三嫂抚养。⑤ 在传统的中国多子的家庭中，有时因父亲再娶，常由大姐或大嫂担负抚养家庭中年幼弟妹的责任。汪辉祖的嫡母临终前将他托付给他的两个姐姐。⑥ 正

---

① 在中上层阶级家庭中，乳母、女佣和其他家庭工作人员中的妇女在塑造儿童的经历方面可以发挥重要作用。这些不同的女性帮手与这个家庭无关，地位低下，但她们对孩子身心需求的日常照顾义务，却有助于她们和所抚养的孩子之间建立起牢固的联系。当代医学文献以及教育文献都意识到她们角色的重要性，建议特别注意选择合适的乳母或保姆。参见姚名达：《清邵念鲁先生廷采年谱》，第9页；缪荃孙：《艺风老人年谱》，第2页；翁叔元：《翁铁庵年谱》，第2页。

② 汪辉祖：《病榻梦痕录》，第5—8页。

③ 有时候男人的妻妾之间的感情并不融洽，因此给孩子造成了一种令人痛苦的情感环境和破坏性的生活条件，嫡母所生的孩子也不能保证得到关注和爱护。参见杨廷福：《谭嗣同年谱》，第24—26页。

④ 蒋致中：《牛空山先生年谱》，第2页。

⑤ 包赉：《吕留良年谱》，第7页。

⑥ 汪辉祖：《病榻梦痕录》，第5页。

是这样的例子，才有了这句"长兄如父，长嫂如母"的民谚。这在一定范围中引起了关于一个男人为他的大嫂服丧的恰当性的激烈辩论，而这正是传统礼仪所禁止的。①

　　男人可能会在生活中比较轻松地与幼儿玩耍，但很少参与幼儿日常的生活照顾。他们也不愿处理幼儿生活中情绪上的低落时刻或不愉快的要求。明清家谱中提到父亲爱抚并与幼儿玩耍，但更典型的观察是，父亲通常被看到的是参与幼儿日常生活中更"愉悦"和"理性"的方面。

图 18 《课子图》。识字被视为一项重要技能，并尽可能早地开始。如果父亲不在家，男孩就由母亲、姐姐或祖父母来教。转载自王连海编著，《中国古代婴戏造型图典》(南昌：江西美术出版社，1999)，第 35 页。根据清代山东的木版画改编。

---

① 张寿安：《叔嫂无服，情何以堪——清代"礼制与人情之冲突"议例》，选自熊秉真、吕妙芬：《礼教与情欲：前近代中国文化中的后/现代性》，第 125—178 页。

这种情况是在儒家的性别分工观念下构思和实施的，很难用现代的生理关怀与社会文化再生产之间的划分来框定或理解。近世中国的母亲和女性亲属承担着家中婴幼儿的哺乳、洗涤和照料任务，这些属于"内"领域的家务活，大多（尽管并非必要）在室内进行。这些婴幼儿的父亲和男性亲属关心并专注于承担灌输、指导和监督其成长过程的责任，这些被视为"外"领域，即外部或外部的努力，"内外"被理解为社会空间，而非物理空间。当然，这种角色的分工并非绝对，因为在日常生活中，两个领域之间和双方之间的合作差异一直是互动和流动的。换句话说，一个士绅父亲可以照顾他生病的子女的需求，取水和拿药，或者给他们洗澡、量体温。如果看到一个快乐的男人抱着一个婴儿走来走去，或者手拉手带着一个蹒跚学步的孩子，并满足孩子（包括他的子侄）的所有实际需求，不会有人感到惊讶。另一方面，母亲、祖母、姑姑和姐姐，可以为男孩最初几年的启蒙学习提供指导，就像许多父亲、祖父、叔叔和哥哥定期给家里的女孩上课一样。因此，在这一时期内，当男孩被看到帮忙做家务是常见的，他也得到女性长辈的教导、帮助和围绕，就如当女孩坐在那里上她的第一堂课时，她很有可能在她的男性亲属的陪伴和指导下作画、看书。

三、学习指导

在迅速单一化经济提供的各种职业机会的刺激下，以及社会流动的可能性增加，使得这一时期的家庭都想尽早开始对子女进行启蒙教育。这其中的社会和文化背景是复杂的。简而言之，中国社会日益"自由"的流动和经济的商业化，无序地推动了人们的进取心。"有进取精神"的育儿浪潮最早、最直接冲击了在城镇的上层士绅阶级，很快这一浪潮就出现在郊区和村庄的其他社会群体中。特别是16世纪以来，许多儿童培养活动中明显的"早学"态度，清楚地见证了这一过程的发生。精英家庭里的孩子强行接受文化启蒙教育的年龄越来越小。[1]商人和手工业者家庭希望他们的孩子能够学习贸易、获得一门手艺并尽快开始学徒生涯。富裕的农民家庭和他们的男孩一起劳动，以获得盈余和去市场上交

---

[1] 我对早期教育模式和内容变化的研究解释了其中一些发展。参见熊秉真：《好的开始：中国近世士人子弟的幼年教育》，第203—238页；熊秉真：《谁人之子？中国家庭与历史脉络中的儿童定义问题》，第259—294页。

易作物。父母都希望他们的孩子接受一些文字或技术方面的教育。木匠家的男孩需要记住《千字文》，以便学习手艺和进行相应的测量。殷实农家的小伙需要简单的算术来理解价格，并记好账目。普通家庭对儿子娶一个受过教育的女人，能麻利地管理家务，并能抚育聪明的孩子感到兴奋。男孩和女孩蒙书内容的改变、儿童故事中习俗的不断演变以及教育玩具和学习游戏的畅销，都证明了这种经济和文化力量的发酵。①

虽然妇女继续承担大部分的养育和日常照料工作，但"外在"的诱人机会促使有责任心的母亲（通常与祖母、姑姑和姐姐一起）越来越多地参与启蒙"教育预备"中来。对文人家庭来说，这意味着妇女经常给孩子背诵诗歌、韵文或她们自己熟知的简单入门知识。② 这种现象说明了这一时期女性受教育的水平相当高，至少是基本水平。它还表明，在大众识字方面存在着区域不均衡，即长江下游发达地区的最贫困者也比其他落后地区的一般民众享有明显的社会文化优势。

幼儿期女性主导照顾及时过渡到第二阶段，在这一阶段，女性仍然负责儿童的生活事务，而家里的成年男性则逐渐接管了对精英或实用知识的正式指导。有出仕志向的家庭自然特别重视男孩的智力发展。梦寐以求的"早慧"天赋或"神童"的身份，意味着孩子在极早的时候就拥有真正或想象中的文学技能。③ 为了达到这个目的，在孩子开始在村学或宗族学校接受塾师的正式教导之前，人们认为有必要进行大量的预备性学习。能胜任这种"启蒙教育"工作的，没有人比家里受过教育的男性更值得信赖，更方便成为启蒙老师。因此，在明清时期精英家庭中，形成了有利于"亲课"或"自课"的强大传统。这些家庭长辈（通常是孩子的父母或近亲）采用对初学者有吸引力的材料，对幼子开始启蒙。在许多情况下，父亲不厌其烦地，甚至有些人还乐此不疲地亲自帮助他们的孩子迈出学习的第一步。这可能包括在晨间散步时编出简单的对联，看着大门两旁张贴的楹联等学习认字，结合当天天气背诵诗词以及吟诵与眼前场景相呼应的经典名句，或者在日常的漫游中学习自然物的名称。在此类传记中，父亲大多是孩子的启蒙者，有些父亲饱含情感"自课"幼子。明末作家翁叔元

---

① 关于儿童文学相关活动的讨论，参见熊秉真：《儿童文学》，第31—38页。

② 关于母亲和女性亲属对儿童启蒙教育的作用的详细讨论，参见熊秉真：《好的开始：中国近世士人子弟的幼年教育》，第203—238页。

③ 肯尼斯·J.德沃斯金（Kenneth J. Dewoskin）在他的《著名的中国童年》（"Famous Chinese Childhoods"）一文中，谈到了秦汉时期通常辉煌的童年的记录，以及文化传记中内置的文化偏见。

（1633—1701）幼时甚得父亲宠爱，据翁叔元后来回忆，他三岁时，"时时抱置膝上，以舌舐面为笑乐"，他写的第一个字就是父亲扶着他的胳膊写成的。[①]清初学者李塨（1659—1733）出身于河北的一个富裕的耕读之家，当他四岁时，他的父亲经常抱着他边走边诵读《孝经》。[②]

夏敬渠（1705—1787）出身于江苏省江阴县的士绅家庭，六岁时父亲去世。在夏敬渠的印象中，父亲是个和蔼的人，喜欢和孩子一起做事情，尤其是在吃饭的时候会照顾孩子，经常在孩子玩耍的时候放下酒杯陪伴。夏敬渠记得坐在父亲的腿上玩其胡须的情景，回忆起父亲以桌上摆放的食物作为启蒙之物，"盘中青豆数百粒，儿口流涎心欲食"，他的父亲会在此时与他玩一种游戏。父亲拿出箱中的书籍，"一粒入口识一字，须臾案上盘已空，将儿横抱向怀中，抱儿入房语儿母，此儿不愧吾家风"[③]。包世臣（1775—1855）在安徽家中开启的启蒙教育中，也有同样的游戏形式，包世臣记得他四岁时坐在父亲的腿上学习句读的情景。[④]

这些个人的描述代表了成年男性向年轻一代传授知识和技能的模式，父亲或其家族的男性承担着亲自传授或监督男孩谋生的责任，而母亲则负责女孩。尽管家庭关系在不断变化，父母以越来越个人化、参与化和更为亲密的方式出现，但文化传承和社会再生产的一般模式已经确立。这发生在童年的早期阶段，通常是在孩子七岁或九岁之前，取决于要学习的行业：对于精英家庭来讲，这意味着他们的男孩要开始接受文学教育；农民家庭的男孩开始逐步掌握农耕技术；商人家庭的男孩学习商业技能；工匠家庭的男孩练习手工技能。对于女孩来讲，精英家庭的女孩获得了与兄弟类似的文学教育（见第七章），而家境普通的女孩在稍大一点的年龄就开始向母亲、年长的妇女或其他女性学习烹饪、缝纫和操持家务。换句话说，这里出现了一个粗略的童年概念，分为两个阶段。在早期的启蒙教育阶段，比如在七岁或九岁之前，不正规的启蒙教育是在家里由近亲以非正式的方式进行。第二个阶段根据儿童的生活状况，如果有必要的话，将通过聘请塾师或做学徒进行更有条理的、正式的"教育"（比如文字、艺术或手工艺等）。

---

① 翁叔元：《翁铁庵年谱》，第2—3页。

② 冯辰：《李恕谷先生年谱》，卷1，第3页。

③ 赵景深：《清夏二铭先生敬渠年谱》，第14页。

④ 胡韫玉：《包慎伯先生年谱》，第11—12页。

四、父亲的职责

　　士绅父亲若要亲自课儿，一个必然趋势就是父亲带着孩子在外一起生活。这意味着一对父子可能住在京城的府邸中，或住在县署的简陋房屋中，抑或住在村学或宗族学校提供的陋舍中。著名的清代语言学家王引之（1766—1834）三岁丧母，他的父亲王念孙（1744—1832）在次年担任礼部尚书，将王引之接到京城带在身边，以便"自课"，每天给他读《尔雅》和《书经》。[①]同样的动机，也促使唐阶泰把七岁的儿子唐甄（1630—1704）从四川老家接到江苏省吴江县衙的署房。[②]

　　18世纪，随着科举不第被迫授馆为生的人数大增，课徒之时兼而教子的情形更为普遍，更多的四至八岁的男孩跟随做塾师的父亲四处寄居。七岁的梁章钜（1775—1849）陪着父亲参加科举考试，再次落第后的父亲选择在家乡福建省长乐县附近授徒谋生，梁章钜随父亲辗转于各宗族的家塾间，此年住在清源巷的彭宅，彼年转到界首村的林宅。1781—1783，梁章钜六至八岁时，父子俩先后奔波于三所宗族的家塾之间。梁章钜和其他许多处境相似的男孩一样，有机会在父亲的密切监督下，和其他学生一起在宗族学塾里开始自己的启蒙教育。[③]鸦片战争时期著名的官员林则徐（1785—1850），也有大半童年时光是和父亲一起在外面度过的。他的父亲因目疾无缘科举，以授徒为生。从林则徐三岁开始，父亲带着他一起去教书，"怀之入塾，抱之膝上，自之无以至章句，皆口授之"[④]。

　　父子之间的这种安排提供了一个独特的机会，可以在精神、心理和物质方面进行亲密接触并提供监督。如前所述，王引之的父亲王念孙带着三岁的孩子赴京城任职。父亲每次清晨上朝，均携稚子前往，来不及举火，路上经食肆买饼饵数枚给王引之在车上充饥，如此边照顾孩子的生活边指导其学业，持续了数年之久。有一次父亲奉命前往外地办事，带孩子一同前往，夜间作奏稿，"授据经传恐有错误"，就叫醒熟睡在旁的王引之，王引之一字不差（"一字无煊"）地背诵出来，大家都对这个孩子的良好记忆力印象深刻。[⑤]在士绅家庭中，男孩

① 刘盼遂：《高邮王氏父子年谱》，第4—5页。（原著中标注书名为《王氏父子年谱》，译者注）
② 唐甄：《唐阶泰墓表》，《潜书》，第213—215页。
③ 梁章钜：《退庵自订年谱》，第4页。
④ 魏应麒：《林文忠公年谱》，第6页。
⑤ 刘盼遂：《高邮王氏父子年谱》，第5—6页。

与父亲以及成人在一起的情况并不罕见。这揭示了中国男性很少被研究的家庭性的一面。在这一时期，做商人、手艺人和医生的父亲也习惯于将他们的行业或手艺传授给他们的男孩（少数人可能也会考虑训练他们的女孩）。男孩和父亲之间形成的亲情纽带，往往源于这种日常的学徒关系和随之而来的"合作关系"，在近代，当学校教育取代了家庭实践训练的角色时，这种关联就大大削弱了。

五、共育子女

与中国传统家庭生活中性别分化的刻板印象相反，父母双方在育儿方面往往存在着密切的沟通与合作。全祖望（1705—1755）是浙江省东部一对收入微薄的中年夫妇的第二个孩子。他的祖父是府衙师爷，父亲是乡村塾师。全祖望的父亲结婚比较晚，二十八岁结婚。次年生下的长子，早慧，惜五岁时夭折。夫妇俩悲痛欲绝，决心再要一个孩子，他们给刚出生的全祖望起了"补"的乳名，意思是"补充"，是年父亲四十三岁，母亲三十四岁。父母两人都殷切希望全祖望茁壮成长。四岁全祖望开蒙，父亲开始教他学习简单的字词。虽然在父母眼里，他比不上已故的有天赋的长兄，但其表现也没令父母失望。父亲对其母说"是子虽不逮其兄，然亦可儿也"，不过父母甚为担心孩子的羸弱体质，父母经常谈论孩子与一家人的未来。父亲曾手持柳宗元（773—819）的《与许孟容书》对母亲感叹："行年四十有奇，春秋祭祀，只影茕茕，惧此颣孤，弗克成立。"言毕二人均潸然泪下。[1]从16世纪中叶开始，家庭和家庭生活的变化表明，不同地区和不同社会群体中正在形成相互冲突的趋势和新的经历，如果可以被看作进一步"文明化进程"的话，其表现形式既包括东南宗族组织中家族事务的进一步"仪式化"，也包括社会风俗的"自由化"和"松散化"的加剧，尤其是在江南城镇。到了明清时期，经历老到且读过书的城市居民之间的亲子关系和夫妻关系，不再拘泥于经典礼教或理学的文字。迅速变化的经济状况、日益多样的社会实践，以及对文化规范的激烈争论，使人们在日常事务中无法简单地、毫无疑义地进行"一切照旧"式的操作。父亲（通常是暂时失业的）直接地、积极地，有时甚至是热情地参与家庭事务和养育子女的工作中来。作为丈夫，这些男性也可以在家庭事务中表现出越来越直接、越来越亲力亲为的风格，这种重新定位与这一时期以母亲和妻子为代表的新形成的妇女文化十分

---

[1] 蒋天枢:《全谢山先生年谱》，第68页。

吻合。

作为16世纪一位自豪的年轻父亲，科举考试的失败者，著名作家归有光（1506—1571）记录了他如何抱着长女靠近母亲乳房进行哺乳的日常情形。他的女儿未满周岁，经常用稚嫩的手指拨弄父亲的《易经》笔记作为玩具。在父亲和男性的社会身份上，归有光无疑是一位社会先锋。一个世纪后，另一位受挫的文人唐甄写道，因为没有第三间房可供用作书房，他的几部经典著作都被烹饪酱料和其他家用油脂沾污。在他为自己的家庭生活所计划的物质条件上，他仍然习惯于表现出一个普通绅士的相当低调和非常谦虚的风度。然而，到了16世纪末和17世纪初，儒家宗师的古老的、桀骜的气质逐渐消失。在近世中国社会的复杂圈子里，对一个更温柔、更温暖，在社会上更家庭化、更友善的父亲、丈夫和男性的欣赏，在道德和美学上获得了一种新的尊重。

崔述（1740—1816）的童年经历为这种新产生的家庭生活模式提供了另一个比较成熟的例子。1740年崔述出生时，他的母亲三十五岁，父亲三十二岁，是个屡试不第的失意儒生，他在儿子身上寄托了人生唯一的希望。父亲抱着刚出生的崔述，对着妻子讲："愿儿他日为理学足矣。"[1]他的父亲竭尽所能为这个愿景早日成为现实。当崔述两岁开始说话时，父亲抓住一切机会教他识字。"遇门联匾额之属，必指示之，或携至药肆，令识药题"，父亲不厌其烦地解释他们所遇到的简单词汇的意思，并为这个蹒跚学步的男孩仔细区分它们的正确语调。

随着孩子的长大，父母对孩子的监管力度越来越强。当崔述能走路以后，父亲如影随形。据崔述自己后来回忆，这样做的目的是"未尝令与群儿戏"[2]。当父亲不在家时，母亲也会这样做。崔述三岁时，父母迫不及待让他开始真正学习，教授《三字经》等。因之前父亲的努力，崔述"已识之字多，未识之字少"，对书上出现的字大多认识，没有什么障碍。父亲每天都要花数小时为其解释历法中的术语、政府机构的名称、朝代的先后顺序、山川的名称等。"凡事之有益于学问者，无不耳提而面命之。"[3]崔父还向孩子解释佛教和儒家传统的区别，以及朱熹和陆九渊在理学传统中所阐述的不同观点。在六岁以前，崔述已习惯于授书学习的生活，"先君有事，或不暇授书，述亦能择取其浅显者自读

---

[1] 姚绍华：《崔东壁年谱》，第1页。

[2] 同上，第2页。

[3] 同上，第3页。

之"。崔述很早就发现当地的其他乡亲在背诵《论语》时，发音不正确，一个学者型的批评家正在养成，这是对父母投注诸多心血的一种回报。当然，崔述的经历也许太过特殊，不能代表他所处的时代，但这一时期精英儿童早期教育发展的竞争和智能化趋势却在迅速发展。关于培养一个又一个神童的反复报道创造了神话，让人们不由质疑，即幼儿非凡的智力表现是在异常高压的环境中发展的。

对于一个四岁的孩子来说，无论以什么标准来衡量，崔述都过着一种异常沉重的生活。例如，在讲解《论语》时，父亲不厌其烦地在每个字旁用红墨水为他注音，以免孩子误于方言而读音不正确。课文每天都要背诵百遍。一串一百枚铜钱始终放在书桌的左手角，重复一遍，就要往右边移动一枚铜钱。"无论若干翻能成诵，非足百翻不得止也。"[1]背完百遍后，他被允许稍作休息，然后继续背诵下一个段落。五岁时，崔述已开始学习《孟子》《大学》《中庸》等经典。从此以后，这些课程练习便成为一种日常，"每日不过一生书，一温书"。在家庭的启蒙教育过程中，崔述的母亲也同样参与其中。崔述五六岁时所学《大学》和《中庸》，实际上是母亲在每日日暮时分"口授述而成诵"的。[2]

在近世中国的精英阶层中，这种对儿童启蒙教育的个人指导和父母密切监督的趋势，有长期与短期的历史趋势背景。对于明清时期来说，昔日对儿童智力发展的强调加剧，儿童的早慧发展成为一种特殊的社会时尚。受过教育的精英家庭的动力来自朝廷举办的科举考试，这种考试越来越僵化，竞争越来越激烈。父亲或近亲的亲自指导被认为是提高成绩的便捷的保证。孟子所言"父子责善，贼恩之大者"的鉴戒似乎已经被遗忘。经典的儒家"易子而教"的建议，个人应避免在教导自己的孩子时可能出现的困难被忽视了。[3]对激发早期智力天赋的普遍痴迷，超过了宋代理学对个人道德培养与行为训练的强调。近世中国的士绅家庭未意识到他们对培养子女的道德修养或行为正确性的兴趣下降，在日常活动中文字学习和智力追求几乎占据了孩子的全部时间和精力。

若因某种原因，父亲不能亲自教导，家中的其他长辈会承担起这个责任。祖父课儿的情况，在明清家庭中最为常见。龚鼎孳（1615—1673）即是跟随祖

---

① 姚绍华：《崔东壁年谱》，第3页。
② 同上，第4—5页。
③ 参见朱熹：《童蒙须知》。

父学习经书的。①著名的清代文献学家王鸣盛（1722—1797），三岁时开始跟从七十九岁的祖父学习，"日诵百字"，而他的祖父是丹徒县的学正，很喜欢这个幼孙。②18世纪的史学家邵晋涵（1743—1796）四岁时，得到祖父的亲自指点。"先生生有异禀，左目微眚，独善读书，为祖父所钟爱有加。"③除去祖父，其他家族长辈男性，例如同居的伯叔或家中的长兄、堂兄，均可"代父教子"，对幼儿进行启蒙教育，并期待其将来能有所成就。段玉裁（1735—1815）五岁时跟随祖父启蒙，就像几十年后他指导外孙龚自珍（1792—1841）一样。少年段玉裁读完《论语》后的两年，他的四舅公接替祖父担任他的塾师。④梁章钜三岁时以堂伯为师启蒙，母亲督促他学习，当时他的父亲赴京科考还没有回来。⑤

事实上，明清时期的启蒙教育基本上以家庭为基础，母亲也经常亲自课儿。17世纪最有影响力的学者之一顾炎武（1613—1682），三岁时由生母（庶母）授其《小学》，五岁时由嫡母讲授《大学》。⑥黄景仁（1749—1783）三岁时父亲去世，由祖父抚养，母亲则督促他学习，尽管当时他对学习没有表现出太大的兴趣。⑦明代末期户部尚书倪元璐（1593—1644）是母亲教他《诗经》，他说此书受益终身。⑧诸如知名文学家章学诚（1738—1801）、姚莹（1785—1852）、徐继畬（1795—1873）等均由母亲担任启蒙老师。⑨在大多数由父亲或男性亲属课儿的情况下，母亲仍然是日常学习的监督和支持力量。洪亮吉（1746—1809）三岁时，父亲即令其长姐教其识字，父亲去世两年后，洪亮吉继续在家塾跟从叔父学习，每日晚上回家都要向母亲汇报所学的内容。这些例子都表明，在受过教育的家庭中，母亲被赋予了监督孩子早期教育的共同责任，同时调动父方和母方的成人对孩子进行启蒙教育。母亲和长姐的参与表明，女性教育不仅在近世中国社会中取得了显著的进步，而且在社会投资方面具有明显的资本价值。

---

① 董迁：《龚芝麓年谱》，第2—6页。

② 黄文相：《王西庄先生年谱》，第2—3页。

③ 黄云眉：《邵二云先生年谱》，第11—12页。

④ 刘盼遂：《段玉裁先生年谱》，第3—4页。

⑤ 梁章钜：《退庵自订年谱》，第3—4页。

⑥ 张穆：《顾亭林先生年谱》，第5—8页。

⑦ 黄逸之：《黄仲则年谱》，第1—2页。

⑧ 倪会鼎：《明倪文正公（元璐）年谱》，第2—6页。

⑨ 叶英：《姚石甫传》，第105页；胡适：《章实斋先生年谱》，第1—5页；方闻：《徐松龛先生年谱》，第2页。

对神童的强烈向往导致了母亲或女性亲属口授的盛行。启蒙的年龄越来越小，家庭环境和相对简单的教材特点（通常是比较简单的唐诗和有教育意义的历史故事）都使母亲成为启蒙老师的最佳选择。无须对人们在记录和八卦中赞叹幼儿的"奇颖"惊奇，因为他们的"奇颖"主要表现在对文字的快速掌握和学习习惯的轻松养成（例如对文字世界的自然好奇心、对纸张和书籍的兴趣以及高度集中的注意力）。孙奇逢（1584—1675）"能言甚迟"，但"甫言即手指门楔字，能识之"。①王鸣盛幼时随祖父出仕在外，有"奇慧"之誉，"四五岁，日识数百字"。②据称，崭露头角的地理学家徐宏祖（1586—1641）刚开始学习就能记诵所学内容，提笔便可写作。"童时出就师塾，知即成诵，搦管即成章。"③龚鼎孳"幼奇颖"，过目不忘，六岁以后随祖父攻读经书，不过午夜不就寝。④吕留良为遗腹子，但他表现出了非凡的天赋，三岁后能过目成诵，"生而神异，颖悟过人，读书三遍辄不忘"。⑤这些天赋被视作奇异、非凡，甚至是神奇或天赐。家里的长辈为幼子祈祷，为他们做善事请愿，祈其"颖慧"。人们常常夸大和鼓吹代表聪慧的细致的证据，如果这种天赋在邻居家孩子身上而非自家孩子身上展现，他们羡慕并为之苦恼，这种情节在小说和戏剧中随处可见。在明清中国的各行各业中，这是一种永不褪色的"社会病"，蔓延在繁华的城镇和与之相连的乡村社会中。

六、"读书种子"与一般男童

人们对儿童智力发展的过分关注以及对体育活动和儿童游戏的偏见，代表了童年的一部分。尽管精英家庭为促进智力发展做出了很大的努力，但不少儿童却未能达到期望值。明代理学代表孙奇逢被描述为一个"语迟"者。⑥知名学者阎若璩（1636—1704）出身于书香门第，但自幼体弱多病，五岁进学后显得笨拙而呆板。他口吃，即使重复了几百次也无法将经文牢记脑海。与担心他的学业成绩相比，他的母亲更担心他的身体，坚持要让严若璩多读几年，以便能

① 汤斌：《孙夏峰先生年谱》，第7页。
② 钱大昕：《西沚先生墓志铭》，《潜研堂文集》，卷48，第5—7页。
③ 丁文江：《明徐霞客先生宏祖年谱》，第6页。（原著中标注书名为《徐霞客先生年谱》，译者注）
④ 董迁：《龚芝麓年谱》，第2页。
⑤ 包赉：《吕留良年谱》，第9页。
⑥ 汤斌：《孙夏峰先生年谱》，第2页。

跟上同龄人的步伐。①此外，经常有记录显示，背景较差的农村儿童在文字教育方面常会遇到困难。牛运震就是代表之一。据其传记记载，牛运震自幼心智发育并不出众，"孩提不喜弄，语言謇滞，以为不慧也"，人们都认为他是一个愚笨的孩子，唯钟爱他的祖父不肯放弃，坚持反复教导词句。每天晚上祖父小酌时总命稚龄的牛运震侍立，其间反复讲论经书，遇到牛运震表示略能解悟的地方，祖父立即喜出望外，一边大声疾呼，或手舞足蹈，一边用牛运震最嗜爱的蜂蜜予以奖励。②

明清时期，家长不免要用诱导的方式让孩子学习。黄景仁在三岁的时候父亲去世，因为伤心过度，兼其健康不佳，一直没有喜欢上学习。③此外，还有一些孩子不愿按照长辈期望行事，只愿保持童心随意而行。朱次琦（1807—1881）四岁左右的时候，母亲问他人生理想："儿愿多钱否？曰不愿。愿高官否？曰不愿。愿何愿？曰：人尽爱儿则愿尔。"④从一个幼儿的角度来看，这完全是一种"自然"的言语，却让抱有志向的父母感到失望。此外，在对这些事例的记录和报道中，我们看到社会上出现了一种更加"溺爱"或"怜爱"的育儿文化。

在这一历史背景下，理学不鼓励体育活动和户外游戏的观念只取得部分成功。每提到一个儿童"独坐不出门与众人玩耍"的记载，就有更多的儿童在游戏中打滚取乐的事件。17世纪的散文家魏禧（1624—1680）据传幼时表现出不同寻常的定力。当他的同学都在喧戏玩闹的时候，魏禧独自静坐，温习功课，勤业不辍。⑤对于有着保守的古典主义背景的家庭来说，比如江西的魏家，这种不与同龄人交往的行为并不被认为是缺乏社交能力，而是被赞誉为一种智力天赋和杰出品格的初步表现。对于其他的人来说，学习活动并非自然而然，亦有矛盾性。少年邵行中原本是个生性活泼的孩子，有一次在家族追悼会上，众人都在进行庄严的悼念仪式，却有人看到他和堂兄弟争吃枣子和栗子，"家人即斥而令知其不是，使之垂泣念母氏为止"。邵行中半岁时母亲去世，由严厉的祖母一手抚养，他十六七岁时喜欢蹴鞠，祖母流着泪说："汝祖父能薄，不任蹴鞠，

---

① 张穆：《阎潜邱先生年谱》，第17—18页。

② 蒋致中：《牛空山先生年谱》，第3页。

③ 黄逸之：《黄仲则年谱》，第1—2页。

④ 简朝亮：《朱九江先生年谱》，第3页。

⑤ 温聚民：《明魏叔子先生禧年谱》，第3页。（原著中标注书名为《魏叔子年谱》，译者注）

汝今才过汝祖父矣。"邵行中羞愧难当，"顿首出血谢"。①

当然，亦有不少孩子很早就具有使命感和庄严感。全谢山（1705—1755）七岁时，已经读过《资治通鉴》《文献通考》等史书，并极为专注于他的学习，"秋社过楼外，极管弦灯火之盛，不一顾也"。②马新贻（1821—1870）自幼年起，即"性沉默，不好嬉戏"，平日与兄弟姐妹相处，神色温婉，绝无疾言厉色；幼年在塾中读书的时候"有达官过塾，同学争往观之，公独危坐自若"。③

诸如此类作为定型表述的故事，很难让人信以为真。肯尼斯·J.德沃斯金在《著名的中国童年》一文中指出，中国自古以来就存在着因道德或政治原因而撰写的神童故事。传记中最早的部分要么是为了说明少年老成从一开始就是先天的，要么就是反过来，作为一种教训，说明精心的辅导和自我改进如何改变先天不足，如何基于平庸的资质培养为卓越的典型。④近世中国传记和自传的写作变得更加复杂⑤，在这一时期，许多意想不到的信息来自印刷品，而图像构建和人物塑造仍然是提及或保存童年痕迹的关键因素。因此，在这一历史背景下，就像在其他大多数情况下一样，关于儿童和童年的描述很难被假定为是通过某种文化中立或真实的镜头的投射。

模范男孩是一种特例，而不是常态。换句话说，正是由于他们不寻常的品质，才使他们的案例脱颖而出。大多数人都被称作平常"粗俗"的孩子，他们喜欢玩耍，喜欢表现自己喧闹的天性。与其他社会史资料不同的是，在故事和民间艺术中，对儿童的描述多为他们与家人和其他村里的长辈快乐地交往。明清文学资料揭示了热闹的节日生活和集镇，商贩和儿童混在人群中观看戏班表演的场景。这一时期的画作描绘了小孩子在秋天摘枣、在春天的院子里捉柳絮等。传记中的轶事与这些描写相吻合。16世纪的农学家徐光启（1562—1633）七八岁时，据说喜欢在雪地里捉野鸡、捉鸽子。学者李光地（1642—1718）小时候喜欢和祖父下棋，或者和父亲一起参加画家聚会。⑥

---

① 姚名达：《清邵念鲁先生廷采年谱》，第9—22页。

② 蒋天枢：《全谢山先生年谱》，第9—10页。

③ 马新祐：《马端敏公年谱》，第11—13页。

④ 参见肯尼斯·J.德沃斯金："Famous Chinese Childhood"，第57—78页。

⑤ 在吴百益的 The Confucian's Progress: Autobiographical Writings in Traditional China 一书中，从传记这一文学体裁的大背景出发，很好地阐述了中国自传体写作的历史演变。

⑥ 李清植：《李文贞公年谱》，第3—4页。

孔尚任（1648—1718）记得花园的豆棚上长着一株漂亮的葫芦，结出的果实优雅，腰肢纤细。五岁时，他经常站在大孩子的肩膀上摘下一两个葫芦来做房间的装饰品。[①]然而，随着主流社会价值观念因地区、阶层、时代不同而不断变化，这种对户外娱乐和体育活动的喜爱在记录中或增或减。18世纪和19世纪初的传记中，精英阶层的孩子越来越多地被限制在室内读书，留给体育活动和休闲活动的时间越来越少。清代经学大家魏源（1793—1861）幼年是个勤奋好学的模范孩子，"幼寡言笑"，"常独坐"，七岁入塾读书之后，终日静坐案前，"性极嗜学，尝自局于一室，偶出，犬不识，群围之吠"。[②]像这样的小插曲，不管是真实的还是半幻想的，在传记和家庭记述中都不是作为愚蠢的怪事，而是作为闪亮的形象出现。在魏源之后的几十年里，从19世纪中叶开始，原本在16世纪末17世纪初所熟悉的温暖、轻松的家庭生

图19 《戏婴图》，（清代）金廷标作。在中国传统伦理观念中，儿童是被严格管教的。然而，图画表现的是孩子顽皮好动、滋事大闹的一面，画中的成人则在远处默默地观察。台北故宫博物院藏。

---

① 陈万鼐：《清孔东塘先生尚任年谱》，第16—17页。
② 王家俭：《魏源年谱》，第1—4页。

活和个人亲密关系再次出现。因此，年谱等传记和年表资料中对儿童和童年活动的描写，不过是不断发展的文本文献的一部分，它反映了这种不断变化的文化话语之间的相互作用。它还代表和构想出个人和集体的经历以及不断发展的社会现实。这些都是同一时代文化潮流的结果及其中的一部分。从这些资料中可以找到家庭关系和私人生活模式变化的信息很少，无法对它进行明确的解读或直接的解释。

图 20 （清代）《课时图》。这幅图中的孩子趁老师假寐或视而不见时，在学塾里自行其乐。转载自王连海编著，《中国古代婴戏造型图典》(南昌：江西美术出版社，1999)，第 33 页。根据姚文瀚的画作改编，出自清代乾隆年间。

图 21　（清代）《童子课学图》。与图 19 和图 20 中描绘的幼童形成鲜明对比，这幅图展示的是模范男孩，听话的孩子围着桌子学习。转载自王连海编著，《中国古代婴戏造型图典》（南昌：江西美术出版社，1999），第 34 页。根据清代图画改编。

　　思想严肃的书香门第强烈而专注地关注幼儿的智力发展，例如，成人禁止儿童进行任何休闲阅读。不止一套明清家训严禁孩子看故事、小说、传奇戏曲等书籍；即使偶尔看一眼历史、诗词，也被认为是不必要的浪费。十几岁时，吴承恩（1500—1582）[1]对杂学与野言稗史有浓厚的兴趣，经常偷偷地买来与同学分享。由于怕被父亲或老师责骂和没收书本，他只好在私下里偷偷阅读。[2]殷兆镛（1806—1883）五岁时曾偷看《三国演义》，被发现后遭到家长痛责。[3]

图 22 （明代）仇英的《耕织图》。与富人的孩子不同，中国农村家庭的孩子大多从小就得干农活或做家务。在这幅画中，男女老少一起劳动。台北故宫博物院藏。

然而，如果与其他阶层的孩子的生活摆在一起，明清时期精英家庭对孩子智力发展的这种强烈关注，就显得格外引人注目。首先，女孩的生活与她们的兄弟并不完全相同。[4]约在十岁之前，她们与同伴一起玩耍，坐在同一个班级里

---

① 原著中吴承恩生卒年标注为1504—1582，学界大多采用1500—1582，译者注。
② 吴承恩：《禹鼎志序》，苏兴：《吴承恩年谱》，第4—5页。
③ 殷兆镛：《殷谱经侍郎自订年谱》，第4页。
④ 参见第五、七章。

读书，经历了一个与男孩相似的学习过程。但稍长一点，她们的常规知识训练可能会停止。她们中的幸运儿继续进行文学和诗歌创作的学习，被认为是"轻松的学习"或者是女性气质的文化追求，她们中只有少数人被允许正式学习古典文学或历史课程。大多数十几岁的女孩开始接受缝纫、烹饪和家庭管理等女性技能的指导。运气较差的女孩很早就学会了为男孩的需要做出牺牲。众所周知，女孩做针线活，帮助母亲做家务，以赚取菲薄收入供她们的兄弟上学。

农村家庭的男孩经常捡柴、放牛、割草、种地，他们的体力明显更强。事实上，普通家庭的男孩最常发生的事故是在河流和池塘中溺水。来自稍微富裕的农家的孩子有机会、断断续续地在村里或宗族学校上学。但一般来说，他们上学的年龄要晚得多，要到十岁或十二岁，甚至十六岁。此外，也不会进行启蒙教育。他们的父母更倾向于按照比较严格的传统伦理道德来约束他们，他们认真而又热情地对待儒家的价值观，比如忠、孝、仁、义、贞等。尽管是在不同的领域和出于不同的原因，来自精英阶层和普通阶层的社会规范和文化价值，显然可以同时产生一种既压抑又解放的育儿实践，除此之外，普通的农民和手工业者家庭只是简单希望他们的孩子能够平安、有活力和能干。

七、结论

在前面的调查和讨论之后，我们要注意的一个方法论问题是原始资料的"弹性"和灵活，或难以捉摸的性质，因此这种历史实践具有积极的"创造性"或"可协商"的特点。就社会历史而言，传记、家训、诗歌、笔记和私人信件可以被视为见证、揭示和再现当时的实践和经历。它们是一个时代和地方的痕迹，尽管是主观的和重新定位的碎片，但它们利用了现有的机会（无论是对士绅来说根深蒂固的科举考试，还是对农业、商业和手工业部门来说日益繁荣的市场经济）。因此，让一个孩子（尤其是男孩）尽早开始启蒙教育是大势所趋，不仅出现在城镇，也席卷了一些乡村。母亲和祖母可能觉得体弱多病的孩子可怜，所以就抱着送他们去学校，或者在晚上给他们备好暖和的衣服和营养的汤汁。至于父亲、叔叔和祖父，他们中想象力丰富、精力充沛的人承担起儿童启蒙教育的责任，采用好玩的游戏、美味的零食来吸引孩子，并试图在晨间散步和每天讲故事中激发孩子的灵感，就像他们用不断的责骂和殴打来打击儿童的好奇心一样。所有的人都朝着同一个目标努力，在不同的文学作品中可以找到少数持不同意见的人。但是，同样的记录也显示出一个社会在为成功而积极奋斗的过程中有意或无意的过失。这是一个自相矛盾的社会，但也正是这个社会提供了千百种可能"取得成功"的方式。而且，更重要的是，这是一个清楚地意识到其他方式、观点及做法的吸引力的社会。因此，传记作家保存了一些问题少年的故事，比如孔尚任，他最终坚持不懈地掌握了小说和歌词，而这些是在他的童年中被拿走和剥夺的。[①]这些复杂的文化意蕴得到了近世中国的道家自然主义和佛教解脱意识复兴的支撑，当然，王阳明对先天之善的激进阐述更加剧了这一点。

教养、育儿或成长和其他童年经历可能是一回事，也可能不是一回事。"被抚养长大"，被认为主导社会环境的人的立场，和那些接受者的经历是完全不同的。现代解释模式往往认为幼儿的生活是从"被养育"的社会、物质和物理条件开始的。当然，这种方法并非没有局限性，因为这种情况也突出了不同力量之间的相互联系，每一种力量都是在不同的信念下形成，并由不同的社会经济结构决定。正如这里部分显示的那样，由于性别、阶级、地区、宗教或民族等因素，幼儿肯定有各自不同的童年。他们似乎一直在引领着不同的存在，不仅仅是时代的力量，还有书写记录的力量。当应用于历史上的儿童和童年的情况时，主体性和能动性是极其重要但又极其棘手的问题，为此，做进一步的时间和空间上的比较研究，可以为推动进一步的调查提供不可或缺的启发。

---

① 陈万鼐：《清孔东塘先生尚任年谱》，第12—17页。

第五章 情感建构①

　　20世纪中国文学中有一篇脍炙人口的作品，是民国时期著名知识分子胡适所写的《我的母亲》，选自其《四十自述》。在这篇文章中，胡适讲述了他童年时与寡母一起成长的生活。胡适母亲虽不识字，但品行端正。每天天刚亮母亲就叫他起床上学，指出他昨日说错的话、做错的事情，要其承认错误并加以改正，时常会对他讲述父亲的遗训，当他犯错的时候，会鞭打他。陈独秀（1879—1942）和瞿秋白（1899—1935）是中国近代史上同时期中国共产党的革命先驱，他们都年幼丧父，和年轻的寡母一起在风雨飘摇的时代里遭受很多苦难，从而在心中埋下了对社会不满和政治反抗的种子。在他们之前的四个世纪，思想家顾炎武（1613—1682）父亲早亡，喜欢古典文学、对政治颇感兴趣的嫡母是其父亲的续弦，明朝亡后她绝食殉国，并要求儿子明志誓死效忠明朝。顾炎武因此被人称为中国朴素民族主义的先驱。

　　这种中国历史上的轶事，需要用近世的孤寡家庭的社会统计数据加以说明。生物社会的再生产不应仅仅局限于母子或母子关系。然而作为一个核心，以妇孺为主的家庭领域是大多数童年开始的地方，母子纽带以一种更为戏剧化的方式阐明了母亲的特征与人格的形成之间的相互联系（甚至是人格与民族之间的联系），提醒我们微观层面的个人或"私人"情感的形成与宏观层面的公共意识变化模式的人为分离的艺术性。

　　母子关系引起了历史学家、社会科学家和心理学家的极大兴趣，特别是自西格蒙德·弗洛伊德提出俄狄浦斯情结理论后，这种兴趣变得更为浓厚。明清时期家庭中母子关系的特殊案例，描绘了滋养大多数童年的环境、母亲与子女的互动、中国母亲对男孩的特殊期望，以及重新探讨这种关系在那个社会中更广泛的情感和历史意义，仍然是值得研究的。

　　研究近世中国家庭的社会学家和人类学家认为，在中国，一个女性需要有

---

① 此章翻译参考岳心怡的译文，特此致谢。详见熊秉真著，岳心怡译：《建构的感情——明清家庭的母子关系》，吕妙芬主编：《明清思想与文化》，北京：世界图书出版公司，第2—26页，2016。

儿子才能保证她在家庭和社会中的地位。^①在这种情况下，妇女的未来往往取决于母子关系的质量。因为这些关系是母亲在老年时得到照顾的唯一希望。^②从这些调查来看，母子关系在中国社会关系中具有特殊的意义，而且这种关系并不明显地止于儿子出生时。为了确保这种关系的正常运行，并获得母亲所希望的确切效果，需要额外的人为努力来保障这种身份的建立和情感的构建。过去的记录揭示了母子关系在其形成阶段的这部分情感轮廓。当初这种母子关系是如何产生的？相关人员又希望它如何发挥作用？如果可能的话，这样的过程不应仅从主动建构情感关系的母亲角度来检验，更应从经历和参与同一过程的儿子的角度来审视。因此，重要的是不仅要考虑母亲是在什么时候、以什么方式将自己的需求和意志灌输给幼小的心灵，还要考虑男孩在童年和成年后是如何管理自己和生活的。下面的考察，把母子之间家庭关系的形成作为一个特殊的案例，以说明在养育子女的通常社会层面的表面之下，有一种内在结构在起作用。其意义并不只是简单地展示近世一个幼儿成长的一般人文环境，而且也展示了在实际生活中道德价值和个人利益是如何转化为亲子互动的日常磨合，从而使特定的社会目标通过精心构建、各自衔接、相濡以沫的人类情感的过程得以实现。

本章所引用的史料，主要是明清时期八百多份年谱，辅以个人书信、回忆录以及自传等。优秀的年谱编纂者通常将手边资料自由运用，来着手重构谱主一生的经历。因此，大量诗作、家庭书信和个人日记都在年谱中占有一席之地。此外，到了清代，自订年谱已成为一种流行的文类。它作为一种特殊的自传体，在历史上利弊互现。

在这些记载中，近世中国的母亲正如其他传统社会的母亲一样，是美德与苦难的象征，这一点唯有她的孩子最为清楚。她的儿女见证了母亲的每日操劳，但是儿子更处于一种特殊的地位，他可以向母亲表示同情和感激，并且用自己的成就解救母亲于苦难之中。儒家的孝道使儿子应该并且必须在感情上和实际行动上终生铭记母亲的关怀、奉献和不幸遭遇。因此，母子之间普遍亲密无间、相互依赖的关系在明清时期的情感和性别背景下具有

① 例子参见 Elizabeth Johnson 的观察研究成果 "Women and Childbearing in Kwan Mun Hau Village: A Study of Social Change"。
② 卢蕙馨（Margery Wolf）解释了母系家庭下母子关系的特殊价值（显然比个人层面的父子关系更重要），详见芦蕙馨：*Women and the Family in Rural Taiwan*, pp. 32–41, 156–164。

图 23 《孝经图》，（宋代）马和之作。在中国的环境中，孩子常常被要求跪在父母面前，表示尊重和认真听取训诫的意愿。这一行为也代表着文化和身体上世代的延续。台北故宫博物院藏。

强大的意义。因为被孩子视为母亲的人并不专指在生物学上生下他的妇女，使得明清时期的情况更为复杂，如果孩子是由妾或婢女所生，父亲明媒正娶的太太（她可能没有自己的儿子），便是他的正式或法定的母亲，称为嫡母。嫡母经常参与孩子的日常抚养和管教，扮演一位母亲的社会角色。因此，她可以如同孩子的生母一样期待孩子日后的报答。在明清许多男性人物的言行中，那个对他的一生意义重大、影响深远的母亲，其实可能是他的嫡母，而不是他的生母。让顾炎武成为誓死效忠明朝的人，汪辉祖以其名命名他的文集，或者督促梁济（1859—1918）以功名报答的，都是他们的嫡母。在历史文化上，嫡母与她的"法定儿子"的关系，或继母与继子之间的关系，强化了许多社会科学家的看法，那就是母职在很大程度上是一种社会和文化建构的现象，可以从生物学的联系中分离出来。

中国男子将歌颂母亲视为必要，不论母亲健在或者去世。正是通过他们的集体记忆，从他们的特殊视角，历史学家可以去了解母亲的一生与她们和子女的关系。仔细阅读这些纪念性文字，我们可以了解母亲的一生及她们和儿子之间的情感世界。但是，我们应该注意，不要把这些纪念内容太过于按字面意思来解读。在一个从不将个人野心与私欲当作合法动机的社会里，人们皆倾向于为他们最世俗的功名追求寻找一个层次更高的动机。尽管如此，在那么多启发他们的人当中，为何绝大多数的人还是选择赞美母亲，视其为成功背后的唯一动力，这一点仍有待解释。

一、模范母亲

明清家庭中母亲的生活，与历史上其他时期的已婚妇女的生活并无二致，她们常常遭遇不公平对待与苛刻要求。正如17世纪的一位评论家所观察到的，即便在最好的情况下，日常繁重的家务与烦琐的育儿的责任，也是对母亲要求很多，回报很少。①即便来自士绅家庭的母亲也难以摆脱单调劳累、繁重的家务，父亲很少一起分担抚养孩子的家务。

普通家庭的日常家务无疑是无数明清时期母亲生活的主要内容。她们被描述为被日常劳作压垮的形象，尤其是哺育孩子和照顾病人者。著名的清代经学家段玉裁在他七岁时就意识到降临在其母亲身上的命运：

> 吾祖父祖母皆七旬；吾母晨昏侍奉米盐炊煮、舂磨、漱浣、缝纫以及马子溺器，无奴婢可使，无不躬亲之，乳哺管领诸儿，终日无一息可驰。……苦心婉转，得吾祖父祖母之欢心。②

① 参见唐甄：《潜书》，第79—80页；亦可参见熊秉真："T'ang Chên and the Works in Obscurity: Life and Thought of a Provincial Intellectual in Seventeenth Century China," Ph.D. thesis., Brown University, 1983.
② 刘盼遂：《段玉裁先生年谱》，第3—4页。

虽然这些描述的情况，从客观上看并非极度艰辛，许多儿子主观上却都为母亲的日日操劳而痛心。他们语带感恩与悔恨，提及母亲牺牲个人营造舒适家庭生活的景况。18世纪的经学家王鸣盛记述他十一岁那年寒冷的冬天，因为家境贫穷，他没有棉衣御寒。一天晚上，王鸣盛的母亲朱氏决心改变这种窘状。当夜，她为王鸣盛缝制了一件短棉袄，但"手皆龟裂靫瘃，血濡缕缕，然且晨起提瓮汲，不言惫也"①。

基本的养育事务可能也是相当艰辛的。例如，清代中期散文家汪辉祖出生在浙江省的一个经济不宽裕的士绅家庭，父亲远在京城。他的生母分娩后继续承担家中的日常琐事。嫡母看到她的家务负担过重，主动提出愿意晚上分担照顾婴儿的工作。"吾啼付吾乳，乳讫复抱去，易襁褓燥湿，必身亲以为常"，嫡母总是把他放在床上，当他醒来啼哭时，就把他抱到生母身边喂奶。每天夜里要喂好几次，喂完后，还要给他换尿布。②这样的回忆，让人想起了养育孩子的繁重家务劳动，不论家境多么富裕安适，母亲肩上的重担，都是一样的。

一旦遭遇变故，妇女的母性责任就要求她们付出更多的努力和痛苦来履行。情况之一就是孩子的身体羸弱，不易抚养。15世纪的理学家陈献章（1428—1500）天生体弱多病。他的母亲除了做家务外，还要承担养育他的全部责任。她亲自哺乳，直到孩子九岁。③还有许多母亲，因为长期操持家务，牺牲了身体健康，使得这成为养育子女的另一个不利条件。据记载，徐鼒、陈衍和陈其美（1878—1916）的母亲都因健康状况不佳或其他身体毛病而导致母乳不足，不能哺育婴儿。④事实上，单是养育孩子（包括男孩和女孩）就占了母亲家庭负担的很大一部分，曾纪芬的母亲因为生了太多的孩子而身疲力竭，没有足够的乳汁来哺乳她。"欧阳太夫人育子女多，乳苦不足，故佣北方乳媪以哺余。"⑤

生育成为妇女生命中的艰辛任务，因此她们中的一些人寻求医疗手段，以达到避孕或绝育的目的。16世纪的学者归有光记载，他的母亲为了避孕，喝下

---

① 黄文相：《王西庄先生年谱》，第3页。

② 汪辉祖：《病榻梦痕录》，第5—8页。

③ 陈郁夫：《明陈白沙先生献章年谱》，第6页。

④ 徐鼒：《敝帚斋主人年谱》，第3—4页；陈声暨：《侯官陈石遗年谱》，第11页；徐咏平：《民国陈英士先生其美年谱》，第4页。

⑤ 曾纪芬：《崇德老人自订年谱》，第9页。

"二螺汤"导致失音，后来整体健康状况大不如前。[1]皮锡瑞的母亲也因终止妊娠的药而导致健康不佳。[2]而一旦孩子出生，母亲就担起了不可推卸的养育之责。如前所述，晚清的督抚大臣左宗棠出生后，他的母亲没有乳汁，家庭也没有能力请乳母，母亲只得把米饭嚼成米糊来喂养他。[3]

幼儿患病会给早已非常辛苦的母亲增添更多的忧虑和额外的工作负担。一些明清传记中提到，年幼的孩子身体虚弱，需要父母，特别是母亲额外的照顾。17世纪的著名作家吴伟业（1609—1671）回忆："吾少多疾病，两亲护惜，十五六不知门外事。"[4]沈兆霖（1801—1862）也回忆说，他六岁时"少有痰疾，时患厥逆。吾杭小儿读书多坐高椅，发厥时身仰后，并椅俱蹬。黄太夫人百计祈祷，心力交瘁。又耳常流水，听不聪，二疾皆过十岁始愈"[5]。

许多记录都显示，家有病童，会让他那忐忑不安的母亲烧香拜佛，心焦如焚。晚清知名画家齐璜（1863—1957）透露他的母亲为了他吃了不少的苦。他回忆自己在两三岁时常常生病，母亲既焦虑又担忧。母亲寻求一切可能的治疗方法，看遍了所有的医生，用过了所有的药物，直到家里负债累累为止。母亲还坚持尝试了所有的民间方法或求神问卦。当一般的医生和药物没有疗效时，母亲前往附近的各处寺庙求神保佑，她虔诚地跪在各种祭坛前坚硬的地上磕头，回家时额头都红肿了。村里的神婆也被请到家里，施展的驱妖除魔的把戏让人眼花缭乱。母亲时刻担心失去他，不惜金钱，不辞劳苦，熬过了那几年充满焦虑和艰苦的岁月。[6]

当然，这种痛苦而又代价高昂的经历，齐璜母亲并非孤例。所有怀中抱着病儿的母亲都像她一样劳苦，一样无可奈何。居正（1876—1951）透露，他出生后不久，就开始感染各种疾病。起初，他呼吸困难，胸口疼痛，之后又出现了某种腹痛。他变得焦躁不安，日夜啼哭。他的母亲没有办法，只能背着他在卧室里踱来踱去兜圈子，度过了一个又一个不眠之夜。这种煎熬持续了一年多，直到他服用了一种神奇的偏方才得以痊愈。[7]

近世中国，诸多威胁中国孩子健康的疾病中，以天花为最，即便中国很早

---

[1] 归有光：《先妣事略》，《震川文集》，第10—12页。

[2] 皮名振：《清皮鹿门先生锡瑞年谱》，第4—5页。

[3] 罗正钧：《左文襄公年谱》，第5页。

[4] 马导源：《吴梅村年谱》，第18页。

[5] 沈兆霖：《沈文忠公自订年谱》，第2页。

[6] 张次溪：《白石老人自述》，《传记文学》，3：1，第41页。

[7] 赵玉明：《菩萨心肠的革命家——居正传》，第4页。

就引进预防接种。现在还留下不少关于母亲带着因患天花而卧床不起的年幼孩子熬过艰难日子的详细记载。翁叔元八岁时染上了天花："是岁三月，叔元出痘，先妣昼夜视，衣不解带。"有一次，他突然翻白眼，呼吸困难。他的母亲又惊又怕，把所有的女眷都召唤来，将他团团围住，大声呼喊他的名字，过了很久，他才缓过神来。不料三周不到，他的妹妹（她是个遗腹子）也患上了天花，数天后就病故。翁叔元极为悔恨自责："以先妣急叔元，无暇顾妹也。"[①]

　　这一时期的传记作家记载下许多类似的故事。孙星衍（1753—1818）九岁时得了天花。据说他的母亲在二十天的时间里，与祖母轮流日夜不停地照顾他，一刻也不得休息。[②]王先谦（1842—1918）在八个月大的时候得了天花。"太夫人备极艰劬，遇救得活"。[③]即使是进行了预防接种的孩子，也会因为接种技术不够成熟而出现严重的症状。缪荃孙（1844—1919）在四岁时"种痘危甚"，接受传统的天花接种后病得很重。他的母亲担心他的病情，"日夜泣"。她和一个婢女竭尽全力照顾他，终于使他转危为安。[④]

二、寡母

　　母亲的生活事务本来就繁重，当其失去丈夫后，她的苦难则更要增加许多倍。在近世中国，鳏夫再娶比寡妇再醮更为容易和普遍，因此，一个孩子如果失去父亲，其后果要比失去母亲严重得多。正是由于男性往往多次婚娶（同时或不定期的），他不大可能同时失去所有的妻妾，而相对年轻的女性失去年龄较大的丈夫的概率要高得多，因此孩子在成长过程中很可能没有父亲，而没有母亲的可能性较小（他会有继母或嫡母）。[⑤]因此，历史上就有无数的记载：寡母

---

① 翁叔元：《翁铁庵年谱》，第4页。

② 张绍南：《孙渊如先生年谱》，第1—2页。

③ 王先谦：《葵园自订年谱》，第4页。

④ 缪荃孙：《艺风老人年谱》，第2页。

⑤ 除了已举的例子外，近世中国还有许多其他历史人物都幼年丧父，全靠寡母将他们养育成人。他们之中有：朱舜水（1600—1682）、张溥（1602—1641）、张履祥（1611—1674）、吴历（1631—1681）、胡渭（1633—1714）、翁叔元、颜元斋（1635—1704）、王符（1677—1732）、尹会一（1691—1748）、厉樊榭（1692—1752）、夏敬渠、王念孙、黄景仁、凌廷堪（1757—1812）、顾广圻（1766—1835）、杨芳（1770—1846）以及近代的康有为（1858—1927）、蒋介石（1887—1975）、胡适、陈独秀、瞿秋白、郁达夫（1896—1945）、傅斯年（1896—1950）、郑产菜（1902—1990）、王崇植（1896—1970）、王若飞（1896—1946）、郑贞文（1891—1969）、朱经农（1887—1951）、鲁涤平（1887—1935）、高步瀛（1873—1940）、李树森（1898—1964）、王平（1896—1982）、张云（1896—1958）、张静愚（1895—1984）、王光祈（1892—1963）、刘士毅（1886—1982）、洪旭东（1883—1945）、胡康民（1880—1953）、徐傅霖（1879—1958）、王统照（1900—1958）、张冲（1904—1941）。（原著中傅斯年的生卒年为1896—1946，译者注）

靠微薄的财产试图将孩子抚养成人。如此可悲的处境常常使得母亲和子女消沉绝望，并进一步激发他们相依为命的感情。

晚明思想家刘宗周（1578—1645）的父亲在他出生前就去世了。作为遗腹子，刘宗周的童年孤单而困苦。他的母亲显然无力独自撑起家计，被迫带着孩子回到娘家度日。[①] 赵于京（1652—1707）的父亲去世时留下了两位遗孀（一位时年二十五岁的续弦与一位二十三岁的妾，妾是赵于京的生母），还有六个皆不满十岁、大小不一的孩子。这是一个典型的寡母与幼儿的家庭，"零丁孤苦，势不能独居"，居住在山东省的祖父收留了他们，并协助两位母亲养育孩子。[②]

寡母在养育幼儿时的艰辛通常会在孩子的记忆中留下不可磨灭的烙印。康乾时期高官刘宝楠（1791—1855）的父亲在他五岁时去世，刘宝楠回忆当时自己"弱不胜衣，先母保抱携持，得有今日"，母亲虽平日温柔照顾，但对孩子的管教很严格。多年来的亲密相处，母子之间产生了浓浓的亲情。刘宝楠晚年写了数首诗来描写那段艰苦岁月和母亲的温柔关怀。"儿行以母手，儿药以母口，儿健母身伤，筋力儿身受。"[③] 此外，还有关于母亲试图用她有限的能力为儿子进行教育的诗句。"五岁授儿《诗》，七岁授儿《礼》，挞儿痛母心，暗室常挥泪。"[④]

在这样的个人叙述中，寡母与子女的关系被证明是在特定的条件下发展起来的。有几个重要的特点似乎对这一特定背景至关重要。第一，没有了父亲这个物质上的关键角色，母亲养育孩子和维持家庭生计的任务变得更加艰巨。清末民初的政治家徐世昌（1855—1939）谈起自己童年丧父的情景，那是在19世纪中叶，"父殁后，年甫七岁，弟仅五龄，家道中落，赖母氏刘太夫人，支持门户，抚育成人"[⑤]。此外，许多意志坚强的寡母坚持自己承担起所有责任，以高昂的代

---

① 姚名达：《刘宗周年谱》，第2页。

② 传记中记载，他的父亲因寒疾而客死异乡。当时赵于京六岁。他有两个姐姐（年龄分别为九岁和八岁），一个妹妹（年龄为三岁），两个弟弟（年龄分别为三岁和两岁）。参见吕元亮：《赵客亭年谱纪略》，第18—19页。

③ 刘文兴：《宝应刘楚桢先生年谱》，第6页。

④ 在中国，严厉的体罚是教养孩子的一种方式，母亲常常是主要的执行者。参见卢蕙馨：*Women and the Family in Rural Taiwan*, pp. 69-72；刘文兴：《宝应刘楚桢先生年谱》，第5—6页。

⑤ 沈云龙：《徐世昌评传》，第6页。

价获得了珍贵的自主权。20世纪初的教育家蔡元培（1868—1940）在他十一岁时父亲去世。家里的亲戚和朋友纷纷提出愿意抚养孩子，但均被母亲婉言谢绝。她靠着典当衣物与其他细软，捉襟见肘地养活了三个儿子，她信奉的格言是"自立""不倚赖"[1]。

图24 《孟母移居图》，（清代）金廷标作。孟子的母亲三次搬家的故事，成为父母对塑造儿童的社会环境的积极引导的典范。这幅图显示出这种模式在清代仍然影响着中国人。台北故宫博物院藏。

第二，寡母与儿子共同经历了艰苦的生活，经历了一些特别残酷的、受尽屈辱的日子，培养了母子之间牢不可破的亲情。清代中期知名人口统计学者洪亮吉七岁丧父。由于没有足够的生计支持，他和母亲及兄弟姐妹暂居在外祖父母家。然而外祖父母家的经济情况也不宽裕。洪亮吉的寡母就带着女儿做针线活，以此来养家糊口并供应男孩读书。洪亮吉成年后还能清楚地记得那些漫长

---

[1] 高平叔：《蔡元培年谱》，第2页。

的夜晚，母亲与姊妹做针线活，男孩做功课直至凌晨的情景。[1]晚清经学家柳诒徵（1880—1956）[2]也记得那种既压抑又亲密的感觉，孩子通过和母亲一起度过艰难的岁月而逐渐珍惜。他曾提及父亲去世后生活拮据的程度，"少时候谈不上营养。餐时经常只有块红酱豆腐，母亲姊弟三人赖此下饭"[3]。在同甘共苦中培养出来的团结精神，不因时间的推移而消减。

第三，由寡母的实际境遇造成的，她们必须时常承担亡夫留下的额外责任（对比之下，由于男性续弦的盛行，因此鳏夫几乎不需要履行母亲的责任）。黄郛（1880—1936）回忆父亲去世后，留下六个未成年儿女时家里发生的变化。他说从那时起"惟先妣一人任教养之责"。他当时只有七岁。他清楚地记得母亲认真履行监督他读书的职责。"偶有不专，即鞭责不稍宽假。"当塾师偶尔表扬黄郛时，母亲也只是告诫他继续努力，千万不能以此自满。[4]在这些类似的故事中，清楚呈现了寡母扮演的角色，她们支撑家庭渡过危机，并且负担起养育儿女的责任，她们对家庭的生存和幸福感具有决定性的价值。[5]

三、母亲的双重角色

寡母承担亡夫留给她的额外责任是一个特别值得关注的问题，因为它凸显了母亲在传统中国家庭中经常扮演的双重角色。即使父亲健在，他可能也离家在外，或者根本无法履行父亲的家庭责任。母亲似乎随时准备好并有能力承担起养育、照料、喂养和管教孩子，特别是男孩的额外重担。当然，由于父亲缺席，母亲的任务就更重了。19世纪政略家魏源，在其十岁时他的祖父去世，家道中落。而魏源的父亲远在几百里外的江苏省出仕，不能照顾家庭，所有的重担都落在母亲身上，特别是要照顾那位老迈虚弱的祖母。在经济拮据的情况下，照顾年迈的祖母和维持生计都要靠母亲。"幸先生母陈太恭人多方筹措，使得勉

---

① 吕培：《洪北江先生年谱》，第4页。

② 原著中柳诒徵的生卒年标注为1880—1961，译者注。

③ 张其昀：《吾师柳翼谋先生》，《传记文学》，12：2，第39页。

④ 黄郛时年七岁，有三个哥哥，姐妹各一个，六个孩子均未成年。参见沈云龙：《黄膺白先生年谱长编》（原著中标注书名为《黄膺白先生年谱》，译者注），第8页；《黄膺白先生百龄诞辰纪念》，《传记文学》，36：3，第11页。

⑤ 曼素恩："Widows in the Kinship, Class, and Community Structures of Qing Dynasty China," pp. 37–56.

强维持，而先生之学业亦得不辍。"[1]

母亲的这种双重角色通常在参与教育儿子的过程中表现得最为明显，在精英家庭中，母亲参与孩子的管教、修养和智力的培养。而在底层家庭中，母亲则帮助儿子做出职业选择，学习手艺以便将来谋生。事实上，明清士绅家庭的母亲常在儿子学习的基础阶段亲自担负起教育的责任。[2]在儿子的童年启蒙阶段，母亲耗尽心力构想适合的学习活动，谨慎地为其选择教材并会巧妙地运用最有效的方法，对孩子予以教导。

《三字经》开篇就说："子不教，父之过。"但实际上，在很多情况下，明清时期家庭中的母亲似乎表现出与父亲一样，或者说更强烈的教育动机以及对孩子未来前途的关注。父母双方都关心儿子接受恰当的正规训练和成就以及他们对家庭未来的共同义务。然而，母亲帮助并推动儿子去取得成就的心态，可能与父亲有不同之处，因为在明清社会的传统阶级制度下，妇女本人几乎不可能获得公众的赞誉，她的个人抱负想获得社会认可，必须通过男性才能实现，而她的儿子是实现她的愿望的最有希望的人选。一旦她步入婚姻，她的父兄就很少能为她的声望做什么。她的丈夫可能会取得使她满意的成就。事实上，她也经常为了促使丈夫获得成就而努力奉献，然而，但当他们相识时，她能给予已成年的丈夫的影响力甚小，而且，男性很少将自己的爱与感激优先给予妻子。夫妻关系是一种责任，无拘束的爱情和公开的感激几乎无处容身。丈夫有他自己的母亲（妻子的威严婆婆），他对母亲的服从和尊重高于其他任何人。一个女性只有将心力放在那个自他出生起就照顾、养育的男孩身上，她才拥有不可动摇的优先权。在19世纪的一本传记中，记录了一位母亲因儿子宠爱妻子而大发雷霆的戏剧性对决。事情发生在杨道霖（1837—1911）五岁的时候，他的父亲从海州府回家省亲，一进家门，他提着两个买回来的箱子过母亲房门而不入，直接进到了妻子的房间。他的母亲杨老太太被儿子的轻率行为触怒。她立即将这个已成年的儿子叫到面前，痛斥他"厚媳无耻"，杨老太太盛怒之下还用指甲划伤了儿子的脸。这位做了官的读书人被罚跪，面壁思过。尽管如此，他只得不停地道歉，不敢说一句辩解的话。据说，他脸上的抓痕很深，不得不以生病

① 王家俭：《魏源年谱》，第4页。
② 熊秉真：《好的开始：中国近世士人子弟的幼年教育》，第202—238页。

为借口，整整一个月都闭门谢客。[1]

母亲觉得自己有资格得到儿子第一顺位的忠诚，这不仅仅是因为传统的礼教道德规范，还因为她觉得自己为儿子已经付出了全部精力，一生就为了这份回报。因此，许多母亲直言不讳地让她的儿子知道，她对他有什么期望，以及她这个母亲如何拥有被儿子奉养终生的权利。19世纪的地方官刘宝楠对他的童年失怙毫不避讳。他五岁时，父亲在京城去世，母亲在家境衰落的情况下仍继续督促他读书。晚上，他必须在灯下背诵典籍，当灯油将尽，刘夫人常常会给儿子留下这样一句话，让他思考：

> 吾日旰不得食，不以为饥，岁暮不得衣，不以为寒。汝曹勤读书，我虽苦不怨。[2]

为了督促儿子用功读书，母亲明确表示，他们的表现不仅关系到家庭的未来，也是母亲含辛茹苦付出能有回报的唯一希望。清代中期的学者汪辉祖在自传中回忆，他十岁父亲去世后，他的两位母亲（他的嫡母是父亲的第二任妻子，他的生母是父亲的妾）常对他说的话。两位母亲靠织布和其他体力活艰苦地维持生计，同时不忘随时提醒儿子她们对他的期望，即要靠他的努力来改善家庭的处境。这些劝勉经常发生在深夜，两位母亲还在不懈地工作。她们会含着眼泪带着极度疲惫的语气，提醒这个十多岁的孩子："儿不学，必无以为人，汝父无后，吾二人生不如死。"[3]这些话对一个十二岁的男孩造成的震撼是不难想象的。

类似这种宣泄情绪的场景并不罕见。许多母亲毫不犹豫地对年幼的儿子倾诉她们在生活中的挫折和个人的悲苦，让他认识到给母亲的生活带来价值和快乐是做儿子的唯一义务。现代儒家学者梁漱溟的父亲梁济的童年是在母亲令人窒息的奉献和无情的要求中度过的。梁济的嫡母刘氏不仅手书孩子要学的字，还亲自抄写文章并装订成册让儿子读。每天晚上，她还要对他白天完成的功课进行复查。此外，在这些家庭辅导之后，她通常是长篇大论地劝勉儿子无论如

---

① 杨增昶：《柳州府君年谱》，第3页。
② 刘文兴：《宝应刘楚桢先生年谱》，第5—6页。
③ 汪辉祖：《病榻梦痕录》，第10—11页。

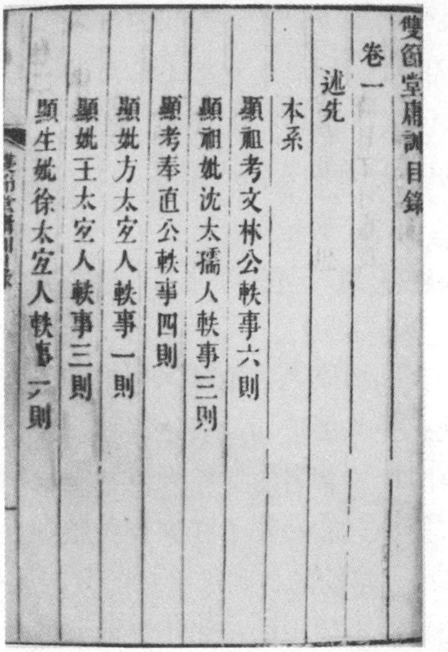

雙節堂庸訓目錄

卷一

述先

本系

顯祖考文林公軼事六則

顯祖妣沈太孺人軼事三則

顯考奉直公軼事四則

顯妣方太宜人軼事一則

顯妣王太宜人軼事三則

顯生妣徐太宜人軼事一則

图 25 （清代）汪辉祖所辑《双节堂庸训》目录，书中讲述了母亲对他生命中的各种影响和他对母亲的尊敬。在书中，他的嫡母和生母都被正式承认。台北“中央”图书馆藏。

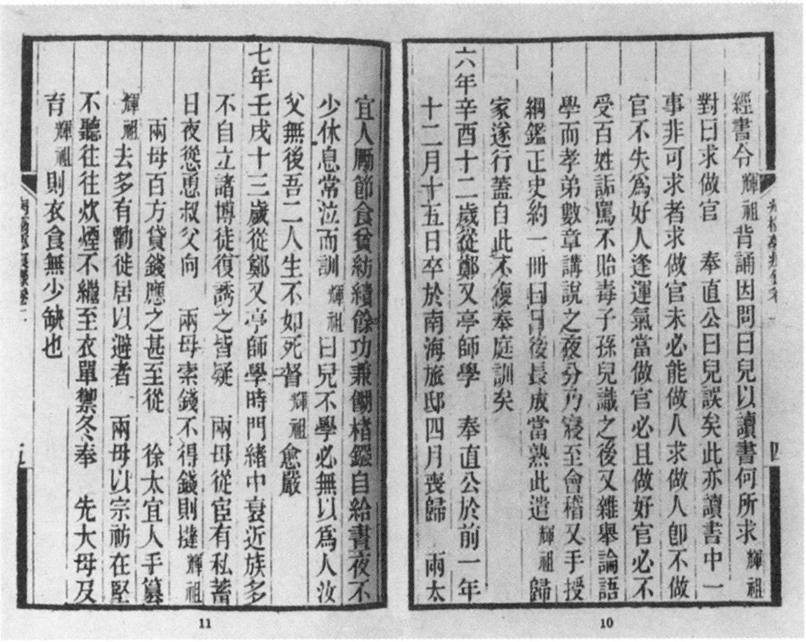

經書令輝祖背誦因問曰兒以讀書何所求輝祖對曰求做官　奉直公曰兒誤矣此亦讀書中一事非可求者求做官未必能做人求做人卽不做官不失爲好人逢運氣當做官必且做好官必不受百姓詬罵不貽毒子孫兒識之後又雜舉論語學而孝弟數章講說之夜分乃寢至會稽又手授綱鑑正史約一冊曰日後長成當熟此遺輝祖歸家遂行蓋自此不復奉庭訓矣

六年辛酉十二歲從鄭又亭師學　奉直公於前一年十二月十五日卒於南海旅邸四月喪歸　兩太

10

宜人厲節食貧紡績餘功兼鬻楮鏹自給晝夜不少休息常泣而訓輝祖曰兒不學必無以爲人汝父無後吾二人生不如死督輝祖愈嚴

七年壬戌十三歲從鄭又亭師學時門祚中衰近族多不自立諸博徒復誘之皆疑　兩母從宦有私蓄日夜慫恿叔父向　兩母索錢不得錢則撻輝祖　兩母百方貸錢應之甚至從　徐太宜人手奪輝祖去多有勸徙居以避者　兩母以宗祊在堅不聽往往炊煙不繼至衣單禦冬奉　先大母及育輝祖則衣食無少缺也

11

图 26 《病榻梦痕录》中的自传，作者是（清代）汪辉祖。从中可以看出汪辉祖在自传中对母亲的角色的表述，与他的文集中对母亲的表述大相径庭，如图 25 所示。台北“中央”图书馆藏。

何要出人头地。刘氏最爱问梁济长大后想成为什么样的人。梁济后来承认:"男殊无志气,所对皆卑靡庸劣不称旨。"这些不称意的回答让刘氏非常失望、气馁,常常合上书本走到他面前失声痛哭。她用袖子遮面,她会再向梁济的生母哭诉:"如此钝劣,终恐苍天负我,吾两人何所望耶。"①

四、苦难的母亲与她身负重任的儿子

将儿子视为在社会上和物质上为她带来回报的人,并非只有寡母如此。尽管寡母可能会更强烈地感受并更迫切地表达这种需要,但大多数普通母亲都有同样的愿望。鸦片战争时期,著名的钦差大臣林则徐出身于经济不宽裕的书香门第,他的父亲终生未第,只能一辈子在家乡做塾师。因此,他的母亲就靠做大量的针线活来贴补家用。年幼的林则徐平日随父亲去村学读书,晚上回到家,家徒四壁,母子俩围在寒冷小屋中的一张小桌前,儿子有读不完的书,母亲则一刻不停地做着针线活。而当林则徐读书至深夜就寝后,母亲仍未休息。她时常要到"漏尽鸡号"时才肯躺下。此外,他的母亲还忍受着其他的苦难,"类非恒情所能堪者",目之所及,他深感不安,常常向劳累过度的母亲恳求,让他分担一些劳务,或者为母亲省下一些食物,但只得到了母亲的训斥:"男儿务为大者远者,岂以是琐琐为孝耶? 读书显扬,始不负吾苦心矣!"②

这样的话语道出了明清时期母亲的心声。对母亲来说,儿子的未来具有其他一切都无法替代的价值,一切理应完全归她所有。有的母亲会苦口婆心地诉说自己的权利,有的母亲可能会选择用较温和的语气提醒儿子,但她们的情感和实际目的本质上是一致的。19世纪的官员赵光(1797—1865)幼年时,父亲在外地做幕僚,家里的经济条件十分拮据,无钱请塾师,母亲和姐姐常年做针线活来贴补家用。"冬夏皆夜半始息,天明即起,先太夫人尝言,家虽贫,有子肯读书自励,吾何忧。"③

五、母亲的声音

日常繁重的家务劳动,养育孩子的烦琐以及经常遇到的恶劣环境,都是明

---

① 梁焕蒪、梁焕鼎:《桂林梁先生年谱》,第7—8页。
② 魏应麒:《林文忠公年谱》,第3—4页。
③ 赵光:《赵文恪公自订年谱》,第8—9页。

清时期母亲生活中的真实写照。但耐人寻味的是，她们中的许多人却非常刻意地、努力地想使自己的奉献和痛苦在儿子心中留下更深刻的印象。许多儿子一辈子都怀有一种特殊的内疚感，因为他们觉得自己或家庭对母亲有所亏欠，却始终无法报答母亲。在许多情况下，实际上正是母亲充分利用她和儿子之间的亲密和情感纽带，促使儿子产生这种内疚感。这样做，她将把自己的悲苦、沮丧或尚未得到回报的失落感转化为儿子责任的一部分，而且是一辈子也还不完的重负。

19世纪的按察使罗泽南（1807—1856）回忆童年，母亲会亲自到村学给他送饭。当时他才十来岁，母亲时常提醒他说："尔他日无忘此苦。"罗泽南后来承认，这些话在他的成长过程中经常在耳边响起，让他内心煎熬不已。在另一个场合，罗泽南谈起他的母亲，说她是当地一位名叫蕉圃的"处士"的女儿。她生来体贴、善良，自从嫁入罗家，就过着勤俭的生活，劳作不息，侍奉公婆，教养儿女。罗泽南清楚地记得，他从村学回家，母亲常常引用前贤的箴言和历史人物的功绩来教育他，"此皆汝外祖之所以语我者，汝志之勿忘"。罗泽南的母亲四十一岁去世，当时他才十九岁。他后来坦言，母亲辞世时家境贫困，他从未有机会报答母亲的恩情，一想起这件事心里就常常涌起深深的内疚感。这种自责极为深重，罗泽南说他每次想起，就会痛苦不堪。[①]

许多事例说明，就是这种痛苦不堪的自责，正是母亲唯恐不能灌输给儿子的。它通常是激励儿子走向成功的最有效工具，而这确实能加深儿子对母亲有所亏欠的终生愧疚感。而母亲就是希望儿子对她怀有这样的感情。[②]19世纪著名的督抚大臣左宗棠承认母亲感性的叮嘱在他心中留下深刻的印象："吾母尝言，育我之艰，嚼米为汁之苦，至今每一念及，犹如闻其声也。"[③]五四时期的陈独秀回忆童年："母亲的眼泪，比祖父的板子，着实有威权。……母亲的眼泪，是教我用功读书之强有力的命令。"[④]

六、儿子心目中的母亲

这类叙述中所呈现的令人信服的现实，并不单单是一个可怜的孩子对意志

① 郭嵩焘：《罗忠节公年谱》，第5—6页。
② 卢蕙馨："Child Training and the Chinese Family," pp. 37—62。
③ 罗正钧：《左文襄公年谱》，第4—5页。
④ 陈独秀：《实庵自传》，《传记文学》，5：3，第56页。

坚强的母亲感到愧疚的故事。此外，在这些叙述中，我们还会看到这些幼童经常必须与母亲一起对抗生活的严峻考验，有时这种严峻考验也来自于母亲。陈独秀母亲的流泪，其实并非因为他做错事，而是因为感伤母子俩被抛入一种孤儿寡母的悲惨处境中，这在传统中国社会中是最糟糕的情况。正如我们所研究的事例和许多其他类似的叙述所揭示的那样，共同的苦难和屈辱将年幼的孩子与母亲牢牢地连成一个整体。散文家汪辉祖描述了在他十岁时，父亲去世后的家庭经济状况。许多族人都怀疑他的母亲藏有私房钱。在当地赌徒的煽动下，他们逼迫汪辉祖的叔父不断向寡嫂勒索钱财，遭到拒绝后，他们便对年幼的汪辉祖大打出手予以报复。他们甚至把汪辉祖从母亲身边抢走，两位寡妇（汪辉祖的嫡母和生母）只得不顾一切地借钱来偿付赎金。当我们知道汪辉祖曾有过这样的经历，我们就不难理解为什么汪辉祖赢得社会地位以后，将自己的文集命名为《双节堂庸训》。

近世中国许多的自传记录中有母子共同为生活奔波的故事，他们一起受苦，一起忍耐。翁叔元提供了如下的记述：

> 先君自少不问生产，乐善好施，食馁衣寒，槁死埋瘗，惟日不足，有田数顷屋一座，强半价卖以供施予，迨先君殁，家已荡然。先姚茕茕嫠妇，抚三孤子，持门户，手口卒瘏，朝不计夕，至是已四年矣。又岁大旱，斗米千钱，母子四人日餍糠覈不继，则剥取榆皮以食，亲族中无哀怜之者。[1]

和母亲一起忍受人生种种残酷现实的，绝不仅仅是寡母的孩子。每一个普通家庭的孩子，都是与母亲一起面对现实的人生，这些现实往往是相当凄凉和令人难熬的。董恂（1807—1892）是这样描述他童年时的情况的：

> 旧屋破不可居，我大母我母并余及一幼弟署署无依，近运河东庙巷南仓巷北大街东，丁泰夫人拖簪珥，力锇鬻，命出就学，从余啸溟师受书。[2]

---

[1] 翁叔元：《翁铁庵年谱》，第5页。
[2] 董恂：《还读我书室老人手订年谱》，第2页。

母子共同经历过的困难时光，使得孩子心中对母亲产生了一种特殊的亲近感。许多儿子即便在成年以后，仍对母亲怀有感情上的依恋。儒家的伦理教导人们："父母在，不远游。"在文献中普遍可以看到，男子留在家乡的原因大多是出于对母亲的孝敬。这一点不仅在士绅阶层家庭中很明显，来自商人和工匠背景的家庭资料也显示，母子之间的感情亦是如此。罗师扬描述了他那位商人祖父对待曾祖母的态度。罗师扬日后回忆，1866年，他的祖父在兴宁寺前街经营一家米店，因为考虑到曾祖母沈氏年事已高，他的祖父放弃到外乡发展，在本乡开店。"而府君适于是时诞生，故最为曾祖母沈太孺人钟爱。"[①]

从19世纪和20世纪的大量传记和自传资料中可以看出，在不断变化的社会中，母子之间牢固的情感纽带依然存在。共同的苦难使母子之间产生了一种特殊的亲密关系以及牢不可破的强大联系。双方都明白，母亲要通过儿子的行为和成就来实现自己的意愿与抱负。许多母亲不辞辛劳，为儿子的事业做准备，而她可以从中获得社会的认可。她们也从未停止过向儿子倾诉她们在生活中因儿子而经历的一切，明确地提醒他她们所期望的回报。从此，中国历史上有无数的名人公开承认，他们在选择自己的人生道路时，首先遵循的就是母亲的意愿。例如，顾炎武一生誓死效忠明朝，因为他的继母王氏（她是个童贞女，订婚却未圆房）在明朝亡后，绝食殉国。临终前王氏对儿子说，永远不为新的朝廷效力。她是一个会读书自娱的女性，是晚上织完布会拿起《史记》《资治通鉴》等历史书来读的女性。后来她被追封"贞孝"谥号，而她致力于将她的行为与美德持续影响儿子顾炎武的行事和思想。[②]

有太多的男性声称他们的母亲是其终生努力的动力，他们取得成功是为了实现母亲的抱负，弥补母亲遭受的挫折和痛苦。晚清的官员梁济，在清朝灭亡之后，也选择自杀回应，希望能彰显"一生节概盖悉出母训"，他说他的母亲"劬育教诲，以母做父，实二十年"。[③]

即使在20世纪初时局剧烈变化的社会中，也有不少历史上知名的人物证明，促使他们前进的驱动力就是他们那位处境艰难而矢志不移的母亲。政治家黄郛

① 罗香林：《先考幼山府君年谱》，第562—563页。
② 张穆：《顾亭林先生年谱》，第1—4页；辛冠洁等（原著中标注作者为李曦，译者注）：《中国古代著名哲学家评传》，第2—4页。
③ 梁焕鼐、梁焕鼎：《桂林梁先生年谱》，第2—3页。

希望人们在肯定他的成就时，不要忘了他那位含辛茹苦、辛勤操劳、一手带大四个儿子两个女儿的母亲。[①]郭沫若（1892—1978）也是如此，他希望别人知道"在一生中，特别是在幼年时代，影响我最深的当然要算是我的母亲。我的母亲爱我，我也爱她"[②]。这是一种强大的联系，远远超越了郭沫若母亲口述给童年的他那些唐诗，时刻让他铭记在心。

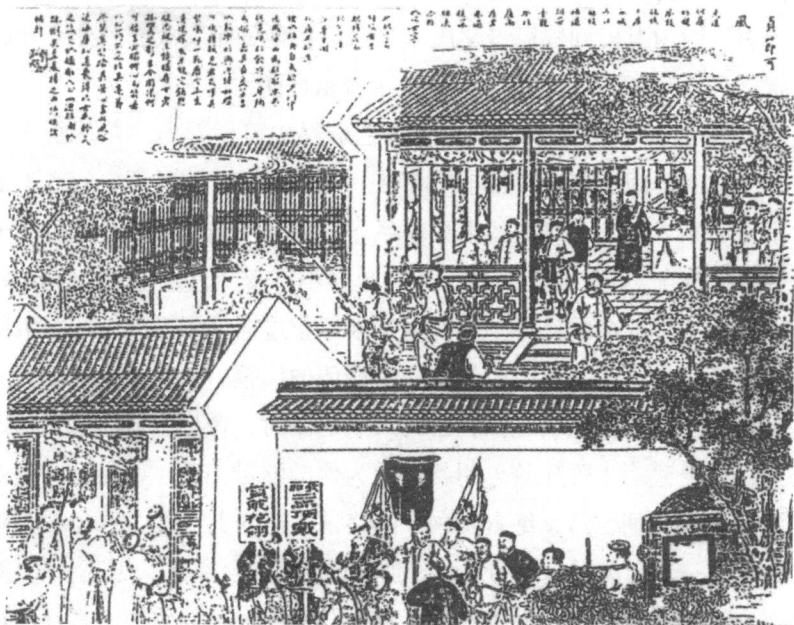

图 27 《贞节可风》。此情此景，既显示了贞节是一种社会资本，也显示了清政府对女性荣誉的提升。婚姻和养育孩子是女性的主要职业，她们的成就往往与母性有关，而母性又成为人们对童年记忆的动力。这里是清代末期对仪式队伍的描绘，转载自张怡和，《陈介石》（上海：上海文艺出版社，1999），第 5 页。

因此，在这些大大小小的事例中，我们可以发现母亲在儿子的生命中永不磨灭的形象，命运共同体加上情感的相互依恋，产生这种结果并不奇怪，这也是一种积极培养的结果。顾炎武说他之所以终生效忠已倾覆的明朝，就是因为他的母亲为明朝殉国，并且嘱咐过他要对明朝保持同样的忠诚。张公权（1889—1979）把自己坚强的性格和坚持不懈的努力，都归功于他那位没有受过正式教

---

① 沈云龙：《黄膺白先生年谱长编》，第 8 页；《黄膺白先生百龄诞辰纪念》，《传记文学》，36∶3，第 11 页。
② 王继权、童炜钢：《郭沫若年谱》，第 2—3 页。（原著中标注作者为王继权，译者注）

育的母亲，母亲在困苦的环境下从不诉说贫穷，只是鼓励他和他的兄弟勤奋读书，努力躬行。①莫德惠（1883—1968）说，在他整个人生中担任公职期间，他每到一处总要在那里栽种红柳树，因为幼年时，母亲总在祖父母家的老宅旁那些红柳树下给他喂奶。他对朋友称自己为"柳忱"，他终生不沾烟酒，因为母亲告诫他不要沾染这些恶习。②著名的语言学家与抒情诗人赵元任（1892—1982）说，他对音乐和诗歌的热爱来自他那位天资聪颖的母亲。他童年时，母亲每天晚上都教他吟诵诗歌，用韵律的方式让他感受其中的滋味。③

从顾炎武到赵元任，母亲的价值观、母性和利益，在儿子的内心深处留下深刻的印迹。这是一个母亲心中有儿子、儿子心中有母亲的情形，超越了传统中国最有力的性别界限。这是一部属于个人的生物和社会繁衍的历史传奇。

七、怀念母亲

在中国历史上，女性往往被迫通过她生活中的男性来表现自己。而唯有她的儿子，可以让她的声音被听见，让她的行动被赞许。她必须成为一位贤妻，尤其是成为一位富有献身精神的母亲，才能在社会上留名。做一位好母亲，会让她的孩子记住，若是儿子有出息，她还会得到公众的认可和尊重。关于母亲的生活的一瞥，几乎都是出自她们儿子的回忆。事实上，女性的传记资料不仅有男性讲述女性观点的记录，而且有儿子记录母亲事迹的感受。因此，在这些叙述中，明显存在着一种特殊的情感和社会心理倾向。

当我们读到儿子所记录的母亲，了解他们个人对母亲的亏欠，显而易见，这些记录呈现的是一种建构的回忆。很少有人能像俞樾（1821—1906）那样有能力记住他们刚出生时发生了什么事情，像左宗棠和莫德惠那样记住襁褓中的事件，像汪辉祖那样记住有人帮换尿布的日子，像翁叔元那样记住婴儿时期生重病被人照顾的日子，像刘宝楠那样记住被人牵着走出第一步的日子，等等。在儒家思想盛行的中国，孝道重于一切，亲戚、仆人、邻里可能都会不断告诉那个儿子，他的母亲为了把他培育成人吃了多少苦，以灌输感恩之心。但更重

---

① 袁道丰：《张公权先生谈往录》，《传记文学》，16：1，第1—4页。（原著中标注页码为第13—19页，译者注）
② 莫德惠：《民国莫柳忱先生德惠自订年谱》，第1—2页。（原著中标注书名为《莫柳忱先生德惠自订年谱》，译者注）
③ 赵元任：《早年回忆》，《传记文学》，15：5，第23页。

要的是,母亲自己行为的影响力更甚于他人,她不断重复提醒儿子过去发生了什么事,也给儿子提供了建构自我记忆的基本素材。毫无疑问,在记忆创造的过程中,有些真实生活的经历被筛选保留下来,而另一些被删除。事实上,关于传统中国女性生活的历史证据,主要来自这种有社会地位的儿子对母亲回忆的纪念性文献。因此,我们所观察的妇女形象,多半是年龄在二十至四十岁的为家计和育儿辛苦操劳的已婚妇女。在这些历史文献中,我们缺少的是关于开朗、天真无邪的少女时代的一瞥,或者是优雅的、安详的,握有大权的年长母亲、祖母或外祖母的生活。

在这种书写中,母亲的世界充满劳累和苦难,却没有任何满足感和快乐。在传统中国社会中,已婚妇女在现实生活中往往必须扮演挑起家庭重任的角色,且很少得到满足感或欢乐。然而,这令人惊讶的是,从男性的角度来看,很少有历史记载涉及快乐的女性或快乐的母亲。这不仅是因为中国妇女生活的客观事实,也是因为妇女和她们的孩子的主观愿望。许多母亲希望人们和孩子都能记住她们的美德和苦难。事实上,在许多情况下,苦难确实是她们的美德的本质和内容。因此,在妇女的传记文学作品中,她们的儿子用操劳、痛苦、疾病与死亡记录她们的生活。①

事实上,虚弱病危的母亲形象是纪念性文章偏爱的一个主题。清代晚期经学家俞樾记载,他的母亲在生下他的第三天就得了重病。"母姚太夫人产后三日大病,几危,至二十余日未离床褥,将弥犹扶病拥衾而坐,自制儿冠。"②陈衍生于1856年阴历四月初八,出生前数月,他的家人搬入龙山下位于城东北的北井楼。刚搬进去的时候,荒芜的后院里榛子树下荆棘满地,杂草丛生。怀孕的母亲不顾人们的劝阻,亲手修剪了灌木丛,砍树以供柴薪,不久顺利诞下陈衍。然而四个月后,母亲开始出现病征,经常眩晕,昏厥在地。起初在她晕倒的时候,略懂医术的陈衍的父亲强行将一剂刺激性汤药灌入她的喉咙,使她苏醒过来。然而,经过几次发病,她的乳汁就逐渐枯竭。而当时家里贫寒,无力为婴儿雇乳母,只得由他的几位姑姑用稀饭轮流喂养这个才四个月大的婴儿。③

除了描写生病的母亲外,还有许多文章描写去世前的母亲。例如,晚明激

---

① 除了所举的例子外,还包括皮锡瑞、孙星衍、梁济和戴传贤。
② 郑振模:《清俞曲园先生樾年谱》,第5页。
③ 陈声暨:《侯官陈石遗年谱》,第11页。

进思想家李贽的母亲在生下他不久就去世了。^①清代初期学者邵行中的母亲患了病，去世时邵行中才六个月大。^②当一位母亲在孩子年幼脆弱的时候辞世，对孩子的情感打击很大。康熙年间的黄叔琳（1672—1756）七八岁时丧母，不久父亲也去世，只得由其继母的弟弟收养，他本姓程，后来随养父改姓黄。几十年后，他仍能回忆起和亡母在一起的日常情景。一日，他站在门口，看见几个学生前来拜访他的父亲（父亲时任曲阳县学正），但那天他父亲恰好不在家。黄叔琳鼓起勇气上前招呼他们，发现他们是从很远的地方来的。于是，他像个大人一样，走进屋去告诉母亲为客人备饭。那一年他六岁，一两年之后他的母亲就去世了。^③发迹于行伍的罗思举（1764—1840）是个乡下孩子。他的童年是在放牛、拾柴、种田中度过的。他的母亲是一个没有受过教育的乡下女人，在他十岁时去世，几乎没有给他留下任何可以激励他的东西。尽管如此，他仍记得，在母亲去世前一年，他第三次溺水获救时，母亲和父亲一起训诫他："尔遭三次水灾，具获神佑，正须自爱，为人在世，务见人之事，如己之事，学古人忠孝节义，切不可贪戾诡诈。"罗思举承认，就是从那一刻起，他对人生若有所悟，决心要在这世上好好做人、做事。^④

许多人回忆母亲的美德，她们富有牺牲精神，与她们去世时的悲惨境遇。清代中期的官员梁章钜的母亲在梁章钜十岁时去世。从他四岁起，母亲就对他进行启蒙教育。根据梁章钜的记载，母亲是一位孝女，未嫁时曾有过割下手臂上的肉为父亲治病的孝行。^⑤许瀚（1797—1866）生于18、19世纪之交山东省日照县的乡村。他童年时和村里的很多男孩一样放牛。母亲去世时，他刚满九岁。日后，他于《家祭文》中回忆母亲去世前的悲惨日子。他的父亲屡试不第，只能以教书微薄的收入维持家计。1805年，他的母亲患病后，他家被迫和他的叔叔分家。分家事件显然给他生病的母亲带来了很大的打击，"与叔父析箸，吾母旋逝矣"。母亲去世的那一天，恰逢他父亲应乡试到省城去了。许瀚回忆："吾父应试在郡，星夜归，而吾母盖棺已数日。"^⑥

还有一些人提到了早年丧母的经历对他们的震撼和影响。18世纪后期成为

---

① 容肇祖：《明李卓吾先生赞年谱》，第1页。（原著中标注书名为《李卓吾先生赞年谱》，译者注）
② 姚名达：《清邵念鲁先生廷采年谱》，第8页。
③ 顾镇：《黄昆圃先生年谱》，第2—3页。
④ 罗思举：《罗壮勇公自订年谱》，第13—14页。
⑤ 梁章钜：《退庵自订年谱》，第5页。
⑥ 袁行云：《许瀚年谱》，第7—8页。

翰林院编修的朱筠（1729—1781）在1743年丧母，此时他尚是少年。他宣称，自从那年七月母亲去世后，他和弟弟商定"同卧起，夜读古文，手抄默诵，鸡鸣不休"[1]。方士淦（1772—1851）的母亲唐氏在他十二岁时去世，也就是1783年的阴历八月十九日。他自幼体弱多病，尽管他的祖母胡氏立即接管了对他的照顾，但他还是经受不住母亲离世的巨大打击，他病得很重，无法参加母亲的葬礼，之后便开始吐血。直到三十多岁时，他的健康状况才有所改善，但仍有偶尔咳血和神经质的症状。[2]

许多男孩难以摆脱失去母亲的痛苦和悲伤。尤其重要的是，他们思索其他已婚妇女的生活，是否都像他们挚爱的母亲一样辛苦。因此，这种苦乐参半，有时甚至是偶尔矛盾的母子关系，在近世中国引发了一波波的社会批判和思想、政治的动荡。从他们母亲的生命历程中，男性在一定程度上开始了解到妇女受到的不公平待遇，以及中国社会的弊端。一代又一代的儿子都不能摆脱他们受苦、受病痛折磨的母亲的期望，他们最终决定通过自己的言行，把自己的个人感情公布于众，为所有人提出一个思考主题，让大家去思考传统的父权制、专制集权和等级制的政权是压抑的黑暗力量。16世纪的学者归有光写出各种体裁的文章，以不同的方式写下了他对亡母的思念之情，母亲在他八岁时就早早去世，过完了她辛苦而又不圆满的一生。归有光进一步写文章抨击"贞女守节"，这是他从那个时代妇女的生活中看到的一种社会暴行。[3]四个世纪后，中国近代社会政治革命的先驱者瞿秋白则承认，他母亲的自杀让他第一次清醒地意识到女性现实生活的可憎。他的母亲在严冬服毒自尽的悲惨命运，使他开始了解到传统社会是如何使许多人陷入贫困和绝望的境地。他说，正是他母亲的死给了他启迪，在中国革命中引导他的思想与行动。[4]

知识史、社会史和政治史的研究者，应该开始评价近世中国历史上几百年来的社会抗争和政治动乱背后的人伦戏剧。事实上，像陈独秀这样的历史人物，在他自传的开篇中，希望人们知道的第一件事是"我出生几个月，我的父亲便死了，自幼便是一个没有父亲的孩子"，然后再描述其寡母和她可怜的孩子的悲

---

[1] 罗继祖：《朱笥河先生年谱》，第6页。
[2] 方士淦：《啖蔗轩自订年谱》，第2—3页。
[3] 参见归有光：《贞女论》，《归震川先生文集》，第312—313页；《先妣事略》，《归震川先生文集》，第31—32页；熊秉真："The Relationship between Women and Children in Early Modern China"。
[4] 周永祥：《瞿秋白年谱》，第8—9页。

惨遭遇。[1]孤儿寡母似乎特别容易遭受生活及社会的不公正对待。儿子未成年前与母亲一起承受着生活和社会的种种压力，当他长大后，完全可以理解这种压力，他会觉得有责任代表他的母亲说出这些罪恶，并采取行动，因为他深深体会到母亲的声音与行动是如何被这个社会剥夺的。

八、结论

　　具有讽刺意味的是，在传统中国的性别关系中，一个男性的母亲往往是他唯一熟悉的，可以公开、毫不掩饰地爱着的女性。同样，对于女性来说，她的儿子也是唯一能让她毫无保留地喜爱，并能对她忠诚、喜爱和感激的对象。母子之间的情感纽带就是在童年的亲密相处中建立起来的。在这层关系中，儿子不仅深切认识到母亲命运的细节，而且还会与母亲悲苦与共，再加上儒家所宣扬的孝道允许并要求儿子永远对母亲保持绝对忠诚和永久的敬意，母亲有充分的理由在精神和物质上对儿子进行额外投资，并期待或要求他们长大以后能给予她忠实的回报。怀念女性与母亲的文献特别丰富，就是对这种心理负担和社会传统的显著证明。

　　虽然这里所援引的历史资料大多来自士绅阶层（主要指受过良好教育的家庭，但不一定是社会经济上的上层人士），但正如近期多数人类学和社会学研究显示，这一模式并不局限于明清时期和士绅阶层。中国台湾、中国香港的农村妇女继续投资，像过去的士绅阶层妇女一样极力强化与她们儿子的关系，至少在社会经济的变化带来新的养老保障和物质补偿的新选择之前，她们会继续这样做。对于社会经济地位较低的女性来说，与近世中国的士绅母亲所期望的社会认可和个人满足感相比，她们更重视的是物质回报。当中国进入动荡的近代时期，当我们看到被男性个体支持的"女权主义"观点变成中国社会政治舞台上一股鲜明的力量时，就不难理解这是一种植根于晚清中国社会中儿童文化和童年的旧的心理作用下的现象。

---

[1] 陈独秀：《实庵自传》，《传记文学》，5：3，第55页。

第六章　情感世界

　　1731年[①]，当汪辉祖出生在浙江省萧山县大义村的东厢房时，他的父亲尚在千里之外的京城等候任命。五十九岁的祖父甫抱长孙，欣喜若狂，决定为他取"垃圾"的乳名——农村生活中最常见、最有用的物资。这并不是为了表示这个男孩将"肥化"家族，而是希望这个不受欢迎的、无价值的称呼可以帮助新生儿摆脱神灵的嫉妒，从而平安长大。因为汪辉祖的生母要承担所有的家务，所以当他还在襁褓中的时候，便由嫡母带着他睡觉。每当孩子醒来哭着要吃奶的时候，嫡母就会把他带到生母那里去吃奶，然后给他换尿布。然而，嫡母在他三岁时就去世了。临终前，她委托汪辉祖的两个姐姐帮忙照顾他。父亲很快续弦，继母也就是这个男孩的第二个嫡母。次年，这位继母带着汪辉祖及其生母前往父亲任职之地，让四岁的男孩接受父亲"自课"。父亲在当地担任文书。一家人在父亲的府邸里住了四年，父亲卸任归家后，发现家产已被沉迷于赌博的叔父消耗殆尽。那年晚些时候汪辉祖的祖父去世。稍后，汪辉祖的父亲在南下找工作的途中不幸去世。此时，汪辉祖尚不足十岁。[②]

　　剪去《病榻梦痕录》中具体的时间和地点，内中包含了近世中国儿童早年所有的主要特征。一方面，与现代同龄人不同的是，那时的儿童往往在复杂的人际环境中成长。除了生身父母之外的各种成年亲属，例如嫡母、祖父、汪辉祖的两个姐姐，都参与并分担了日常照料任务，并与他们密切地、经常地互动。另一方面，考虑到当时的人口状况（平均寿命在三四十岁之间），儿童往往在很小的时候就经历了家庭长辈的离世。[③]两者叠加在一起，使得儿童的情感世界既丰富又缺乏安全感。

---

① 原著中标注为1730年，经核对，汪辉祖生于雍正八年十二月十四日，为公历1731年1月21日，译者注。

② 汪辉祖：《病榻梦痕录》，第5—8页。

③ Lawrence Anthony, James Lee, and Alice Suen, "Adult Mortality in Rural Liaoning, 1795 to 1820"; Ts'ui-jung Liu, "The Demographic Dynamics of Some Clans in the Lower Yangtze Area, ca. 1400–1900," pp.115–160; idem, "The Demography of Two Chinese Clans in Hsiao-shan, Chekiang, 1650–1850," pp.13–61.

一、参与照料的成人

欧洲社会史学家观察到，西欧近世家庭的一个显著特征就是不属于直系亲属的人经常在场，例如暂居在家的亲戚或家中的佣人。[①]但总的来说，近代早期欧洲的家庭，以父母为主来抚养幼小的孩子，与近世中国的家庭相比，规模小且关系简单。首先，西欧和中欧的夫妇习惯于独立居住，而中国的年轻夫妇几乎都是和男方的父母住在一起，形成所谓的大家庭。因此，在近世中国成长的孩子，身边往往有许多不同的人。大家庭的结构意味着一个孩子是在一群居住在同一屋檐下的父亲亲属中出生的。大家庭的运作使得其他亲属参与孩子的生活。祖父母和姑姑的照顾、叔叔的管教以及堂兄弟姐妹的陪伴，成为儿童经历中重要的一部分。[②]此外，近世中国男女的平均结婚年龄比欧洲低。大多数年轻夫妇在自己还没有经济上独立或物质上与父母分家之前就生了孩子。实际的需要使得新生儿依赖于经济上更可行的大家庭，而年轻的父母本身还需依赖长辈。[③]村庄和社区生活的结构使朋友和邻居很容易接触到孩子，并在家庭事务中发挥积极的作用，其中最重要的是抚养孩子的方式。[④]总之，上述因素加在一起，产生了一个对儿童来说变化更大的人文环境，而且比其他地方或以后的环境更加拥挤和嘈杂。

罗泽南是对抗太平天国运动的湘军创建者，年少时经常得到祖父的照顾。外祖父萧蔗圃住在附近，也经常来探望，注意到这个孩子有很强的求知欲，就对其父母说："此子不凡，虽极不给，必资之读。他日大门闾者，必是子也。"[⑤]

在孩子的成长过程中，最密切地参与照顾他、塑造他的童年的人，往往是父母以外的人，例如叔伯、舅舅、姑姨或佣人。18世纪的史学家章学诚在不到两岁的时候，就经常被舅舅带着四处闲逛。舅舅沉溺于喝酒，最喜欢的日常活动就是带着小外甥章学诚去附近的商铺买酒，并经常给这个蹒跚学步的孩子喝

---

① 彼得·拉斯莱特：*Family Life and Illicit Love in Earlier Generations*, p. 13。

② 杨懋春：*A Chinese Village: Taitou, Shantung Province*, p.13。

③ 就婚姻模式而言，西欧和中国似乎代表了近代早期的两个不同的极端。据估计，在西欧，女性平均在二十三岁或二十六岁才结婚。男性也是在二十多岁或三十出头才进入婚姻。近世中国女性初婚的平均年龄在十八岁到二十岁，男性初婚的平均年龄在二十一岁到二十三岁。参见 John Hanjal, "European Marriage Patterns in Perspective," pp. 101–143。

④ 卢蕙馨：*Women and the Family in Rural Taiwan*, chap. 4。

⑤ 郭嵩焘：《罗忠节公年谱》，第2—3页。

上一口。章学诚说他的童年经历是他后来酗酒的原因。[1]

由于父母在生育时在社会上或经济上不独立，他们子女的地位便成为"双重依赖"。其他家庭成员的参与似乎是自然和不可避免的。据记载，许多孩子是在祖父或伯父的住所出生的，这说明他们的父母仍由父亲的父母或父亲的兄长供养。在中国士绅阶级家庭和较贫穷的下层阶级家庭都是这种情况。黄景仁出生时，他的父亲还是一个"县学生徒"，没有自己的职业和收入。因此，黄景仁就与祖父住在一起，祖父当时是高淳县地方官的师爷。[2]张亮基（1807—1871）出生时父亲已四十三岁，无固定职业赖以养家，只得与做地方官的大哥一起生活。因此，张亮基就出生在大伯任所。[3]在这种情况下，儿童在成长中逐渐认识到，家庭权力往往掌握在父母以外的人手中。

二、祖辈、姑姨及佣仆

有两种亲属积极参与塑造了近世中国的童年经历：一是孩子的祖父母，一是孩子的女性亲属。许多传记资料都提到祖父对孙子的强烈感情，他们牵抱、抚爱着孩子。传统的劳动分工观念决定了男性负责家庭以外的活动，而女性则主要负责家庭事务。在某种程度上，祖父母对孩子的参与也遵循了同样的模式。祖母通常协助或代替孩子的母亲照顾孩子的身体需要和监督日常活动。祖父则密切关注智力或农事活动。他也经常和孙子玩耍，带他到处参加社交活动。在这一点上，祖父在男性亲属中显得很特别，其他亲属都与儿童保持着比较疏离和严肃的关系。在某些情况下，祖父甚至会陪着孩子一起睡觉。胡林翼（1812—1861）是对抗太平天国的重要官员之一，当他出生时，他三十五岁的父亲是个努力参加科举考试的"生员"，大部分时间都是在远离家乡的书院学习。因此，孩子从小就与祖父结下了深厚的感情。"乡贤公偶游乡里，必牵裾随行。"祖父特别喜欢他。1816年，在胡林翼刚满五岁的时候，他的祖父给父亲写了一封信："林翼好，但喜多言，又好跟脚乡里，有请者必随行，夜必同寝。"祖父在这封家常信的结尾写道："时抱林翼坐侧。"[4]

外祖父母虽然通常不与子女住在一起，但如果住得很近，也可以提供帮助。

[1] 胡适：《章实斋先生年谱》，第4页。
[2] 黄逸之：《黄仲则年谱》，第1—2页。
[3] 张祖佑：《张惠肃公年谱》，第143页。
[4] 梅英杰：《胡文忠公年谱》，卷1，第12页。

传统上，同一地区或附近村庄的家庭之间联姻。在许多情况下，母系亲属住在步行距离内或距离不远的地方。比地理距离更重要的是，从心理上讲，儿童喜欢与母系亲属在一起，因为在这一时期出嫁女儿与原生家庭的关系似乎一直在加强。[1]老人和儿童都对经常性的接触感到愉悦，这种接触肯定比现代的情况更频繁。因此，当儿童遇到实际或情感压力时，往往会寻求亲属的庇护。罗思举是个农家子弟，在成长过程中，他经常因为和村里的孩子打架而受到惩罚。七岁左右因戏弄学堂先生，恐遭毒打，他躲到离家不远的三姨母家一年多才回去，"顽耍不归"，姨母并没有把他当作客人，去了不久他就被安排到山上去干活，"赴山放牛"。对于孩子来说，与父母或亲戚住在一起似乎没有太大的区别。[2]文献中有记载，孙辈被安排与外祖父母住在一起接受启蒙教育。年幼的蒋攸铦（1766—1830）总是由外祖母送他上学，外祖母还常常熬制药膳为他调护身体。[3]

诚然，这些案例大多来自受过教育的精英家庭，但总体模式绝不限于这一社会阶层。与许多其他近世社会的类似情况一样，社会精英所拥有的大家庭、早婚和相对"开放"的社区生活，也是农民和手工业者的生活方式的一部分。社会学家和人类学家对大多数农村社会的研究证实了同样的育儿方式。基于战后中国台湾农村的研究，卢蕙馨认为，女性与朋友和邻居的亲密关系，在女性养育子女方面发挥了主要作用。[4]杨懋春（Martin Yang）在他对20世纪上半叶山东村落生活的研究中指出，孩子的祖母、兄妹、嫂子或年长的表亲如何在日常照顾孩子的过程中发挥作用，尤其是在孩子数量较多的情况下。[5]显然，特殊的家庭结构、婚姻模式和农村社会组织创造了一个既广泛、亲密，又生动、灵活的人际网络——这是传统中国社会中儿童成长的一种特殊关系模式。各行各业的儿童出生在这样的人际关系中，并习惯了亲戚、佣人和邻居的密切联系。

三、"母亲"集会

总的来说，照顾孩子仍然主要是妇女的工作。妇女相互帮助完成任务，特

[1] 熊秉真："The Domestic, the Personal and the Intimate: Father-Daughter Bond in Late Imperial China"。
[2] 罗思举：《罗壮勇公自订年谱》，第11页。
[3] 蒋攸铦：《绳枻斋年谱》，卷1，第3—4页。（原著中标注作者为蒋攸恬，译者注）
[4] 卢蕙馨：*Women and the Family in Rural Taiwan*, chap. 3, pp. 32–52。
[5] 杨懋春：*A Chinese Village: Taitou, Shantung Province*, pp. 59, 127。

别是日常生活照顾，主要包括同住在一起的伯母、叔母。牛运震不到两岁时，他的叔叔结婚。叔叔对这个侄子很是自豪，对新婚的妻子说这个小孩子将来必成大器，叔母很快和他亲近起来。他后来回忆说：

> 运三四岁时，叔母常置我于膝上，为我总角，手梨枣，问所饮食，或运有小灾痛，皆叔母调持之，惟恐有他。运常患齿痛，剧则一二日不能食，叔母多方为运治去蛀虫，卒以大愈。①

对于上层社会的家庭来说，除了父辈的伯母、叔母外，另一种"母亲"形象通常来自父亲在不同时间和不同环境下所娶的各种"妻子"。前文所举的汪辉祖就是这样的例子。他为"庶母"所生，而他两位嫡母（先后嫁给他的父亲）则照顾他并为他的教育制订规划。在理想的状况下，两个不同社会身份的女性嫁给同一个男性，就像姐妹一样亲密地生活在一起。由于实际需要，她们中不少人在做家务和养育孩子的过程中，彼此相依为命。从孩子的角度来看，他的生活与这些嫡母和他自己的生母同样相关。

然而，这并不是说她们之间的感情融洽，彼此友善相待。在某些情况下，同一个男性的妻妾之间相处并不融洽，给孩子造成了令人痛苦的情感环境及带来了破坏性的影响。明末知识分子张溥的故事就是一个典型的例子。他的母亲曾是家里的婢女，而他卑微的出身，常使他受到亲戚的贬低及粗暴的对待，甚至是家里比较有权势的仆人也欺负他。因此，张溥从小怀着苦闷和怨恨，发誓要报仇。②还有一种情况是，正妻所生的孩子也不能保证得到关注和爱护。政治革新派的谭嗣同（1865—1898）是他父亲的结发妻子所生，但他父亲近妾室而远嫡室。父亲宠妾掌管家务，幼年谭嗣同满尝家人的冷漠和忽视。据说他在七岁左右就养成了整天静坐的习惯，从不开口与人打招呼。③在这样凄凉的画面中，人们意识到，对于这个时期的孩子来说，除了自己的父母，还有很多不同的人在影响着他们的生活。这些人可以帮助满足他们的需要，但也可能增加悲伤和怨恨。无论是哪种情况，都存在着复杂的人文环境，这种环境往往比其他情况让孩子更早、更复杂地认识到成人社会。

---

① 蒋致中：《牛空山先生年谱》，第2页。
② 蒋逸雪：《张溥年谱》，第6页。
③ 谭嗣同：《先妣徐夫人逸事状》，摘自杨廷福：《谭嗣同年谱》，第25页。

孩子的姐姐或者嫂子，到了一定年龄后，也可以让她们承担起带弟弟妹妹的任务。前面提到的汪辉祖，就是母亲临终前托付给两个姐姐抚养的。①著名的知识分子吕留良，因父亲去世，母亲多病，从婴儿时期开始就由三嫂抚养。②

在中上层阶级的家庭中，乳母、婢女和其他妇女在塑造儿童的成长体验方面也发挥着重要作用。她们与家庭没有血缘关系，地位低下，但要照顾孩子日常的生理和情感需求，她们与孩子建立了紧密的联系。当时的医学和教育文献认识到这一重要性，建议特别注意乳母和保姆的选择。③邵行中的祖母至少尝试用了十位乳母，才决定了一个合适的人选。几个月后，他的生母去世前，特别交代将儿子交给乳母照顾。这说明大家都认识到了乳母的重要性以及她可以赢得孩子母亲的信任。④在某些情况下，这些乳母不仅给孩子喂奶，而且自己也是与家庭有密切联系的婢女。缪荃孙因接种天花而病重时，他母亲的一个陪嫁婢女日夜照顾他，由此产生了深深的感激之情和一种类似于亲子关系的情感纽带，后来缪荃孙一直照顾这位王氏婢女的生活需要，并为其养老送终。⑤许多婢女的吃饭、睡觉、工作时间都是围绕着孩子来安排的。母亲会密切观察孩子的身心发展及监督婢女的行为。翁叔元三岁的时候，乳母有一次带他在门口散步，遇到一个"丐妇抱婴儿求食"，稚龄善感的翁叔元一时为这幅哀苦情景所震，"即为泣下"，此后两个多月，每天早上他都会哭着醒来，喃喃自语地说着关于那个乞丐女人的事情。他的母亲得知此事后，"戒乳媪不许抱至门"。⑥

有些乳母与孩子的母亲建立了融洽的关系。如前所述，有一位乳母一天晚上和她的女主人一起喝得酩酊大醉，据说因此产生对她哺乳的孩子的健康有害的"醉奶"。⑦

---

① 汪辉祖：《病榻梦痕录》，第5页。

② 包赉：《吕留良年谱》，第7页。

③ 关于传统中国对选择乳母的关注，参见熊秉真："The Nurturing Women: Idea and Practices of Breastfeeding in Late Imperial China"。

④ 姚名达：《清邵念鲁先生廷采年谱》，第9页。

⑤ 缪荃孙：《艺风老人年谱》，第2页。

⑥ 翁叔元：《翁铁庵年谱》，第92页。

⑦ 魏之琇：《续名医类案》，第82—84页；更多关于这个问题的详细分析，参见熊秉真："The Nurturing Women: Idea and Practices of Breastfeeding in Late Imperial China"。

四、父亲的行踪

在近世中国有关家族长辈的纪念文献中，经常会明显出现父亲缺席的情况，这不仅仅限于上层社会。依照古礼对世人的起居要求，男性活动场所与妇女、儿童通常不在一起，父亲不该也无须涉足女眷或孩子的生活圈，以保持作为一家之主的尊严和个人权威。但据明清时期的传记资料表明，这种严格和僵化的模式并非在所有家庭中存在。在人们对童年时代的叙述中，许多父亲的缺席，是由于职业需要，外出做官、经商或从军等。更值得注意的是，那些有机会和孩子在一起的人，都会不遗余力地亲近孩子，陪他们玩耍。事实上，这一时期的社会文献中，父子相亲的情景并不少见。李塨四岁时，他的父亲经常抱着他到处走动，有时还对他口授《孝经》。[1]翁叔元是另一个幸运的孩子，他享受着父亲的关爱和陪伴。据翁叔元后来回忆，三岁左右，"平日先君时时抱置膝上，以舌舐面为笑乐"，父亲"抱怀中，日指识一二字"。[2]夏敬渠的父亲也喜欢和孩子一起做一些事情。他喜欢喂孩子吃饭，鼓励孩子在吃饭的时候多吃点东西。如前文所述，当夏敬渠还是一个蹒跚学步的孩子的时候，父亲经常把青豆排成一排来鼓励孩子学习。[3]

从16世纪开始，家庭领域的"柔和"社会文化趋势代表了有教养的人新的价值观。对于受过教育的精英家庭来说，理学的灌输加强了更严格的社会秩序和个人行为，但在16世纪上半叶达到高潮后开始下降。相反，许多经济和社会力量在幕后发挥作用，在家庭安排中重新定位，对性别关系重新划分，以及对个人道德、规范伦理和政治体制重新考虑。在这样的背景下，一种更加"柔软""灵活"或宽松的家庭生活开始悄然渗透到新的情绪中，尤其是在城市环境中，寻找一种"自然"倾向、"真诚"的人格和亲切的男性风格。然而，对于明代中叶的中下层社会阶级来说，通过同样的印刷文化来宣传和扩散僵化的理学思想的努力，帮助宗族组织和通俗文化在大众传播的帮助下达到第一次高潮。显而易见，在这一时期的小城镇和农村的精英阶层和中下阶层的表现中，社会道德观念的增强和对行为礼节的空前重视。大城市和城镇社会上层对"非人性"

---

① 冯辰：《李恕谷先生年谱》，卷1，第3页。
② 翁叔元：《翁铁庵年谱》，第2—3页。
③ 赵景深：《清夏二铭先生敬渠年谱》，第14页。

过程得到解放的渴望，与农村社会底层对"教化"过程的加强形成了鲜明的对比。

因此，从16世纪末开始，受过教育的父亲被描绘成既抗拒又渴望与子女形成情感疏离或住所分离。在这种纠缠不清的斗争中，他们与孩子的互动表现出这些矛盾的特征。首先，在孩子的幼儿时期，父亲更愿意接近孩子。当孩子学会走路、进入学习之前（无论是在学校、当学徒，还是其他领域），他的父亲就会觉得他很可爱，两人经常会产生一种密切的联系。然而，由于父亲的角色在"传统"的家庭生活背景下被定义为最适合处理孩子日常生活中正式的、得体的——因此是理性的、愉悦的——方面的一方，除了紧急情况外，他很少参与孩子的日常喂养和洗澡、生病或情绪不佳等。无论喜好如何，对父母双方来说，按照旧的分工方式，在大多数情况下养育孩子的繁重任务仍然由母亲或其他妇女来承担。作为这种安排的延伸，父亲有责任指导和监督男孩的学习活动，无论是在孩子的智力发展中进行启蒙，教他最初的几个字或课程，让他从事某种手艺，还是只是带他去田间干活。父亲或父亲般的主要任务，就是培养一个男孩成为一个男人。他可以用他选择的任何传统的或创新的方式，让他自己参与其中。

近世中国强调的是一种强烈的责任感：不是对自己一个人，而是对祖先和家族，对父母和子女，对作为教导者的父亲和作为学生的儿子。在大多数情况下，这些价值观的核心是对生活的功能性理解：父亲作为官员、职员、教师、工匠、商人或农民来养家糊口。他们把儿子留在身边学习，也是为了了解他们所期望的儿子在社会链中所扮演的角色。从长远来看，他们将会承担起父亲留下的职业。就这个侧面而言，儿童或童年本身并不是价值的焦点。成人是为了工作而活，而孩子则是为了成为成人而活。没有一个孩子是为了学做一个简单的孩子，也没有一个孩子被允许奢侈地享受做一个简单的孩子；每个孩子都是为了获得成人的生存方式和技能，以便在适当的时候准备好接替长辈的位置。然而，许多成年男性在接受官职任命时，都会把他们的男孩带在身边。唐阶泰被派到江苏省任地方官时，便带着七岁的儿子从四川省老家到江苏省，一起上任。更为常见的是，当父亲被聘为乡村或宗族学校的塾师时，年幼的男孩也会跟随父亲结伴而行。梁章钜七岁时，跟随父亲在几年间辗转于不同的学塾之间。[1]

---

① 梁章钜：《退庵自订年谱》，第4页。

林则徐也是在四岁时跟随父亲就塾学习。①这样做的原因，表面上来看是为了让男孩在父亲的教导下，能和其他所有学生一起学习。七岁的梁章钜的启蒙，是在父亲的怀抱里开始的。但这种趋势代表着一种古老的模式，当同一性别的父或母承担起将生活中的"技艺"传授给子女的责任时，也确保了通过个人传授技能帮助孩子在这个世界上取得成功，从而延长了儿童与长辈之间的亲情时间。精英父亲喜欢教他们的儿子识字，有的还很有激情，就像工匠教他们的男孩做手艺，农民教他们的男孩干农活，母亲教她们的女孩做饭和缝纫一样。

无论父亲是否在场，或者说除了父亲的存在之外，最主要的是许多不同的成人继续在孩子的童年岁月中活动。根据不同的情况，孩子可以由祖父母、姑妈、姨妈、大嫂或佣人照顾。贫穷的农民家庭的孩子，没有乳母、女佣和正室的或妾室的母亲，但他们的亲戚往往住得很近，并参与孩子的日常生活。邻居也经常和家里的长辈一起联合起来满足孩子的需要。其中，一位有风度的父亲正努力从不同角落掌控这个国家的社会生活。在这种共同体的氛围中，在孩子的心目中占据着最宝贵的空间的一两个人，很可能是父母以外的人。从这个意义上说，传统的童年，是在一个比现代核心家庭所暗示的更多样的人文环境中度过的，它更多地被认为像成人社会，是与最终唯一的"现实世界"的成人社会联系在一起的。

五、死亡的震撼

导致传统与现代之间的童年经历不同的另一个方面是死亡率因素。英国的人口统计学家证实了这一常见现象，近代早期西欧人口的平均预期寿命大多在三十多岁到四十多岁。②近世中国的人口统计学也有类似的结果，男性和女性的预期寿命大约在三十岁以上和四十岁以下。这种基本结构意味着，一个孩子可能在很小的时候就失去父母或其他亲密的家庭长辈，或者说父母在孩子尚幼的时候便已死亡。粗略估计，在搜集到的八百多起案例中，超过三分之一的儿童在八岁前至少失去了父母中的一人。如果再加上祖父母和兄弟姐妹的死亡，大部分儿童在年幼时就经历了家庭成员的死亡。

① 魏应麒：《林文忠公年谱》，第6页。
② 彼得·拉斯莱特："Parental Deprivation in the Past," *Family Life and Illicit Love in Earlier Generations,* pp. 160–172。See also Susan C. Watkins and Etienne Van de Walle, "Nutrition, Mortality and Population Size: Malthus' Court of Last Resort," pp. 205–226。

　　对于一个孩子来说，这会意味着什么呢？在所有的事情中，失去父母的影响当然是最严重的。然而，父亲的去世，与母亲的去世相比，对孩子的生活造成了完全不同的变化。当哺乳期的孩子失去了母亲，除非是在最有利的条件下，否则他或她有可能夭折。而对于大多数非婴儿期的幼儿来说，由于失去了身体和情感上的亲密关系，也会造成心理上的打击。从实际情况来看，孩子的生活还可以继续，因为大多数父亲很快就会续弦。邵行中的生母在他出生六个月后去世（因产后并发症死亡）。他的祖母立即承担起了抚养孩子的责任，并请了乳母。不到一年他的父亲续弦。邵行中在继母的照顾下长大，直到九年后，继母也去世了。由于此时父亲要外出找工作，十岁的邵行中被送到外祖父母家抚养和接受教育。[1]许瀚的经历是另一个典型的故事。许瀚八岁时母亲去世，不久父亲又娶了新妻。据说年幼的许瀚对待继母很是恭敬，并协助继母照顾后出生的四个弟弟。[2]

　　失去父亲则会带来严重的经济问题，因为当时只有少数妇女有独立的经济能力来养家糊口。如果母亲被夫家认可，祖父或其他男性亲属可以"收留"这些孩子，提供食物和住所。黄景仁三岁时父亲去世，他的祖父亲赴黄景仁父亲任职之地接母子俩到江苏省老家，帮助抚养孙子。[3]王符也是三岁丧父，六岁时，经过最初的迷茫后，他最终选择与他的舅父一起生活。[4]虽然根据儒家伦理，父系亲属应该对死者的子女承担一定的责任，但家庭关系往往因父亲的离去而紧张和恶化，因为他们失去了额外的经济贡献，而且通常难以保持其地位。子女很快就感受到了这种态度的变化。他们往往意识到，没有父亲，他们就得听从亲戚的摆布，因此他们成为大家庭的"外人"。当赵于京失去父亲后，他的母亲不得不带着他和五个九岁以下的兄弟姐妹从河北省回到山东省，与祖父母一起生活。赵于京是其中年龄最大的男孩，稚龄的他知道必须要特别谦虚和顺从，才能获得祖父母的同情和宽容。在他的记忆中，祖母是一位呆板刻薄的女性，"遇有不合事，辄怒不语"，赵于京"独跪前号泣不已"，以求其释怀。据说，他的恳求常常打动他威严的祖母，无论家里发生了什么琐碎事，她都会原谅。[5]

① 姚名达：《清邵念鲁先生廷采年谱》，第10—21页。

② 袁行云：《许瀚年谱》，第7—8页。

③ 黄逸之：《黄仲则年谱》，第2页。

④ 王符：《清王太常符年谱》，第5页。（原著中标注书名为《王太常年谱》，译者注）

⑤ 吕元亮：《赵客亭年谱纪略》，第18—19页。

　　如果说父系亲属无力援助的话，到了近世，越来越多寡母带着孩子向母系亲属求助。洪亮吉是一位研究人口统计学的学者，父亲去世后，母亲带着当时五岁的他回到外祖父母家生活。[①]此外，在其他情况下，母亲的兄弟，即孩子的舅舅，可能会收养孩子，特别是在父母都去世的情况下。顾广圻五岁成为孤儿，等他参加完父亲的葬礼后，在京城做官的舅舅就随即把他带走抚养。[②]在中国古老的宗法传统下，出嫁的女儿带着年幼的孩子投奔自己的家庭，虽然这种情况更频繁，但也免不了社会的压力和流言蜚语。邵行中就是这种情况。如前所述，邵行中在幼年时就失去了亲生母亲，是由祖母和继母共同抚养长大的。不幸的是，继母在他十岁时也去世了。邵行中的父亲不得不出去谋职，决定将邵行中和同父异母的弟弟送到各自的外祖父母家。结果，他同父异母的弟弟，遭遇了让人心寒的对待。当时，还不到两岁的弟弟被寄养在外祖父母家，经常受到不近人情的母系亲属的嘲笑。有一次，两兄弟各自从寄养的家庭回来，再次见面时，弟弟抱着邵行中哭了起来。"舅氏怒我，尝持铁椎椎我，以我他姓子也。"一个年幼的孩子受了这样的苦，往往无处可去，无人可依，邵行中唯有"持之而泣"。[③]

　　如果没有上述选择（也就是说，既没有祖父母、伯父、叔父，也没有外祖父母、舅舅来帮忙），家庭不得不考虑将孤儿送给别人收养。在这种情况下，人们通常会先去找双方的亲戚。如果一个孩子被母系亲属收养，他通常会被改姓，成为外姓的孩子。例如，黄叔琳，原本姓程。当他的父母双双去世后，这个七岁的男孩被他的舅舅收养，从此舅舅负责教养他。此外，舅舅根据他的新家庭身份将他的姓氏从程改为黄。[④]赵光也回忆说，他的母亲自幼丧母，被舅舅收养后，不得不将姓氏由朱改为汉。[⑤]

　　作为最后的办法，一些家庭长辈甚至会尝试为孤儿做婚姻安排，将未来女婿或儿媳的福利的责任分担给未来的岳父母或公婆，由他们抚养，以解燃眉之急。黎培敬（1826—1882）就是这样一个孤儿。父亲去世时他只有七个月大。他的祖父在他五岁时"择聘楚氏，冀资诲益"，为他安排了一桩婚事，希望亲家

① 吕培：《洪北江先生年谱》，第4—7页。

② 汪宗衍：《顾千里先生年谱》，第2页。

③ 姚名达：《清邵念鲁先生廷采年谱》，第29页。

④ 顾镇：《黄昆圃先生年谱》，第1页。

⑤ 赵光：《赵文恪公自订年谱》，第25—28页。

能帮助养育尚属稚幼的未来女婿。可惜事与愿违，第二年岳父竟不幸去世。[①]

无论如何，姻亲还是可以作为援助和保护遗孤的去处。当明末政治领袖杨继盛（1516—1555）在与朝野权贵的政治斗争中落败面临被处死的景况，他给两个儿子写了遗书，除交代必要事情外，他还嘱咐已成年的儿子在需要的时候，要记得去找他们各自的岳父大人寻求援助。[②]杨氏对儿子应尾、应箕的遗嘱，后来被印制、流传，并被收录于众多的家训和修身文集中，一位父亲的遗言成为公开的建议。人们意识到，婚姻的缔结几乎不可能不经过战略考虑。具有讽刺意味的是，杨继盛的案例只是提醒大家，社会上地位较高的人的命运和需求与最不被看好的人的命运和需求是多么接近。

不过，如果没有外部援助，寡妇就必须独自抚养子女。织布、缝纫、做手工艺品、受雇做女佣或乳母，都是妇女获得收入的方式。受过教育的妇女还可以受聘做闺师，售卖自己的书法和绘画作品，或者抄录誉写资料来获取薄酬。在这种情况下，年长的女孩常常和母亲一起做针线活或手艺活，而男孩放牛或者去捡柴和挖野菜，勉强度日。董恂和他三岁的弟弟就在孤儿院里做这些事，因为没有亲戚援助，起初一段时间他的祖母和母亲对未来感到恐惧，除了哭什么也不做，直到他的母亲振奋精神，变卖嫁妆，做针线活和手工艺品来维持家计。[③]

六、丧亲之痛

无论是否意味着直接的财务危机，失去父母或代养者，特别是在年幼时，往往是对孩子沉重的打击。即使孩子当时可能还不能完全理解这件事，也是如此。明代著名散文家归有光七岁丧母。据他回忆，当时，他和他的四个兄弟姐妹（六个孩子中活下来四个）几乎不明白发生了什么事。"诸儿见家人泣，则随之泣，然犹以为母寝也"，他们只是跟从家里大人一起哭泣，不知道母亲已经去世。然而，随着年龄的增长，一种强烈的渴望母亲的存在感在他的心头萦绕。他承认，在他青少年的时候，他就养成了一个习惯，那就是抓着家里长辈的长袍，问起母亲尚在时家里发生的一切事情。他解释说，在这种情况下收集

---

① 黎承礼：《竹闲道人自述年谱》，第3页。

② 杨继盛：《父椒山喻应尾应箕两儿》，《杨忠愍公遗笔》，第2629—2631页。

③ 董恂：《还读我书室老人手订年谱》，第11—12页。

到的信息有助于抚平个人的创伤。"有光七八岁时，见长老，辄牵衣问先世故事。盖缘幼年失母，居常不自释，于死者恐不得知，于生者恐不得事，实创巨而痛深也。"[1]

为了保护孩子免受惊吓，许多长辈最初都试图向年幼的孩子隐瞒这个事实。翁叔元回忆起五岁时春日的一天发生的一件事：

> 叔元自外入，见先君仰卧于地，指向乳媪曰爹何为者，媪始曰爹睡。又问姆何为哭，曰爹睡不醒，故哭。叔元伏尸旁，以手接先君之面，不为动，乃大哭，曰爹不醒矣。[2]

在接下来的一年和之后，这个男孩翁叔元时常哭泣，每当他的母亲在悼念父亲的时候，他就会跟着母亲不停地哭泣。这段漫长而艰难的哀悼期，在孩子的记忆中留下了永恒的印记。

一些孩子从成为孤儿的那一天起，感到被遗弃，便开始信宗教，每天早晚都在念佛经。蒋敦复（1808—1867），因母亲被"不容于姑，令大归（离异）"，父亲也在不久去世，少年的他悲痛难消，离家出游，旋即出家信佛。[3]

大多数这样的孩子都是带着深埋在心底的悲伤度过一生的。有些人认为，毁灭性的损失使他们对文学和现实生活中的感伤有了特别的敏感，尽管他们也很容易被戏剧性的场景所淹没。其他人则以更直接、更有力的方式表达他们的挫折感。年轻的男孩或女孩承认，他们发誓要努力工作，无论是在他们的学习中还是在其他领域。辛勤工作似乎是向世界证明他们不再悲伤的方式，他们不只是为了生存，更是为了出人头地。

死亡随时可能发生的这一事实，似乎并不能让孩子对死亡习以为常。死亡的阴影对儿童的心理威胁，在某种程度上亦显示于其对父母罹病时的不寻常举动。不少例子记载，年幼的孩子知道父母病重，十分惶恐焦急，会向民间宗教或其他途径寻求安慰和救赎。殷兆镛七岁时，他发现父亲的病在一些庸医的治疗下愈加严重，他后来承认，当时他鼓起勇气到当地的城隍庙求神卜卦。然而，他竟然得到一个不祥卦签，说"大命终矣，奈何"，他万分悲痛，

---

[1] 归有光:《家谱》,《归震川先生文集》, 第231—232页。（原著中标注书名为《归震川集》，译者注）

[2] 翁叔元:《翁铁庵年谱》, 第2—3页。

[3] 滕固:《蒋剑人先生年谱》, 第4—5页。关于幼儿的宗教习俗和精神情感的讨论，参见 Robert Coles, *The Spiritual Life of Children*。

大声痛哭。①还有采取更极端的措施的。朱次琦十岁时，他的父亲"腹疾，治之不愈"，他惊惧之下，"手疏视经，博颡流血"，为父虔诚祝祷。②李光地是另一个这样的孩子。他说，当他的父亲"病疝大剧"时，他半夜偷偷推开窗户，"长跪致祷"，通过长跪来向上苍祈祷父亲康复。③正如前文所讲的五岁丧父的翁叔元，五年后他的母亲因"患背寒"而卧床不起。父亲去世后，丧偶的母亲对翁叔元来说是他的一切，这种状况让他更加忧心忡忡。他日夜守候在母亲的病床前，"叔元昼夜侍，以口贴先妣之背，用来呼吸之，七日而愈"。然而，这段经历却成为一场噩梦，在翁叔元的记忆中留下了永久的烙印。成年后，他经常梦见自己趴在母亲的背上拼命地吹气，醒来时却又惊恐地大哭起来。④

当然，这些感情并不限于狭义上的子女与父母的关系。这种感情和破坏也可能发生在任何一个类似父母的人物关系上，因为孩子往往与祖父母、姑姑、叔叔，甚至兄弟姐妹和乳母建立了亲密的关系。关于儿童祈求"借"几年生命给生病的兄弟姐妹或垂死的老人的文字比比皆是。因近世中国社会的人口现实是如此状况，发生类似的事件可能构成了一种共同家庭经历。方士淦的母亲在他刚满五岁的时候死于产后风，此先一月前他一岁的弟弟刚夭折。此后几年内，另外三个年幼的兄弟姐妹也相继去世。⑤

七、成长中的苦乐

中国传统的传记文学可能缺乏鲜活的人情味，但通过多种资料的汇集，还是可以发现童年的喜怒哀乐的痕迹。在日常生活中，最让孩子高兴的似乎是自然、食物和玩耍；和现在的孩子一样，糖果和零食似乎也是当时孩子所乐见的。传记中从来不缺少孩子争夺果枣的记载，例如邵行中忆其稚龄时为约期而争吵，例如司马光与兄弟姐妹等手足齐力打碎核桃壳分食。⑥食物显然对幼儿有强大的诱惑力，长辈知其心事，乃以蜂蜜、青豆等此类美食，鼓励幼儿按照长辈的心

---

① 殷兆镛：《殷谱经侍郎自订年谱》，第10页。
② 简朝亮：《朱九江先生年谱》，第4页。
③ 李清植：《李文贞公年谱》，第12—13页。
④ 翁叔元：《翁铁庵年谱》，第5页。
⑤ 方士淦：《啖蔗轩自订年谱》，第3、8—10页。
⑥ 姚名达：《清邵念鲁先生廷采年谱》，第9—22页；陈宏谋：《宋司马文正公光年谱》，第2页。

愿去做事。[①]

　　游戏也给儿童的生活带来了不少欢乐。近世中国的儿童开始拥有商品化玩具，但数量不多，比如游戏所用的风筝、娃娃或其他简单玩具，常常是就地取材，比如以竹枝、木片、纸、泥等普通材料自制而成。同时，孩子日常玩耍的，不过是一些自己在周边环境中发明的游戏。他们与兄弟姐妹、表兄妹和邻近的孩子聚在一起，爬上山坡嬉闹，下到溪流和池塘里游泳，尽管这些活动在严厉的惩罚威胁下被禁止。女孩和男孩还会与小动物玩耍、养宠物、玩球，有时甚至赌博，朱熹等道德家公然斥责这些行为。孩子因为赌博而被骂。有的孩子只是在院子里互相追逐，就像司马光和他那童年玩伴所为，其中一个童子不慎落入缸中，差点淹溺。[②]

　　最明显的是，儿童的活动因地区、阶级和农作时间的不同而变化。他们喜欢在天气允许的情况下踢球，在冬日的课余尝试简单的赌博游戏，尽管比较严厉的父母对这两种活动都不赞成。[③]比如幼年时周敦颐（1017—1073）喜欢钓鱼，徐光启则捕捉雪兔和野鸡。[④]类似的场景在各种艺术和绘画中都有体现。[⑤]对生产性劳动或对实际体力工作的模仿，尤其吸引了那些士族子弟，从而成为令人羡慕期待的表现对象。也有孩童平日以墙上涂鸦为乐，比如吴承恩幼时特别喜欢用白粉在墙上描画动物和器具[⑥]，或者，他们可以用儿童的押韵和歌曲来取悦自己[⑦]。村塾中的学童总趁着塾师离开的间隙，玩些捉迷藏和闹学的把戏，正如龚安节（1618—1689）[⑧]幼时的朋友所为[⑨]，从宋代开始，这些孩子形象被幽默地描绘在绘画中。在玩耍嬉戏中，儿童显得机灵而自得，他们与手足、亲戚、邻居、朋友同乐。

　　他们还与长辈一起参加社交访游，尤其在四时节庆、亲戚近邻互访之际。罗思举与祖父一起看戏，邵行中则陪曾祖母到城里访亲。在节日和大众娱乐场

① 赵光：《赵文恪公自订年谱》，第13页。
② 陈宏谋：《宋司马文正公光年谱》，第2—3页。
③ 汪辉祖：《病榻梦痕录》，第8页。
④ 张伯行：《宋周濂溪先生敦颐年谱》，第112页；梁家勉：《徐光启年谱》，第37页。
⑤ 台北故宫博物院里藏有一幅刻画儿童游戏的宋代的《扑枣图》。参见畏冬：《中国古代儿童题材绘画》。
⑥ 苏兴：《吴承恩年谱》，第3页。
⑦ 徐溥年幼时，有一次与家人同游时曾听他的舅舅热情地说起某位"善歌"的孩子。徐溥早熟地询问舅舅善歌是否可以为父母带来荣耀。徐照：《明代大政治家徐溥年谱》，第9页。
⑧ 原著中龚安节生卒年标注为1382—1467，译者注。
⑨ 赵诒翼：《龚安节先生年谱》，第2页。

合，儿童与成人混在一起，像其他人一样享受食物和游戏。在日常生活和娱乐中，似乎并没有一种持续需求或力量来为儿童分离或创造一个和他们的长辈（即成人）不同的世界。近世中国的儿童与同龄的伙伴一起玩耍和工作。在玩笑或做调皮的破坏行为时，他们在同龄人和同阶层的人中拥有某种默契。但在其他场合，他们与长辈相处同样自在，并经常被提及参与"成人事务"。在某种程度上，认为儿童身份的存在应该在人们的社会生活中包含一种"非此即彼"的特征，这种想法可能大多是现代人的发明。

图 28 《扑枣图》，（宋代）作者不详。在这幅非写实的画中，男孩和女孩从一棵丰收的枣树上采摘枣子。画面呈现的是一派喜庆的景象（"庭前八月梨枣熟，一日上树能千回？"），枣树上的果实象征着生育。台北故宫博物院藏。

图 29 《秋庭婴戏图》，（宋代）著名宫廷儿童画家苏汉臣作。在这幅画中，我们看到一个男孩和一个女孩正围在庭院里的小螺钿漆墩前玩"推枣磨"，这是中国北方儿童常玩的游戏。台北故宫博物院藏。

图 30 《同胞一气图》，（元代）作者不详。将象征性的食物（包子作为温暖包裹的象征）和活动（一起准备东西）联系在一起，表现出孩子在生活中的吉祥寓意。台北故宫博物院藏。

图 31 《子孙和合图》,（宋代）作者不详。河水的"河"是"和谐"的双关语, 表现了子孙后代的和谐关系。孩子象征着代际间的和谐与团结, 是一种抽象的集体愿望。台北故宫博物院藏。

　　从另一个角度来看, 近世中国的社会环境可以让一个孩子在最低限度的伪装或保护下, 来学习"成人生存"的残酷。一个孤儿常常遭受来自亲戚和邻居的侮辱和歧视, 就像妾室或婢女所生的孩子惯常遭受的那样。明末知识分子张溥作为一个婢女所生的孩子,"不为宗党所重", 在屈辱和虐待中长大。[①]因此, 儿童需要群体的支持、社会的认可和善意的接受。然而, 他们似乎也准备好了进行个人斗争, 以摆脱绝望和在几乎没有外部援助的情况下获得有利的条件。儒家模式中对儿童的谦逊与和谐顺从的期望, 永远不会让社会等级制度中强大的高层完全屈服于逆境, 它也不能完全合理化, 缓和或防止从一个家庭到一个

---

① 参见陆世仪:《复社纪略》, 出自蒋逸雪:《张溥年谱》, 第6—8页。

成人的个人疏远或报复。

通常情况下，大多数儿童都渴望家庭生活的和谐与温暖。即使这样的情况并不罕见，但仍有记录显示儿童对父母的暂时缺席有强烈的反应。清末改革家谭嗣同在京城为母亲送行时非常难过（母亲为兄长婚事决定离京返湘），曾有过一段艰难的日子。谭嗣同后来承认，他回到家里后，不回答别人的询问，很快就病倒了，日渐消瘦。[1]虽然谭嗣同的情况因家中亲人不和睦而愈加严重，但年幼的孩子对父母，尤其是母亲的强烈依恋，因此对分离感到绝望，这并不罕见。

除了例如疾病、死亡或亲人的离去等不幸事件突然发生之外，近世中国童年的残酷的现实生活主要以两种方式出现：一是物质生活匮乏的窘迫，二是家庭亲人之间的冲突与伤害。在物质方面，明清下层社会的子女无疑与其长辈一样，长年承受贫困之迫，就是一般家庭的子女也难免有物质匮乏的时候，一旦遭遇天灾，窘状更为严重，特别对于孤儿寡母，这种压力是毁灭性的。在情感方面，家庭中长辈之间的冲突，或者宗族不同的待遇，亦常常是近世儿童文学的另一大阴影。儒家礼教之下，长幼之序严格，原则上不允许幼子参与成人事务，冲突如果发生在近亲之间，儿童伤痛感更为强烈，生活更为痛苦。例如，黄叔琳幼时颇为祖母与母亲之间婆媳不和而伤怀焦虑。[2]虽然传统婆媳之间相处困难、已婚妇女遭遇困境相当普遍，黄叔琳的处境大概不是特例。双亲之间的不谐，也常给孩子带来严重的焦虑，如果双亲失和严重濒临婚姻破裂，或事实上已经妣离，孩子受到的心理伤害更是严重。[3]近世中国的士绅家庭，离婚并不普遍（因为婚姻的终止，除了死亡之外，只能采取丈夫"出妻"的形式），而被抛弃和争吵的母亲，严厉而同样无奈的父亲，会使孩子陷入更大的苦闷之中。通常情况下，父亲很快就会重新娶妻纳妾，这在中国的一夫多妻的社会中是被许可的。家中的孩子，不论是失宠的正室之子（例如谭嗣同），还是遭受鄙视的婢女所生的庶子（例如张溥），常常难免被族人欺凌，或夹在成人的纷争中蒙气受辱，从而生活在纷争与无奈之中。

此外，儿童还被记录为生活在鞭打体罚的阴影之下。体罚在中国士绅家庭，

---

① 谭嗣同：《谭嗣同全集》，第197—200页。
② 顾镇：《黄昆圃先生年谱》，第3页。（原著中标注为滕固：《蒋剑人先生年谱》，第4—5页，译者注）
③ 同上。

虽整体而言不如近代早期清教徒伦理下的西欧家庭那样普遍和严重①，但在近世中国，对儿童的体罚绝非罕见。中国的传记和自传文学作品中，有不少关于惩戒措施的回忆，而且往往带有尖锐的讽刺意味。刘宝楠幼年时因不能达到母亲要求时而遭到鞭打。②体罚儿童以母亲居多，例如胡适的寡母。③当然，父亲也常用棍棒之威逼孩子就范，学经、学徒或学农艺。有些父亲甚至对体弱多病的孩子施加责打体罚。据说徐鼒幼时体质虚弱，且患有哮喘。不过，这并不妨碍徐鼒与兄弟一起摔跤玩耍。有一次，因玩耍而疏忽诗书之学，父亲"笞责之"。④祖父也因共同参与育儿而常以鞭棍教训孙子。汪辉祖十岁时，在大姐出嫁之日，溜出屋外乘舟观看花轿，不慎失足落水，几遭溺亡，获救后，祖父大怒，"痛笞之"。还有一次，祖父发现汪辉祖口出玩笑之言，亦怒而责打。⑤陈独秀也深深记得，幼时祖父手中常有抽打他的棍棒，他说祖父棍棒威力不如其母亲的眼泪有效。⑥然而，大多数记录都注意到了对男孩的体罚，殴打幼女的情况似乎都不存在。

除家庭中的长辈外，塾中的老师、习艺的师傅，亦常对孩童予以体罚。老师、师傅既负有教导之责，又需管束其言行，遂如家长一般，具有以体罚责打儿童而收管教之效的权威。体罚的方式和严厉程度各不相同。但是，有些体罚很残酷。清朝中期的学者章学诚幼时曾与他的堂兄弟一起，在一个性格暴虐的塾师的村塾中学习。他们的老师虽"迂阔不习世事"，但"常挞人"。一个杜姓同学是最经常被打的受害者，"甚至伤顶门，几死；后创愈而顶肉骨隆起，不复平"。⑦

如前所述，传统中国的体罚似乎伴随着明显的性别偏见。在这种情况下，年幼的男孩常被认为有性别优势，其实承受大部分的责打，而对女性身体的社会礼仪和行为谦逊可能会阻止对女孩的殴打（这样看来，对于忽视和虐待这样

① 近代早期欧洲和美国殖民地的历史学家似乎描绘了一幅在传统的儿童抚养和训练做法中相当普遍和严厉的体罚图景。小菲利普·格雷文对美国传统进行了大量的研究。参见小菲利普·格雷文：*The Protestant Temperament: Patterns of Child-Rearing, Religious Experience, and the Self in Early America*; idem, *Spare the Child: The Religious Roots of Punishment and the Psychological Impact of Physical Abuse*。
② 刘文兴：《宝应刘楚桢先生年谱》，第5—6页。
③ 胡适：《我的母亲》，《四十自述》，第56—59页。
④ 徐鼒：《敝帚斋主人年谱》，第5—6页。
⑤ 汪辉祖：《病榻梦痕录》，第7—8页。
⑥ 陈独秀：《实庵自传》，《传记文学》，5∶3，第55—58页。
⑦ 胡适：《章实斋先生年谱》，第5—6页。

图 32 （明代）画家周臣的《画闲看儿童捉柳花句意》。周臣抓住了孩子玩耍的细节和成人的羡慕。这幅画画的是一句唐诗，由明代画家以宋代风格创作。台北故宫博物院藏。

的"消极"行为特征，阶级和性别可能表现出一种"反向"关联，而在追求快乐和身体放纵这样的"积极"行为特征中，实际上会表现出一种混合或正相关的关系，表现出一种社会心理的补偿或常态的"倾覆效应"）。就像苏北（江苏省北部）等地贫苦下层阶级家庭的幼女，被她忙碌的母亲绑在家具上时，她的脚趾可能会被凶猛的老鼠咬掉。江南（长江下游）地区士绅家庭的男孩与同一家庭或邻里的女孩相比，玩耍的时间少，而且还要忍受更多的体罚。

八、结论

无论是日常生活，还是文学和艺术表现，近世中国儿童的存在都显得既丰富复杂且不稳定。一方面，儿童被许多不同类型的人所包围，导致他们与各种不同的亲戚、邻居和朋友之间的互动是多样的、活跃的；另一方面，死亡的不断出现使他们的日子变得不安全和脆弱。无论是身体上还是心理上，他们都很难承受失去长辈的痛苦，然而人口统计学的现实使这种情况相对不可避免地发生。社会解决这种不确定性和危机的方式，是将儿童和童年的世界视为短暂的。在这种观点下，孩子作为家庭血脉的延伸而受到欢迎。为了将来更好地履行儿童的职责，童年只能被视为一个过渡性阶段，尽管在成年后认为童年是值得珍惜和恢复的。食物和游戏以及痛苦和体罚，构成了童年时代常见的快乐和悲伤。尽管这些岁月本身并不代表任何独立的价值，童年只是标志着每个未成年人成功地进入了成人和真实的人类生活阶段。它越早进入就越好。除了这种观点之外，儿童的社会环境的多变和不可预知性，实际上被认为与成人时期的无情世界非常相似。因此，儿童快速成熟和快速淘汰童年的柔弱方面所带来的假定的最终好处，被一种对它所象征的宝贵的天真和哲学美学及流行的道家所承诺的"复归于婴儿"的可能性的内在崇拜所抵消。

第三编

多样性

　　童年和儿童两个概念是有变异、变化和流动性的。儿童日常生活经历的、存在主义的和表现方面以及童年的概念大多是一种社会建构，因此，与其他大多数人类事务一样，它们很容易受到诸如阶级、地区、性别、民族、宗教和历史变化等因素的影响。另外，从生物学和社会学的角度来看，"儿童"或"童年"是一种暂时的存在，不同于上述类别清单中的大多数状态或身份：绝大多数情况下男性指代的是男人，大多数女性是女人，大多数领主和主人保有特权，正如大多数仆人处于卑微的地位一样。然而，很少有孩子一生都是儿童，除非他们早早夭折。下面的章节讨论了人类生存的第一阶段的内在变化力量，从而揭示了历史中可塑与不可塑因素之间的相互作用。在方法论和概念上，当用应有的关心和理解的态度来审视并体会时，它们指出和解决并考虑人类存在的非文本、非语言表达的必要性和可能性以及参与缺失的意义。

第七章　女童期

　　受杨贵妃（719—756）的魅力影响，盛唐长安街头百姓的喃喃自语，不如白居易（772—846）的感叹那样精辟，"遂令天下父母心，不重生男重生女"。一千年后，这个国家提供了一系列关于女童而非男童的命运令人困惑的言论和场景。在17世纪的殷实家庭中，父母在崇尚溺爱、娇养女儿以便抵消女孩成年之后要面对的坎坷之路，男性所应有的重要职责是责备和体罚儿子。事实上，当时的社会礼仪已不鼓励体罚女孩，即使是最贫穷的农村，也会优先于儿子去保证女儿的衣食。18世纪，据说十几岁的少女或少妇被人用数千铜钱买走，男孩却无人问津。

　　《论语》曰："知之为知之，不知为不知，是知也。"[1]承认知识的局限性永远是一种挑战。因为这往往不仅是对不足的承认，而且是对某种长期以来的无能、持续的粗心甚至偏见的深深自责，暗示了可能存在的社会集体的恶意。时至今日，人们对女童的理解和关注依然不足。当儿童和童年被医学、心理学和教育学专家进行研究的时候，人口中的女性群体仍然严重缺乏关注，而且相对来说难以言表。[2]但遗憾的是，最近的妇女研究浪潮并没有唤起足够的热情来观照女孩的童年。就中国而言，直到最近，为数不多的关于儿童和童年的研究几乎都是社会科学家的作品，具有明显的当代取向。尽管从历史角度看这个问题的尝试是富有成效和振奋的，例如乔恩·萨里关于在迅速变化的近代中国（19世纪末和20世纪初）的成长经历的研究，或司马安关于中国历史上各种童年观的编

---

[1]《为政》，《论语》，卷2，第4页。

[2] 许多儿童研究专家承认，目前对儿童和童年的理解主要是基于对男孩的研究，相比之下，女孩和女童期的研究仍然很少。少数关于儿童和童年的历史研究要么不做任何性别区分，要么实际上只谈男孩。例如约翰·萨默维尔的 *The Rise and Fall of Childhood*；劳埃德·莫斯的 *The History of Childhood*；Linda A. Pollock 的 *Forgotten Children: Parent-Child Relations from 1500 to 1900*；及托马斯·维德曼的 *Adults and Children in the Roman Empire* 都是前者的例子。而菲利普·阿里埃斯的 *Centuries of Childhood: A Social History of Family Life*；David Hunt 的 *Parents and Children in History: The Psychology of Family Life in Modern France*；苏拉密斯·萨哈的 *Childhood in the Middle Ages* 则是后一种情况的代表。Mark Golden 在 *Children and Childhood in Classical Athens* 一书的研究中，确实有题为 "The Child and His or Her Peers" 一个章节（pp. 51–79），分别论述了男孩和女孩的社会生活，但对女孩和男孩的幼年生活没有进一步区分。

著，正如前文所述，都没有特别关注性别问题。①以帕特里夏·伊佩霞、曼素恩、高彦颐、费侠莉、白馥兰（Francesca Bray）、魏爱莲（Ellen Widmer）等杰出学者为代表的当代中国女性生活研究，虽明确了以不同的年龄阶段来观照其主题的重要性，但从现有成果来看，对女童期的关注只是略有涉及。②因此，女童作为一种独特的现象——无论是单独的、不同的还是与男性相同的，仍然是一个被忽视的话题。

一、女童期的界定

中国人对女童期的传统理解，被简化为规范的参考，主要来自两个方面：一是行为方面，一是礼仪方面。《礼记》中说："七年，男女不同席，不共食。"③在这一阶段前，关于养育孩子和早期社会化的指导中，并没有这样的规定。七岁似乎是社会上最早的社会性别差异。下一个年龄的标志是女性十四岁，男性二十岁，分别是接受"及笄"和"冠礼"仪式的时候。④这意味着男女双方都到了考虑婚嫁的时间，尽管同一典籍中其他章节宣布三十岁是男性结婚的适当年龄。⑤因此，根据《礼记》所讲，性别的划分从七岁开始，在此之前有一段"一

---

① 乔恩·萨里的《童年遗绪：成长于危机年代里的中国人1890—1920》一书既是关于19、20世纪之交的社会动荡和文化变迁的研究，也是关于在这种环境中成长的经历。不过，他所引用的样本，大多是童年和青少年时期的男孩。司马安主编的《中国人的童年观》一书中，有不少文章与女孩问题有关。吴百益的开创性研究"Childhood Remembered: Parents and Children in China, 800 to 1700"研究了传统传记资料中的特殊性和不妥之处，以达到对这一问题的现实把握。此外，他还介绍了父母对子女的书写，尤其是他所说的丧葬文学，是传统中国年轻生命世界的丰富信息来源。他收录了名家为女儿以及儿子写的追思文章，明确表示女孩并没有被排除在父母的记忆之外，至少与碑文中不是一致的。然而，性别差异并不是吴百益关注的核心，无法进行任何明确的比较，来区分女孩与男孩的不同类型。安·沃特纳的充满想象力的探索"Infanticide and Dowry in Ming and Early Qing China"和米乐山的文章"The Adolescent World in Ts'ao Hsüeh-chin's *Hung-lou Mêng*"都谈到了性别问题。杀婴、嫁妆和青春期的情感，相对于生命周期发展中的性别因素，从精确的角度考虑，它们都不属于童年的范畴，因此，对早期女孩的特殊调查对形成一个整体研究就更有必要，也更有意义。
② 高彦颐、曼素恩、魏爱莲和孙康宜最近关于文学女性的作品在很大程度上与这里主要考虑的精英女孩不谋而合。然而，他们的研究假设了一个智力导向和文化成熟的世界，他们的对象从这个世界中走出来，而没有深入研究这种成长经历的细节。帕特里夏·伊佩霞、费侠莉和白馥兰的调查涉及宋代以后女性生存的一般生活和身体方面，分享了本章的许多基本经历关注。这种体验的最早阶段是本研究的重点，它应该与其他这些有关中国过去女性生存的探索，相得益彰。参见高彦颐：*Teachers of the Inner Chambers: Women and Culture in Seventeenth-Century China*；曼素恩：*The Precious Record: Women's Culture in China's Long Eighteenth Century*；魏爱莲和孙康宜编：*Writing Women in Late Imperial China*。
③ 郑玄：《内则》，《礼记郑注》，卷8，第28页。
④ 郑玄：《内则》，《礼记郑注》，卷8，第29页。
⑤ 郑玄：《曲礼》，《礼记郑注》，卷1，第3页；《内则》，《礼记郑注》，卷8，第28页。

般的童年"，女孩和男孩似乎都在做相类的活动，没有特定性别的考虑。第二点值得注意的是，似乎有这样一种观念，即女性的人生阶段以七年为单位，而男性则以十年为单位。对男性而言，十岁、二十岁、三十岁及四十岁标志着"幼"（童年）、"幼学"（基础教育）、"弱"（青少年）、"壮"（成年或结婚）。而七岁是女孩开始与男性兄弟和朋友分开的时候，十四岁及笄时，则是女性准备缔结婚约和组建家庭的时候。

相反，《黄帝内经》对人生阶段有不同的理解。除其他事项外，《黄帝内经》对女童、男童、儿童和少年的起始与结束年龄，划分不同于《曲礼》的时间顺序。在《黄帝内经》中，"七"也是女性身体发育程度的标准，七岁的女孩"肾气盛"而"齿更发长"，而在十四岁时，"天癸至，任脉通，太冲脉盛，月事以时下，故有子"，月经到来并具有了生育能力，直到四十九岁。因此，从生物学的角度来理解，女童期分为两个时段：出生到七岁的"早期女童期"和七岁到十四岁的"后期女童期"。相比之下，男性的人生阶段被划分为八个阶段，从出生到六十四岁。[1]男性的每一个阶段都比女性多一岁，这不仅使他们在总寿命上至少相差十五岁，而且比同龄的女性的童年期长一年（从七岁到八岁）和两年（十四岁到十六岁）。因此，从严格的生物医学角度来看，七八岁或十六岁之前似乎是人类生命过程中可能的"无性别"时期，程度有高有低。

如果我们把不同来源的关于女童期、男童期和童年的各种说法拼接起来比较，一些问题很快就会浮现出来。其中一个问题就是男性与女性的早期阶段可能存在一个"一般童年"或"非性别阶段"。从《礼记》开始，几乎所有的教导性文献，例如司马光著名的《居家杂仪》都证明了从七岁开始的男女分座、分餐的性别隔离。作为精英阶层的理想，它让普通人在家里、游戏场地，或者在吃饭、穿衣、看病的时间里，都能自遵规则行事。从理论上讲，它允许人类生命之初有七年的不怎么区分性别的时期。仔细研究，婴儿期确实最接近这个性别未区分的阶段。例如，在"变蒸"理论中，对婴儿生理学的观察，没有任何基于性别的区别。[2]儿科关于母乳喂养或婴儿喂养的建议，亦无根据婴儿的性别来区分说明。[3]

特殊特征标志是女孩或男孩的童年早期（女孩一岁至七岁，男孩一岁至八

---

[1] 参见《补注黄帝内经素问》，卷1，第29—33页。
[2] 熊秉真：《幼幼：传统中国的襁褓之道》，第137—156页。
[3] 同上，第103—136页。

岁）和后期（女孩七岁至十五岁，男孩八岁至十六岁）之间关键区别。在礼仪和医学典籍中都可以看出，对女孩来说，数字七是一个基准；而对于男孩来说，医学论述依靠的是数字八，教导性典籍则采用了十进制递增。这里又出现了一些灰色地带，例如从七岁到八岁，社会礼仪要求男女有别，女童开始进入复杂的社会化的"女童后期"，而男童还没有准备好进入男童后期的独立领域。七岁到十岁，或者说八岁到十岁的时期，也存在着类似的问题。那时，在社会礼俗和医学定义上，女童都被认定为进入成熟期，而男童在正式的学校教育或变成熟之前还有两三年的时间。随着男性和女性人生阶段的发展，这种年龄上的差异也在扩大，七岁和十岁之间的差异变成了十岁和十四岁，或十四岁和十六岁，或二十岁，等等，如此，女孩和男孩出现了不同步。

二、女童的养育

传统中国对女童的惯用语结构以及同时期的传记和家庭资料，都表明了教导性文字的重大影响。事实上，这不仅影响了上层阶级女童的生活，还通过戏剧、宗教、谚语和社会舆论的方式渗透商人、农民和工匠家庭女童的生活中。

关于对女童的社会教化首先应提及的文献是一部16世纪的教导性作品。吕得胜的《女小儿语》自16世纪前半叶开始创作并流传，有几个方面使其从同类作品中脱颖而出。[①]首先，在几十种儿童教材中（《蒙养》或《蒙学》），这是一部明确为女童编写的教导性作品，其余的都是为了"儿童"的需要而作，假定对象包括女童和男童，但实际上以后者为主要受众。[②]其次，与班昭的《女诫》和刘向的《列女传》等著名作品开始的女性教化文学的悠久传统相比，这是第一部，可惜也是唯一一部直接以女童群体为对象的作品。

因此，内容简短精练，采取四言或杂言的表述方式编写的《女小儿语》，在几个方面值得进一步研究。例如，它的预期受众年龄到底有多小？或者，换一种说法，它的哪些内容是对七岁前女童的需求或对她们的塑造模板？在这里，年龄是一个相关的因素，既关系到这一资料背后的概念框架，也关系到这一文

---

① 吕得胜：《小儿语》，第2—3页。吕得胜是否是《小儿语》和《女小儿语》的确切作者，只能根据其子吕坤的说法来推定。关于这位吕老爷子的实际生平和生卒年，除了通过他儿子在《序》中的一番说辞外，几乎一无所获。参见韩德林：*Action in Late Ming Thought: The Reorientation of Lu K'un and Other Scholar Officials*, pp.144–145.

② 参见张河、牧之：《中国古代蒙书集锦》。

本可能对女童的生活产生的潜在影响。此外，哪些教导可能对女童的日常生活产生直接影响？或者说，从长远来看，哪些道德箴言可能通过被参照，成为塑造女童品行的力量？如果可能的话，所有这些问题都需要与男童的类似情况进行对比分析。

从该书的语言、类比和结构上来看，《女小儿语》的目标受众是年龄较小的女童。然而，就其内容和行为规范而言，它对女童提出的很多要求与《小儿语》中对男童和一般儿童的要求相似。前者要求女童要勤奋，早起晚睡，勤劳朴实，节俭节约，安静谦逊，恭敬温顺。然而，这一切要求，对于一个男童来说也是好的建议。事实上，在大多数情况下，同一作者的《小儿语》所表现出的行为准则与《女小儿语》几乎没有什么区别。① 对男童的要求可以说是代表了对所有儿童的要求，给他的指导与女童的有所区别，但其本质是一样的。换句话说，这些要求是针对一个处于社会阶段低端的儿童提出的要求，由于年龄的关系，性别的差异对他们的影响不大。的确，随着时间的推移，正如中国的"尊卑长幼"（地位高与地位低、年长与年幼）一词所表明的那样，地位和年龄在形成秩序和礼节方面的重要性会越来越大。但是，只有当青春期将性和生殖转移到中心阶段时，并且随着生命的下一个阶段即双方即将婚配时，女性和男性之间的性别差异才会越来越受到重视，婚姻将妻子置于丈夫之下的"卑"位。换句话说，女童与男童之间的区别因素随着年龄的增长和接近身体和社会的成熟而出现和发展。在生命周期的另一端，随着老年的到来，性别和性接近于中性阶段，这是近世中国的生物社会趋势。

《女小儿语》中的道德箴言表达的语气与《小儿语》有所不同。在这里，培养柔顺和温柔（相对于粗俗和轻浮）、谨慎和善良（相对于卑鄙和残忍）、知足（相对于算计）和敏捷（相对于迟钝）等美德，似乎确实带有"女性"的气质。② 女童被引导着走向明显的家庭生活，从女儿的生活过渡到妻子和母亲的角色，与男童和男人稳定的生活定位形成鲜明对比。关于对男童的态度和价值观的类似建议，则是以不同的术语来促进其美德的形成。从《小儿语》的观点来看，男童应该言行稳重，从容不迫，并勇于承认错误，切忌草率或鲁莽，要学会顺从妥协，善寻良友和谋生之道，掌握生活技能。尽管可以说，对男童的告诫意味着与对女童期望类似的价值观，但它强调的是积极的和建设性的，而不是一

---

① 吕得胜：《小儿语》。
② 吕得胜：《女小儿语》。

味地适应或消极忍耐；而且，分阶段看待男性生命周期的观点似乎远不那么明显。《小儿语》中期望男童一生都能保持好儿子的美德。该书虽然讨论了女童如何成为一个贤妻良母，却没有对男童如何成为一个值得称赞的丈夫和慈父提出指导性建议。

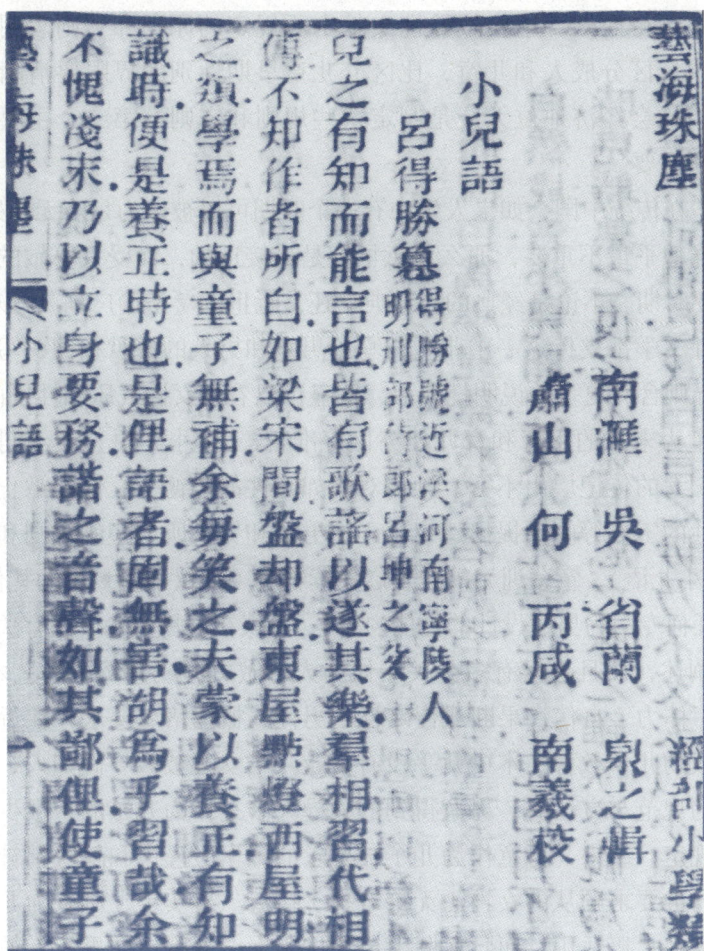

图 33 （明代）吕得胜的《小儿语》。台北"中央"图书馆藏。

　　尽管如此，在这一教导性文献中仍有重叠区域。例如，无论女童还是男童，都被要求做到静、敬、顺、勤和警。谨慎和节俭、善良和冷静方面的要求，没有性别的差异，除了训练女童为订婚做准备时，差异被保持在了最低限度。在日常行为中，女童被特别提醒要重视"巧"的价值，即成年女子从事"女工"所需要的美德。这一点在男童的训练中从未提倡过，这可能是因为大多数启蒙教育的入门课程都是面向精英进行，对体力劳动有一种习惯性的蔑视。女童和男童都要做到整洁干净。此外，女童和男童都被告诫不要懒惰、粗心和轻浮。女童尤其被告诫不要"手慢""心粗"和高声大笑，男童则被告诫不要懒惰、愚蠢和粗俗。这样的训诫在日常的教育中对男童和女童的影响如何，不得而知。这些教导性文献中所规定的原则和守则表明，对于这个社会来说，区分成人和儿童，比区分儿童早期性别的界限要清晰得多。此外，阶级或社会经济地位无疑是制定这些规则和守则的第二个主要因素，比性别区分更重要。

因此，在传统中国，如果人生中有一个时期可以被认为是"无性别"，或者说性别差异似乎最不重要，那么儿童早期是最接近的，而受人尊敬的晚年则是第二个重要时期。不论是经典的礼教典籍还是近世的《圣谕广训》，以及近世的儿童教导性文学都支持这一主张。与写给男童和男人的文献相比，写给女童和妇女的指导则含有更多的说明性典故，明显可以看出女性气质和性别的渐进性。为了让女童为未来的生育和育儿任务做好准备，《女小儿语》及不同版本的家训及模范妇女的传记层出不穷。她们对诸如女性的美德、女性的举止、女性的言谈和女性的工作等问题提出建议，正如男童和男人所期望的规则和表现。另一方面，《小儿语》《童蒙训》等儿童启蒙读物和《幼仪杂箴》等的礼仪要求中，几乎没有任何专门为男童设计的具体内容[①]，不仅在读物中几乎没有关于"阳刚之气"的阐述，而且也没有多少关于做男人、做丈夫或做父亲的艺术和技巧。关于勇气、体力、自信、果断或侵略性的男性气概的培养要求，在近世中国的男童或一般的儿童教育文本中几乎没有提及。当女童被教导做妇人、做妻、做妾和为母的规范与方法时，男童得到的教导大多是作为儿子的，很少有作为一家之主的规定。结果，男童作为儿子被要求的谦卑、谨慎和献身精神，被讽刺性地证明与被要求顺从的女性（无论老少）接近。事实上，所有为儿童编写的教导性文献都大概适用，而且实际上也被用于女童教育。如果有人敢用《女小儿语》这样的教材来训练男童，差不多也是合适的。

除了"自然"的性别倾向外，大多数家庭和成人都允许女童在这个年龄段与男童一起玩耍。如果由自己来选择，女童可能更倾向于娃娃、木偶或布、稻草和黏土制成的动物；男童则大多喜欢踢球（蹴鞠）、爬树和游泳。上层阶级中

---

① 日本中：《童蒙训》；亦可参见韩锡铎：《中华蒙学集成》；徐梓、王雪梅：《蒙学须知》。

的精英儿童显然更喜欢安静的室内活动，而不是农村和其他下层阶级的儿童所喜欢的户外活动。从社会化的角度来看，前者确实喜欢唱歌、吟诵韵语、拍手、翻花绳、玩过家家等。不同的活动可能受到不同背景具有不同价值观的父母和长辈的鼓励。在理学思想的影响下，剧烈的体育活动和户外活动被视为不受欢迎的"粗俗和野性"的行为，就像与野蛮帮派混在一起一样。①此中或许有一个领域，在对女童（例如《女小儿语》）和妇女（许多种类的女性教育资料）的教导中，委婉、谨慎、轻声细语和遵奉不剧烈运动的要求被渗透到更小的女童群体中。从表面上看，这些规则也同样适用于男童。事实上，针对中国男人或男童的教导性文献（例如《小儿语》）几乎没有任何明确鼓励他们成为强势、霸道或可靠的领袖气质。

图 34 《灯辉绮节》（局部），作者不详。人生阶段因性别而异。如图所示，男童和女童在花园里玩耍，而青年女性则站在屋檐下旁观。台北故宫博物院藏。

当代叙事中，被注意和钦佩的模范男童，即被称为具有可爱的女童的本质。

---

① 例如，高梓在《传记文学》中为宣传19世纪末中国南方女童与男童的积极体育活动而准备的口述历史中，许多被访者提到了20世纪初发生在中国不同地区的他们的童年经历，当时的社会场景在很大程度上都是"传统的"。参见江文瑜：《阿妈的故事》。

归有光在少年时期，一位年老女仆亲切地称他过着"竟日默默在此，大类女郎也"的生活。[①]据说，三四岁时的曾国藩（1811—1872）[②]状貌端重，习惯跟在女眷身边，"每日依祖母王太夫人纺车之侧，花开鸟语注耳流眄状，若有所会晤"[③]。就连魏源的童年也是"幼寡言笑"，以至于偶尔走出家门，却被自家院里的群犬围攻吠叫，他像女童一样的娴静气质被广为赞扬。[④]这些顺从的、主静和隐忍的男童没有一个因为"没有男子气概"而受到责备。按性别划分的理想儿童的道德品质和真实性别似乎非常模糊。像捉迷藏等无性别游戏确实存在，混在一起玩耍、讲故事和看戏也是如此。这些游戏在女童和男童很小的时候就被接受，并在农村和文化程度较低的社区的年轻妇女的日常生活的家庭训练中一直持续着。

图 35 《教女图》。富有家庭的女童不仅要学习女工，还要接受一定的文学教育。图为一位年长的妇女在教年幼的女童学习女工。转载自王连海编著，《中国古代婴戏造型图典》（南昌：江西美术出版社，1999），根据清代山东木刻版画改编。

---

① 归有光：《项脊轩志》，出自归有光：《震川文集》，卷17，第4—5页。
② 原著中曾国藩的生卒年标注为1811—1892，译者注。
③ 黎庶昌：《清曾文正公国藩年谱》，第5页。
④ 王家俭：《魏源年谱》，第2—3页。

　　女童在幼年时期没有接受关于妇女工作（女工或女红）的训练，对于富裕家庭的女童来讲，要到十岁或更晚才开始接受这种培训。对于经济条件较差的家庭，由于女童要和寡母一起下地干活，男童也不能免于照顾其他孩子或干其他家务活。① 男童可能只从事放牧的劳动；女童则与兄弟并肩工作，比如拾柴、割草、做饭和洗衣。在这样的家庭中，很少有没有按性别区分的劳动。

三、日常供给

　　当个人从典籍规范转向现实时，令人沮丧的是有助于了解女童和少女时期的资料变得极为匮乏。在女性作家文学作品的《序》和《后记》中，以及在那些受过教育的妇女撰写、出版或相互交流的信件中，有时会提到女童期。② 如果将她们的这些资料拼接起来，并与男性亲属或熟人对她们童年的所感知、听到、记忆和书写的描述进行对比时，它们可能会对女童的存在产生有意义的反映。到了明清时期，这样的记载在社会上已不是罕见物。归有光留下了他的母亲、三位妻子（连续的）、众多女性亲戚、熟人以及两个夭折的幼女的传记。③ 徐溥记载了他的母亲、妻子和女儿④，魏禧则对他的养女进行了详细的描述。⑤ 这些作品很多都是带着感情和戏剧性的，如果将这些记载与女性自己的声音相结合或与之相比较时，它们有助于阐明女童早期的历史重建。⑥

　　中医儿科医案提供了另一个层面的视角，因为医学上对疾病和治疗的医疗考虑、个性化的处方以及关于男性和女性病人的详细病例记录，提供了关于日常饮食、衣着、睡眠和其他日常生存条件的信息。从笔记和地方地名词典中收集的关于不同地区、社会阶层、城镇和乡村儿童健康状况的记录，提供了按性别或通用术语划分的幼儿的生活细节。

---

① 蔡廷锴：《蔡廷锴自传》，第9—10页。

② 例如，参见王端淑：《名媛诗纬初编》，亦可参见林玫仪：《王端淑诗论之评析——兼论其选诗标准》，第45—62页。高魁祥、申建国：《中华古今女杰谱》，第32—33页。

③ 归有光：《震川文集》，卷17，第1、4—5页；卷22，第5—7页。

④ 徐照：《明代大政治家徐溥年谱》，第25—26、39—40、54—55页。

⑤ 温聚民：《明魏叔子先生禧年谱》，第101—102页。

⑥ 高彦颐、曼素恩、魏爱莲和孙康宜的近作给这一观点带来了许多新的启示和补充强调。参见高彦颐：*Teachers of the Inner Chambers: Women and Culture in Seventeenth-Century China*；曼素恩：*The Precious Record, Women's Culture in China's Long Eighteenth Century*；魏爱莲和孙康宜编：*Writing Women in Late Imperial China*。

无论是物质上还是心理上，关于幼儿的日常供给和实际性别差异待遇的信息，都是需要解释和辩论的关键问题。因为能保存下来的关于女童日常生活的描述往往过于零散和离奇，没有办法提供系统的答案。[①]例如，许多教导性文献和宗族规则都没有明确的证据，表明幼儿在饮食、衣着或休息方面的性别差异对待。歧视原则多是针对年龄较大的男童和女童的礼仪、游戏和行为而制定的。总而言之，性别并非生理意义上的，而是社会文化承载了对性别的理解。

一般来说，在物质充分和正常的时期，女童在物质需求方面受到不同和不利的待遇是很罕见的。[②]在为男童、女童提供饮食方面的差异比在着装方面的更小，着装差异的核心是适当性，而非经济方面的考虑。精英和文化上保守的家庭可能会让女童和妇女分桌吃饭或在不同的时段吃饭，但所提供的食物与男童和男人的并无明显区别。农民家庭让女童聚在一起吃饭，并可以与她们的兄弟争抢菜肴，因为女童在田间劳作同样辛苦，有时甚至对家庭收入的贡献更大。[③]女童和男童或其他家庭成员在饮食上的真正差异，是发生在食物匮乏和危机时期。

如绘画和插图所示，蹒跚学步的女童服装缝制风格与男童的不同，但这并不一定意味着在所用材料的质量或数量上存在区别对待。对大多数人来说，如果能够负担得起的话，服装中的性别差异主要集中在款式和设计上，而不是舒适度和保暖的充分性上。事实上，在满足了功能性和实用性的考虑之后，出于体面和社交礼仪的考虑，人们对女童的着装比对男童的更为重视，在这种情况下，阶层的分化无疑比性别的差异更为严重。在温暖的季节和农村环境中，十岁左右的男童可以完全裸体；而对于背景相似年龄相仿的女童来说，则不可能出现任何类似的情况。

在疾病和饥荒等危机时期，幼儿的性别差异化对待或性别差异化经历变得更加明显。[④]正如家谱和医案所显示的那样，生病的女童得到的护理和医疗服

---

① 安·沃特纳："Infanticide and Dowry in Ming and Early Qing China"，司马安编：*Chinese Views of Childhood*，p. 193。

② 在这里，许多口述历史记录可以用来补充从传统文字证据中获得的粗略资料。在本研究中，查阅了"中研院"近代史研究所出版的全部口述历史系列，包括专著和期刊以及《传记文学》等相关资料。学界关于文化价值、习俗和重要的历史人口变化（例如死亡率和平均寿命）的相关性研究也带来了宝贵的见解。参见李中清和 Osamu Saito, *Abortion, Infanticide and Neglect in Asian Historical Populations*。

③ 例如蔡将军自传中生动而简洁地描述了19世纪交中国南方一个贫穷农家子弟的童年。详见蔡廷锴：《蔡廷锴自传》，第9—10页。

④ 杀婴是极端的情况，尽管在这里不作为一个重要的问题来深入。研究表明，社会和经济条件或阶级背景和饥荒管理可能是这类事件的决定性因素。参见安·沃特纳："Infanticide and Dowry in Ming and Early Qing China," pp. 193–218。

务与男童得到的并非完全不同，主要区别是家庭财力和地区医疗发展方面的可获得性，而不一定是患儿的性别特征。在有中医、药店、全科医生或儿科医生的村庄和城镇，贫困线以上的家庭都在为他们生病的女童和男童寻求同样可靠的治疗。对于真正贫穷的人来说，他们的生存取决于自然界的选择，生死由天，性别、辈分和年龄几乎没有什么影响。从这一时期数千份的家谱记载以及数百份的地方儿科医案中可以看出，不是性别，而是阶级性和地域性决定了童年的经历，这些信息可能与人们的刻板印象相抵牾。儿科医案一再显示，经济条件一般的家庭会找医生或药店，为生病的男童和女童来寻医问药。[①]在这些文献中，所有的医疗诊断都是以非性别术语来讨论的；在大量的病例记录中，几乎没有哪一类疾病类别只包括男性患者。对于所有的健康问题，女童的生病次数、治疗、就诊和记录都与男童一样。粗略地说，男童的发病率可能略高，但差距并不明显。[②]

在儿科医案中发现的潜在性别特征的信息，涉及对有相同疾病的男童和女童进行不同的诊断分析和药物处方的情况。这类事件是罕见的，绝不构成中国儿科话语的主流，但也不只是随机或毫无意义的性质。这里的问题更多的是基于人类生命历程中阴阳消长概念的生理学理论。它对后世儿科的影响很大，揭示了相同的病疫在女童和男童身上表现出不同的症状，这也是对成年医学中女性和男性所面临问题的预测。医生认为，发烧、呕吐或腹泻的情况在女童身上可能会引起与男童稍有不同的症状。这种假设导致了对其病理和治疗方法的不同诊断的判断。因此，不同性别的儿童在遇到看似相似的疾病时，有时会被开出不同的治疗方法。[③]一个最相关的观点是，医学传统中非常重视阴阳的不同，它们对人体的作用和影响是阴阳有别和男女有别，而不是基于男尊女卑的原则。这一点可以从另外几个方面来加以检验。首先，在讨论不同的症状和病况、生理假设的医学话语中，重点总是放在生理和体质上的差异上，而不是社会意义

---

① 熊秉真：《中国近世士人笔下的儿童健康问题》，第1—29页。

② 熊秉真："Narrative or Story? Case Records in Chinese Pediatrics," paper presented at the international conference on "Thinking with Cases," Center of Far Eastern Languages and Civilizations, University of Chicago, Oct. 2001；熊秉真：《案据确凿：医案之传承与传奇》，第201—254页。

③ 这些概括是根据本人对中医儿科及儿童疾病的研究而做出的。参见熊秉真：《惊风：中国近世儿童疾病与健康研究之一》，《汉学研究》，13：1，第169—203页（原著中标注书名为《惊风：中国近世儿童疾病研究之一》，译者注）；《痘：中国近世儿童疾病与健康研究之二》，第263—294页；《小儿之吐：一个中国医疗发展史和儿童健康史上的考察》，第1—51页；《泻与痢：兼论近世中国儿童消化道的病变与健康》，第129—170页；《安恙：近世中国儿童的疾病与健康》。

上的性别优劣。这种话语并非一定带有对女童患者的贬低成分。在这里，幼科和妇科在价值观和态度的差异值得特别注意。妇科对女性身体和女性健康的歧视性态度与男女之间的功能差异有关，并与成熟和生育密切相连。其次，在那些为女童和男童用药稍有不同的地方，女童所用药物的成分在质量和价格上并不逊色于男童。因此，男童和女童的治疗差异并不取决于对女童的经济负担的看法或社会等级的性别观念。

从传记和自传中可以看出，当一个家庭中不止一个孩子生病时，波及重症护理和人手而非医疗资源竞争时，关注和照顾可能会偏向于男童。翁叔元在八岁时染上了天花，没过多久，他不到两岁的妹妹被传染。两个孩子的生命受到了严重威胁。当翁叔元晕厥在地，寡母请家里的所有女眷前来为其叫魂，喊了很久，翁叔元才得以苏醒过来。在此期间，妹妹却因出天花而夭折，没有直接的证据表明她的死是疏忽大意的结果，但几十年后，翁叔元自传中承认，妹妹的死是"以先妣急叔元，无暇顾妹也"[1]。

这样的故事并不能说明，女童的生命对父母来说并不重要。然而，这一时期的人口统计数据确实显示，男童和女童的性别比例不平衡，女婴和女童死亡率较高。[2]隋唐以后，悼念文学普遍增长的一个重要部分，就是在这一文体中包含了越来越多为女童创作的哀悼散文、纪念诗和葬礼哀歌。[3]例如，归有光为他十六岁的早逝儿子写过一篇详尽的哀悼文章。他也在文章中深深哀悼于1535年和1539年夭折的两个幼女。两个女童都得到了妥当的安葬，他在家族墓地中为早殇的女儿设置了一个专门区域。对于大女儿如兰，归有光这样写道：

> 须浦先茔之北累累者，故诸殇冢也。坎方封有新土者，吾女如兰也。死而埋之者，嘉靖乙未中秋日也。女生逾周，能呼予矣。呜呼！母微而生之又艰。予以其有母也，弗甚加抚，临死乃一抱焉。天果知其如是，而生之奚为也？[4]

归有光以对上苍的控诉，强烈表达了女儿的死给他带来的无奈和难以释怀

---

[1] 翁叔元：《翁铁庵年谱》，第4页。

[2] 李中清和 Wang Feng: *One Quarter of the Humanity*, pp. 42–62。

[3] 巫鸿："Private Love and Public Duty: Images of Children in Early Chinese Art," pp. 129–256。

[4] 归有光：《如兰圹志》，《震川文集》，卷22，第6—7页。

的失落感。他对失去"至亲"的遗憾是一个父亲内心的哀号。假如他能像对六年前女儿出生时那样投入更多的爱和关怀，他或许可以聊以自慰。第一个女儿的出生，让归有光和他的妻子喜极而泣，让其不由怀念起为他们操持婚事的先母。他在后来为《尚书别解》所写的《序》中，再次声情并茂地讲述了当时的场景：

> 嘉靖辛卯，余自南都下第归，闭门扫轨，朋旧少过。家无闲室，昼居于内，日抱小女儿以嬉。儿欲睡，或乳于母，即读《尚书》。儿亦爱弄书，见书辄以指循行，口作声，若甚解者，故余读常不废。①

一个父亲与他的幼女在一起的快乐，溢于言表。他在工作之余，记录下了他每天抱着女儿并爱抚的情景。这个故事也证明了父母对女儿的爱是毋庸置疑的。归有光为他早夭的次女二二所写的悼文中，再次表达了这种情感。二二出生于1538年正月，其时归有光三十三岁，翌年春二二去世。她的早殇给父亲带来了深深的悲痛和难以忘怀的记忆。归有光在给她撰写的墓志铭中，记载了他对女儿从出生到去世的心路历程：

> 女二二，生之年月，戊戌戊午，其日时又戊戌戊午，予以为奇。
>
> 今年予在光福山中，二二不见予，辄常常呼予。一日，予自山中还，见长女能抱其妹，心甚喜。及予出门，二二尚跃入予怀中也。
>
> 既到山数日，日将晡，予方读《尚书》，举首忽见家奴在前，惊问曰："有事乎？"奴不即言，第言他事。徐却立曰："二二今日四鼓已死矣。"盖生三百日而死，时为嘉靖己亥三月丁酉。予既归为棺殓，以某月日，瘗于城武公之墓阴。
>
> 呜呼！予自乙未以来，多在外。吾生女既不知，而死又不及见，可哀也已！②

和大多数普通人的情感一样，父母对女儿的感情是不轻易表达的。在这里，读者无意中发现了一位父亲对早夭幼女的思念和感情的流露。归有光为女

---

① 归有光：《如兰圹志》，《震川文集》，卷22，第6—7页。
② 归有光：《二二圹志》，《震川文集》，卷22，第7页。

儿二二出生而高兴，出门在外时为听到二二的消息而喜悦，对女儿的突然夭折而悲痛欲绝，专程赶回家中为她殓棺送别。归有光为女儿送葬并题写墓志铭，可以说是既革命又"现代"；这种做法在明代以前正统礼教中被认为是不妥的，但到了近世中国却逐渐兴起。从16世纪中叶开始，文学作品中随处可见父母对孩子的关爱和对女儿的温柔关怀。人们尤其读到了父亲对女儿的疼爱，女儿生病时给予照顾，对爱女的夭折深表哀悼的文章。[①] 著名的清代经学家王鸣盛，一场天花疫情夺去了他的五个孩子（包括十岁的大女儿、一对六岁的双胞胎女儿、八岁和三岁的儿子）的性命。在一首为纪念孩子而写的长诗中，这位悲痛的父亲为早夭的儿女而呼天号地，哀叹上苍待他如此不公。王鸣盛哀悼长诗表明，他对儿女都很爱护，他曾想尽一切办法，包括医学和其他办法来加以救治。[②] 王鸣盛下一篇传记记载，次年秋天，他为再次拥有了一个新出生的婴儿而感到幸福，女儿的出生让他的生活重新充满了欢乐。[③]

在一项对这一时期女童和男童日常待遇的调查中，物资稀缺和匮乏可能是造成偏见浮出水面的力量，因为对特定性别行为的一般性界定并不容易。例如，在没有衣食之忧的童年时期，有人提出家庭为男童提供更好或更多的食物，据说是考虑到男童、女童不同的饭量。然而，当严重的饥荒来临时，甚至连这种性别差异迅速缩小。随着遗弃和卖儿鬻女现象的发生，男童和他们的姐妹一起被送走或被卖掉。例如，18世纪80年代末，黄河沿岸的山东地区发生饥荒，饿殍遍地，人们纷纷离家外逃，甚至挖坟吞尸果腹。八九岁的女童谁都可以带走做童养媳，价高者得。当生活堕落到这种程度时，通常的性别区分，就不再是标准。学者汪辉祖在旅途中，亲眼看到一个老人带着一个女童和一个男童去卖。十几岁的女童被以两千铜钱的价格卖给一个二十多岁的摆渡人做妻子（这个价格是正常娶妻一半的费用），那个五岁的男童却一直没人出价。看到这一幕，汪辉祖悲愤之下写了两首诗。在《鬻孤篇》中，他感慨"女年渐少钱渐减，犹能乞与往来船"，但与"独有男孩人不惜，啼婴往往委道边"的事实相比不算最惨。这种人间惨剧对他冲击很大。"直到现在，我才体会到民谚'方信生男不如女'"，诗中描述了邻船的"仓头"出于同情收留了这个男童，将他作为养子带到北方去，并给了老人三百铜钱予以安抚。[④]

---

① 黄文相：《王西庄先生年谱》，第30—32页。

② 同上。

③ 黄文相：《王西庄先生年谱》，第33页。

④ 汪辉祖：《鬻孤篇》，《病榻梦痕录》，第124页。

　　不幸的是，在中国贫困地区的历史上，遗弃、卖儿鬻女并不罕见。在上述案例中，少女的身价几乎是男童的七倍。难道女童更多的是作为新娘、小妾、丫鬟，甚至是戏子和娼妓而更值钱吗？会不会出现在不得已的时候，一个已有男性后代继承祖业的家庭倾向于放弃额外的孩子，包括男性？年轻女性的这种"可销售性"将如何转化或与近世中国社会现实的一般特质相协调？

　　人们通常认为，父权制社会偏爱儿子，因此将物品和情感投资分配给男性。然而，实证数据可能会让调查者感到惊讶，特别是对于最小的年龄组的孩子来说，这些数据给予了相反的结论。首先，近世中国的父母在对待和训练幼女时，往往比较温情和宽松。理学家程颐（1033—1107）为他的母亲写了这样的悼词，"君爱之过于子"，"甚合其意"就是一个显著的证明。[①]这种说法背后的含义可能是多方面的。从主观上来讲，女童在成人看来可能更具有天然的魅力，就像人们的个人描述经常暗示的那样，似乎天生就具有更柔软、更温顺的性格。对父母来说，女童总是被视为在身体柔弱、文静的举止和温顺的情感上比男童更胜一筹。在身体和情感上，女童也与父母更亲近，遵从教诲，照顾父母的日常需求。这种对比所带来的或暗示的反差，几乎是不言而喻的。著名的《颜氏家训》劝诫家族长辈不要偏年龄小的而忽视大的习惯倾向，否则容易造成年龄较小的孩子与年长的兄弟姐妹对立。显然，父母的偏爱不均是一个事实，也是一个问题。《颜氏家训》没有提到重女轻男，但近世中国的大部分私人记录都提到家里最喜欢的孩子是女童，几乎没有男童。有些人甚至对这种做法表示赞同。

　　在通常的家庭安排中，女童可能会承担更多的家务。为此，父母觉得有义务更疼爱女童。悼念文学和家谱常常谈及这一点。在大众的思想和社会习俗中，新娘的嫁妆往往被理解以这种贡献为标准，并以象征性和算术的方式加以衡量。[②]女童的家务劳动可能很早就开始了，三四岁作为起点不足为奇，五六岁开始做家务可能是农村地区的平均年龄。与此相反，在《二十四孝图说》这样的教导性文献中，与年幼的女儿相比，对虔诚的成年儿子表现刻意歪曲，刻画了刻板的中国孝道文化，并逐渐制度化与有意识地将妇孺纳入其中。[③]

---

① 程颢、程颐：《二程文集》，第 35 页。

② 安·沃特纳：*Getting an Heir: Adoption and the Construction of Kinship in Late Imperial China*, p. 30。

③ 大多数版本的《二十四孝》中只有一到三处描写女性角色的孝顺行为。最常见的情况不是描写小女儿，而是描写成年媳妇给婆婆喂奶的故事。其他的还有汉代医生淳于意的女儿向皇上请求赦免她父亲、花木兰代父出征的传奇故事。参见《宋刻孝经二十四孝图说》，第 2 页；胡怀琛：《二十四孝图说》，第 4 页。

图 36 《乳姑不怠》。媳妇给婆婆喂奶的故事或图片，说明了在近世中国的孝道文化中，年轻的妇女是如何代替丈夫服侍公婆，扮演着成年子女的角色的。转载自胡怀琛编，《二十四孝图说》(上海：大东书局，1925)，第 12 页。

  第三，具有讽刺意味的是，相当多的近世中国的父母对女儿在幼年时就开始百般溺爱，正是作为一种私人的补偿或个人的反抗，以抵御社会上对女性的不公和陋习。17世纪的政论家唐甄就抓住了这种心态的特点：

   唐子宿于汪氏之馆，汪子数言其少子。唐子曰："子爱男乎，爱女乎？"曰："爱男。"唐子曰："均是子也，乃我之恤女也，则甚于男。"汪子问故。曰:"好内非美德,暴内为大恶。今之暴内者多,故尤恤女。"①

唐甄一生唯有一女长大成人。因此,他的话可能会被质疑,因为他在这件事上没有什么选择。然而,从唐甄的谈话的大环境和其他知识分子的立场来看,他支持重女轻男的论点并不是心血来潮。当时溺爱女儿的观念也不只是嘴上说说而已。与对待儿子相比,厚待女儿的观念,是基于日常生活中对成年女性有偏见的社会环境。因此,试图激活人类的反正义,以"平衡"假定的"自然之道"中固有的不平衡,从而成为某些精英圈子里的时尚,这正是唐甄和他的同道们向大众提出的。②换言之,近世中国的一些较有想法的父母,看到女儿在成年后不得不忍受刻板的性别偏见、可悲的社会偏见、令人厌恶的束缚和苦难,决定自己"解决"问题。作为向不公的社会声讨的手段,这种做法在观念上或行动上都不无道理,虽然难以从本质上纠偏,但可以看作出于私人愿望的一种尝试,以双重否定的方式来改造社会习俗。

这种用对女童"补偿"来平衡成年后女性困局的做法,也给男童造成了一个复杂的情况。当父母和长辈给予女童额外的自由度以代替规范的"压力"时,他们觉得自己也必须对中国性别体系中受宠的男童给予额外的关注。唐甄讲了一个双刃剑的例子。他的朋友汪先生通过向他的幼子提出苛刻的要求和反复的训诫,以此表达他对儿子的偏好和期望,关心不是以温暖或同情,而是以严厉和惩罚的方式出现。现代心理学已经证实,忽略或疏忽不仅会带来敌意,而且还会带来更为消极的情绪。这种观念在近世中国社会已得到部分体现。近世中国流行的育儿观念认为,儿童训练中的严厉管教是父母关注和社会重要性的代名词。最受宠的孩子实际上承受了最严苛的沉重打击。③家长认为,最深的痛苦和恐惧不仅表现出对孩子的无上关怀,而且确保了孩子的永久记忆,给孩子留下了不可替代的教训和独特的心理印记,最后也许会产生美德、才华,甚至是感恩。诸如"棍棒之下出孝子""严师出高徒"等鲜明的提醒,不幸的是(或者对我们的女主角来说是幸运的)只适用于男童。女童可以不受例如"养不教,

---

① 唐甄:《夫妇》,《潜书》,第78—79页。亦可参见熊秉真: "T'ang Chên and the Works in Obscurity: Life and Thought of a Provincial Intellectual in Seventeenth Century China," p. 78。

② 唐甄:《潜书》,第79页。

③ 沈兆霖:《沈文忠公自订年谱》,第6页。

父之过；教不严，师之惰"之类社会原则的影响，因为这种原则被理解为主要针对男童。这当然是一种歧视，但以一种扭曲的形式呈现出来。它提供一种奇怪的场景，一种从最不受欢迎的人的童年困境中解脱出来，这是对长期以来重男轻女的传统的有趣证明。

这些因素中的一部分或全部的综合作用，可能会对女童形成一种奇怪的包容甚至放纵，父母的态度和社会待遇的实际影响，包括习俗，让男童在接受食物或帮助时要谦让女童，或者要求女童在家庭纠纷中退让。尽管长辈的一般原则规定，无论男女，年长的孩子都应该谦让年幼的兄弟姐妹，有一些例子表明，在农村家庭中，男童在任何时候都要让着女童（包括姐姐），长姐每天的劳作或最终嫁到"别人家"的悲惨命运，是引起父母同情和兄弟怜悯的理由。

同样，在对儿童的体罚方面也存在着明显的差异。与男童相比，对女童的体罚要少得多。许多家庭规定绝不打骂女童。理学的社会伦理和身体文化有一个鲜为人知的特点，那就是允许公开注视或体罚男童，而不允许偷看或触摸女童。对于普通家庭来说，如果说体罚女童不是闻所未闻的话，那么它比体罚男童的事例还是要少得多。在这种情况下，无论体罚可能对儿童产生何种影响，男童都是主要的受害者。[1]

为了进一步揭示性别偏见可能只对男童有利的刻板印象，我们不妨看看女童在家庭长辈的情感纽带和温情方面可能拥有的特权。尽管重男轻女的思想使男童在家族中的地位的确牢固，特别是中国的母子关系，但这一时期的父母，特别是父亲，似乎在女儿幼年就对她们有很深的感情，而且往往希望在余生中继续保持与女儿的这种感情联系。据披露，大多数家庭表示最喜欢的孩子是女儿，很少是儿子。明清时期的父母为了填补情感的空虚而特意收养女童的情况，相当普遍。清末两江总督曾国藩的女儿曾纪芬在她的自传中至少有两处提到，宗族内专门收养女童，是为了给那些不缺儿子但内心深处觉得"空虚"的夫妇提供女儿承欢膝下的机会。其中一处记载，她的四姐（曾纪芬排行第六）被叔叔收养。"复以膝前无承欢之女，索四姊及余出继。"另一处提及这个被收养的姐姐婚后无子，决定收养两个女儿而非儿子的情况。[2]像这样的事例并不是个案，也不难理解。陈石遗（1856—1930）的弟弟失去了独子，陈石遗同意把自己的

---

[1] 熊秉真："Children and Childhood in Late-Imperial China: The Notions vs. the Realities"。

[2] 曾纪芬：《崇德老人自订年谱》，第10、20页。

幼子过继，但要求弟弟将幼女送给他作为补偿。[1]17世纪著名的江西学者魏禧，一生无出，决定收养一个女童，他对养女感情深厚，"汝为吾之犹子"。养女婚后不幸去世，他难过哀叹，将养女作为儿子看待。[2]

在这个重男轻女的社会里，也有关于"溺爱女儿"文化发展的有力报道，这种文化会带来物质、身体、情感和心理上的冲击。18世纪著名的官员和社会改革家陈宏谋（1696—1771），在《教女遗规》的《序》中，认为这种做法既是将女童纳入教育计划的一个有利的先决条件，也是将女童纳入教育计划的必要条件。不过，令他感到震惊的是这种社会风气，即放纵和溺爱自己的女儿，却不给她们提供任何训练或适当的教育。

> 父母虽甚爱之，亦不过于起居服食之间，加意体恤。及其长也，为之教针黹，备妆奁而已。至于性情嗜好之偏，正言动之，合古谊与否，则鲜有及焉。是视女子为不必教，皆若有固然者。[3]

陈宏谋说他个人并不赞成溺爱女童，但认为这是提高女童素养的沃土，希望父母的溺爱能支持女性教育。从家谱和私人笔记中可以看出，陈宏谋的观点并不像人们想象的那样夸夸其谈。特别是在华南和各城市中心等经济飞速发展之地，许多家长不仅用同情和怜悯来补偿女童将来可能面临的低下地位，还给女童提供各种便利，尤其包括从长远来看保证她们福利的教育。到了明代后期，让女童接受教育已不仅限于精英或富人家庭。

这一时期，"有个性"的年轻女性的出现并日益增多的现象也就不足为奇了。一方面是对孝顺的妻子、顺从的媳妇和勤劳的母亲的潜在期望，另一方面是刻意打扮和奢华培养的年轻女孩提供支持，两者之间的潜在冲突和差距很难被轻易消除。袁枚（1716—1798）[4]的颇有天分的妹妹袁机的不幸婚姻，以及晚清"叛乱者"秋瑾（1875—1907）的婚姻悲剧，都是比较著名的例子，即婚后不和谐的女儿变成了不成功的主妇，她们的故事证明了中国父权制框架背后或内部的

---

① 陈声暨：《侯官陈石遗年谱》，第145页。

② 温聚民：《明魏叔子先生禧年谱》，第101页。（原著中标注为温聚民：《魏源年谱》，但此处正文内容说的是魏禧，经核对，温聚民所著为《明魏叔子先生禧年谱》，译者注）

③ 陈宏谋：《教女遗规》，《四部备要》，册146，第1—24页。

④ 原著中袁枚生卒年标注为1716—1797，经核对，袁枚卒于嘉庆二年十一月十七日，对应公历为1798年1月4日，译者注。

社会心理力量，就是性别与世代、年龄与婚姻关系的交叉。①换言之，从长远来看，父母或家族对这些女童的过度溺爱可能会对她们的生存和社会适应产生不利的影响。对像秋瑾一样的许多女子来说，在幼年时"深得父母宠爱"，与她称在结婚后突然患上抑郁症之间可能不只是偶然的联系。②相比之下，对于那些和女童一起享受过温柔照顾的少数男童来说，在成年后等待他们的不是人类情感的突然下滑。在社会和心理上，男童从来没有得到过像女童那样的庇护或培养，他们的生命历程或成熟的社会化过程也没有像女子那样戏剧化或清晰。

四、转变和逃离

使女童超越年龄和性别界限，摆脱平凡生活的机会具有特殊意义。毫无疑问，这种机会最宝贵的方面无疑是实践训练和书籍学习，即所谓的妇女教育。最近的学术研究表明，对女童或妇女来说，存在着两种截然不同的培训途径："教"（指导或灌输）和"学"（学习或研究）。③前者着眼于道德熏陶和社会伦理，后者着眼于知识追求，学习经典、历史、文学、艺术和哲学。

在文字教育方面，在中国封建社会的第二个千年，女性识字率呈明显上升趋势，其中最大的加速是发生在明清以来这一时期。在中国的东南部地区，女性的识字率为10%—20%（总人数达几百万），长江下游地区随处可见能识文断字的女性。④这一时期，不仅有女性诗歌、戏剧、小说、书法、绘画的出版、发行和销售，而且还有，通过书信交流聚集在一起的女性协会的聚会。⑤这些妇女大多教育或监督她们的子女（包括男童和女童），管理家庭财产，并向她们的丈夫、父亲、儿子或兄弟提出或通过他们提出政治和军事上的建议。因此，这些有学识的女子必须像她们的兄弟一样，从四五岁甚至更早的时候就开始接受古典教育。这在当时是一种"时髦"做法，精英家庭中女童的生活方式就是如此，

---

① 王英志：《袁枚全集》，册15，第291—292页。
② 林逸：《清鉴湖女侠秋瑾年谱》，第6—7、15—16、21—35页。
③ 安·沃特纳："The Moral Status of the Child in Late Imperial China: Childhood in Ritual and in Law," pp. 667–687;亦可参见高彦颐："Pursuing Talent and Virtue: Education and Women's Culture in Seventeenth and Eighteenth Century China," pp. 9–39。
④ Evelyn Sakakida Rawski, *Education and Popular Literacy in Ch'ing China*, pp. 24–53.
⑤ 魏爱莲和孙康宜编的 *Writing Women in Late Imperial China* 中收录的一些文章记录了这种发展的表现。孙康宜还提醒人们注意明清时期已出版的3 500位女作家的作品。参见 "Ming and Qing Anthologies of Women's Poetry and Their Selection Strategies", 出自魏爱莲和孙康宜编：*Writing Women in Late Imperial China*, pp. 147–170。

为女童提供这种教育的社会文化精英（不一定是经济上最优越的家庭），对子女（不分性别）的文化修养和品行践行都相当重视。她们的父母，特别是作为主要决策者的父亲，大多认为古典教育对女童来说是有价值的，甚至是不可缺少的。他们对"女子无才便是德"提出疑问，与之相反，他们认为才气是女子品性的本质，比美貌更重要。对他们来说，良好的教育是他们最关心的问题，也是他们社会文化地位的最佳保障，尤其是他们的女儿接受这种良好的教育，是将来做贤妻良母的准备。因此，女童必须和她的兄弟同时开始学习书本知识，而对于焦虑的成人来说，这应该是越早越好——不迟于幼儿能够走路、静坐和集中注意力的时候。与兄弟的命运相似，"文静的女童"的启蒙学习也是越来越低龄化。

粗略地讲，几乎所有的女童都是从亲属那里接受了初等教育或启蒙教育，这与男童的情况没有多大区别。[1]血缘亲疏是女童选择老师时的首要标准。在大多数情况下，父母优先于其他任何人，其次是同一屋檐下或距离较近的其他亲戚（叔叔、姑姑、兄长、姐姐等），根据亲属的亲和力、能力和是否有时间教导来选择老师。与传统假设的社会礼仪决定了由母亲或其他女性亲属教导女童相反，近世中国的历史证据呈现出不同的图景。尽管受过教育的母亲、姐姐、姑姑、嫂子、祖母等确实为年幼的女童提供了文学指导，就像她们为年幼的男童提供的那样，但在古典教育方面，她们学识渊博的男性亲属是最重要的指导来源。著名的清代史学家邵晋涵说，他的母亲出身于书香门第，专门研究历史，据邵晋涵回忆，一生的学识都是通过"幼受章句于母氏，益以家学闻见"。[2]邵念鲁（1648—1711）还记得，他的祖母在教他的同时，也在教她的曾孙女（他的侄女）。[3]因此，母亲、祖母及女性近亲都可以担任教导之责。

然而，由于学识追求与"公共"和正式的场合联系，因此男性在此领域中占有优势，例如父亲、兄长、叔父和其他男性亲属实际上在教育中扮演了更重要的角色。明末哲学家刘宗周在病榻上坚持给两个年幼的女儿（其中大女儿九岁）上课。他严格选择礼仪和哲学典籍，"自课"女儿，他坚持教了很长一段时间。[4]在教学策略上，方便快捷与先天性因素一样重要：无论是女性对女性，还

---

① 熊秉真：《好的开始：中国近世士人子弟的幼年教育》，第203—238页。
② 黄云眉：《清邵二云先生晋涵年谱》，第10—11页。
③ 姚名达：《清邵念鲁先生廷采年谱》，第48页。
④ 姚名达：《刘宗周年谱》，第42页。

是男性对男性，甚至是女性对男性。晚清改革家梁启超（1873—1929）亲自教导女儿，他的妹妹早在十多年前就在他的妻子、她的嫂子的指导下开始学习。[①]

女童开始学习的条件也有很大差异。大多数人的经历（尽管是少数特权阶层中的大多数）是在女童学习认字、诗词和楹联之后，将女童和她们的兄弟安排在一处，由同一个塾师教授。湖南长沙地区一个世族的神童黎培敬，据他回忆，自己的长姐从小就和他的哥哥一起，在塾师教导下学习《论语》。[②]19世纪80年代，冯国璋（1859—1919）[③]的女儿的启蒙教育，就是跟着来家里教授孩子的塾师完成的。[④]这样的安排，自然不是没有问题和局限的。19世纪60年代，曾纪芬和哥哥一起去上学。在初学时曾纪芬就遇到了困难，塾师专门为她设计了一个比较简单的课程，用简单的入门书代替了哥哥使用的《论语》。"初读《论语》，虑不能胜，乃改读《幼学》"，过了一段时间，塾师按惯例带儿子来塾附学，曾纪芬"格于内外之别，遂中止读书"。对于曾氏这样一个显赫而严格的家庭来说，对女童的古典教育在锻炼和期望上可能比男童的水平低一些，或者进度慢一些。在她的自述中，曾纪芬认为是自己"在塾不知用功，殊少成绩"，反对不区分性别的智力差异而进行同标准的儿童教育的精英主义观点。[⑤]然而，性别区分仍然是一个因素。随着混合学习的学生群体年龄的增长，其处理方式更加保守。这就印证了前面的观点，即明清时期在家庭或"家"的场景（家庭、宗族、村落）中为女童提供的相对"自由"或开放的学习环境，这标志着历史的新的发展。在女子嫁人之前，女子受教育机会的增长，取决于人们的社会经济、地理位置乃至文化水平，然而上面提及的所有教育方式仍须在结婚前实施。

另一种不太普遍的但同样重要的为女童提供识字教育的做法是聘请专门的老师，甚至在家中设立单独的女塾。这些塾师既可以是女性，也可以是男性。17世纪以来的文献记载中有"女先生""女塾师""女书生"等。[⑥]据传记资料记载，近世中国社会文化发达的江南地区的父母，例如顾若璞的母亲或秋瑾的

---

① 杨克己：《民国康长素先生有为梁任公先生启超师生合谱》，第15页。

② 黎承礼：《竹闲道人自述年谱》，第2页。

③ 原著中冯国璋的生卒年标注为1859—1918，译者注。

④ 公孙訇：《冯国璋年谱》，第188页。

⑤ 曾纪芬：《崇德老人自订年谱》，第11页。

⑥ Grace S. Fong, "Boudoir World and Professional Life—Contrasting Self-Representations by Two Women Poets of the Mid-and Late-Ch'ing," paper delivered at the Institute of Chinese Literature and Philosophy, Taipei, 1996.

父母，都曾专门聘请塾师为女儿提供有组织的系统教育。[①]到了清代中期，一些妇女通过向他人提供启蒙教育和教授女红，取得了较为可观的经济收入。例如，当儿子到了接受正规教育的年龄，梁济的嫡母受聘担任女塾师，获取的较丰厚的收入被用作支付儿子上学的费用。[②]当然，父母也可以请男塾师来教导女儿，特别是古典科目的学习，比如《孝经》和《论语》，这是男女幼童最广泛使用的两本启蒙书籍。传统习俗确实倾向于女塾师为女童授课，男塾师则为男童授课。然而，到了中国封建社会的最后两个世纪，不少男女塾师都在采取混合式教授幼童。一个男塾师只教女童，或者一个全是男童的家塾、宗学、村学或义学由女子担任教员，也不是闻所未闻。

家庭致力于教育女童的另一个办法，是成立一个家塾，聘请一位老师进行长期的教学。严修（1860—1929）在19、20世纪之交建立的学校，就是专门为

图 37　清代女子学校的照片。转载自山东画报出版社编，《老照片》（济南：山东画报出版社，1997），第 25 页。

---

① 高彦颐：“Pursuing Talent and Virtue: Education and Women's Culture in Seventeenth-and Eighteenth-Century China,” p. 21；林逸：《清鉴湖女侠秋瑾年谱》，第 14—16 页。

② 梁焕鼐、梁焕鼎：《清梁巨川先生济年谱》，第 10 页。

士族家族的女童办的学校。1903年，严氏在家宅设女塾，学生有"女儿、侄女、儿媳、侄媳以及四姓近亲好友之女"，除了常规课程外，还专门开设了早期类似学校中甚少开设的课程，比如英文、日文和算术等，此外，古典文学、中国文学以及韵文和诗词形式的音乐构成了女塾教学大纲的核心内容。[①]父母和家族长辈在设置女塾的课程和设计日常活动方面发挥了决定性作用，他们在近世社会的大多数"私立"教育机构中也经常这样做。此外，和在座的男童一样，女童的年龄构成和学业水平状况也有很大差异，有十几岁甚至二十出头的新入学的女童，也有相当优秀、有一定基础的女童。从女童十岁左右开始，这些学校开始在学术课程中增加妇女工作和家务技能的培训，比如手工、织布等，并聘请专门的教师负责这些技术科目。

女童的第三种学习方式是"秘密学习"或通过非官方渠道去偷听课程。皮锡瑞谈到他的母亲，"恭人未尝从师习诵，闻舅氏读书，窃听之，遂通四子书毛诗，识其大义"，和前后历代无数的精英阶层妇女一样，皮锡瑞母亲的"秘密学习"不仅构成了自己知识世界的核心，而且形成了一个文化蓄水池，几十年后，她从中汲取营养，并以此启蒙独子皮锡瑞。皮锡瑞四岁时，母亲"亲自课读"，从此开启了他的学习生活。近世中国的社会文化再生产是在一个复杂的代际和性别矩阵的交错中进行的，聪明的女童意识到自己的兄弟享有的特权，争取一切机会从中获益，然后将其传给自己的下一代。[②]曾纪芬描述了她的长女银姑，"忆其时甫能行，每教其兄认字，辄知捧字盘而至也"，可惜的是，这个好奇心强的女童两岁时患热病夭折，带走所识的为数不多的字，而这些字原本可以为她的人生的学习旅程开辟出道路。[③]因此，女童不一定在为她们专门开设的课程中迅速地踏上知识学习的轨道。对于那些求助于后一种渠道的人来说，对经典或文学的深度浸润虽然有吸引力，但很少能实现。对大多数人来说，这些"旁听课"永远无法与正式的教学相提并论，它们不会持续很长时间，也不可能在课程结构上足够丰富和广泛。发生这种情况是因为秘密学习或偷听者在生活中被推向不同的方向。一个女童勉强和谨慎地从对哥哥的教育中获益，标志着她来自一个对女童的教育不够重视的家庭。既然家庭态度在安排女童追求知识方面起着关键作用，那么消极的家庭态度就会大大降低她成功的机会。然而，这

---

① 严修：《严修先生年谱》，第144页。

② 皮名振：《清皮鹿门先生锡瑞年谱》，第5页。

③ 曾纪芬：《崇德老人自订年谱》，第21—22页。

并不是说，她的学识变得微不足道或价值降低。一项对传记和家谱的调查得出相反的结果，表明在近世中国，在为女童提供受教育的机会方面，这种非官方渠道至少与正式的渠道同等重要。

遗憾的是，已知的案例没有提供关于这三种学习的流行程度的情况，尽管大量的传记指出女童或妇女"自幼浸淫于书史，有文艺之才"。刘宝楠的母亲"幼涉书史，通文艺"。[1]经学家王闿运（1833—1916）[2]的妻子蔡氏出身于书香门第，知书善吟，"知诗书，习大义"。[3]19世纪著名学者俞樾的次女琇孙被描述为"幼聪慧"，十岁能诗，二十能词。[4]这样的评论只是粗略地描述了这一时期被广泛提及的女性识字率和妇女文化的提高情况。除了地区和阶级特征外，它缺乏系统的微观层面的细节。

据记载，明清江南地区家境较好、责任心较强的家庭最有决心让女儿接受教育。对这一群体来说，童年早期是学习开始的时候，在女孩的童年晚期（十岁或更晚），正式的教育只限于针线活、编织、制鞋、烹饪、会计和家庭管理等女性的技能。[5]因此，必须打好基本阅读、写作和古典文学的基础，因为随着这些女童年龄的增长，学术问题就会被摒弃。家境较好的女童和女人的知识成就与男童和男人不相上下，尽管她们受到社会的限制，其学习时光较短。一个女童"女教"课程不可避免地被中断，因为应试科举的学习要求将男童带到了一个特定的表现领域。对于那些拥有古典文学、历史等方面知识的女童来说，蹒跚学步的日子里充满了柔和的歌曲和迷人的音乐，大量的诗歌和经典诵读，晨间牵着慈爱的父母或祖父母的手散步。她们的生活方式类似于家中的"温文尔雅的男童"，这种生活是当时绝大多数来自下层的儿童（无论男女）难以企及的。

受过教育的女童对社会、文化，甚至是政治和经济的影响比表面上看到的

① 刘文兴：《宝应刘楚桢先生年谱》，第4页。
② 原著中王闿运的生卒年标注为1832—1916。王闿运生于道光十二年十一月九日，对应公历为1833年1月19日，译者注。
③ 王代功：《清王湘绮先生闿运年谱》，第20页。
④ 俞樾的女儿因"产后无人照料"而去世，留下两个女儿和六个儿子。俞樾对这一悲剧感到悲痛，便将她所作的诗词附在自己出版的作品中。参见郑振模：《清俞曲园先生樾年谱》，第60—61页。
⑤ 例如，曾纪芬在年谱中记载了一套完整的培训课程，是她们家族用来培训女童和年轻妇女从事"妇女工作"的课程。参见曾纪芬：《崇德老人自订年谱》，第15—16页；亦可参见熊秉真："Fathers and Daughters in Late Imperial China: Culture, Cultivation and Gender in the Family Setting"。

更重要。近世中国男子的各种就业机会的增加远远超过了以往任何时候，而婚姻仍是大多数女性的主要职业。对教育和识字的需求与机会的增加，对两性的影响是不同的。对于男性来说，职业选择决定了在经典学习和科举考试的精英主义轨道之外，还存在着各种非经典的学术和技术培训。对一个家庭希望其从事商业、医学、木工或其他手艺的男童而言，只需要几年的初等教育，就可以获得基本的文化知识，从而进入特殊行业或实用行业。他所接受的初等教育可能是基于通常所说的"三、百、千"的初级教育（即《三字经》《百家姓》《千字文》）。超出初等教育的职业教育（仍然主要是文学教育）因职业不同而各异。因此，男童和男人的智力或文学修养的"程度"比女童和妇女的"程度"涵盖的范围要广得多，这导致他们的文字世界与女性人口空白经历之间存在着显著差异。这就是将那些有成就的高雅诗词作家与普通的有能力的家庭主妇区分开来的鸿沟，后者几乎没有什么有意义或有目的的职业选择。①在这两个极端之间存在着女艺人和各种尼、道等宗教妇女，少量的女店主、女医生和女手工业者。②然而，她们所接受的培训数量和性质远远低于培养出的从业人员、工匠或商人的培训。在后一类培训中，妇女的职业培训并非绝无，但远不能与男童的职业培训相提并论。虽然这时男性的识字率和受教育程度类似于一个逐渐缩小的连续体，但女性受教育与未受教育之间的差距变大。对于任何一个注定要接受文化教育的女童来说，古典教育在她幼年时期就开始了，而且强度很大。随着时间的推移，这种投资将使她进入一场"父母之命媒妁之言"的婚姻。至于其他女童，她们的命运不是以这种方式降临，她们在以后的少女或青年妇女时期，也没有多少希望，这与可在各种行业中进行职业选择的男童形成了鲜明的对比。因此，受过教育的女童与未受过教育的姐妹之间的隔离，比她们与精英男性之间的隔离，或比受过最好教育的男童与受教育程度相对较低的兄弟之间的隔离，本质上的差异更为严重。

如同男童一样，很难对这一阶段的女童的日常学习资料有可靠的或全面的

---

① 对歌女、女演员、女艺人和歌妓的培养，虽然人数不多，但很可能是众所周知的特例，而熟练的女修行者、女商人和女武术家的培养则更少。关于近世中国宫女职业技能的培养过程，可参见 Paul S. Ropp, "Ambiguous Images of Courtesan Culture in Late Imperial China"，出自魏爱莲和孙康宜编：*Writing Women in Late Imperial China*, pp. 20–25。梁其姿的贡献是谈到了这一时期女医生可能的培训路径，参见梁其姿："Women practicing medicine in Pre-modern China," in Harriet T. Zurndorfer, ed., *Chinese Women in the Imperial Past: New Perspectives*, pp. 101–134。

② 衣若兰：《从"三姑六婆"看明代妇女与社会》。

把握。①如前所述，女童的课程变化似乎比男童少得多，这是因为妇女的单一职业（例如结婚和做母亲）的限制，而且大多数女性的教育甚至比她们的男性同龄人更像是一种为学习而学习的行为。因此，女童的正规识字教育往往比男童的更具有"理想主义"色彩。

从分类上讲，女童接受的课程有两种：一种是古典文学，一种是文学艺术。两者的学习并不相互排斥，而且可以重叠，尽管在通常情况下，古典文学的学习在时间上和重要性上都在文学艺术之前。在学习古典文学的过程中，女童的知识道路与为士族男童准备的知识道路没有什么不同。换句话说，在品性陶冶和掌握了一些基本的入门知识（比如《三字经》《千字文》《百家姓》《孝经》等）之后，学生总是被给予从《五经》或《四书》中选取的内容作为入门资料，为进一步的学术发展奠定基础。在这里，虽然选材的总量不大，但顺序体现了父亲和师长的判断。与男童一样，女童最常用的是《孝经》和《论语》。这两部著作，尤其是《孝经》，很可能是为女性道德教化而选择的，因此，它既能起到女性知识学习（女学）的作用，又能达到道德教化（女教）的目的。它们也是标准的男童经典课程中最受青睐的文本，具有浓厚的道德内涵。女童用相同的阅读资料来学习的事实，进一步证明了在这一初级阶段，对儿童进行古典文学的指导几乎没有性别差异。当黎培敬的姐姐与她的哥哥一起上学时，《论语》是她的课本，与班上任何一个男童没有区别。②皮锡瑞谈到母亲试图从她的兄弟的学习活动中获益，她成功地从弟弟的课堂上"偷学"了《四书》和《诗经》常规课程。③那些为女儿提供正规教育的家庭，不仅给她们提供与男童一样的古典文学训练，而且还按照同样的顺序和时间安排，让她们学习完全相同的经典。对于这样的精英教育，《孝经》和《论语》总是比《女孝经》和《女论语》这样按性别划分的版本更受欢迎。后者与《女则》《列女传》《闺范》等妇人典籍一起，构成了"女德教化"，而不是"妇女教育"的核心或基础。即使对保守家庭来说，如果没有打下文学教育坚实的研究基础，也不会建立起有条不紊的女德教化发展阶段。选择具有特定和明确的女性教化取向的学习资料，表明了一种相对保

---

① 梁其姿在 "Elementary Education in the Lower Yongtze Region in the Seventeenth and Eighteenth Centuries" 一文中，很好地描述了当时的制度设置，并简要介绍了作为学校初学者的男童的学习活动。see Benjamin A. Elman and Alexander Woodside, *Education and Society in Late Imperial China, 1600-1900*, pp. 381–396.

② 黎承礼：《竹闲道人自述年谱》，第3页。

③ 皮名振：《清皮鹿门先生锡瑞年谱》，第5页。

守和狭隘的社会文化地位，而不是纯粹的、具有古典思想的、精英主义的背景。

女童的受教育程度和对文学艺术的沉迷，是使她们的智识取向明显地有别于男童的原因之一。按近世中国的标准，文学和艺术对于男童的职业发展来说是多余的。男童专注于准备科举考试或为其他行业做准备，将诗词、小说、书法、绘画的知识或乐趣，描绘成有些业余和自我放纵。①然而，对女童没有任何严肃的职业或职业考虑，以及公认的温柔或"女性"的文学和艺术情感特征。对女童来说，这些科目在对女性的教育方面就被置于一个完全不同的地位。创作和欣赏歌词的技能，以及用悠闲的笔法发现和寻找使人愉悦的技巧，似乎特别适合于早期的女童教育，因为这些技能在她们成年时可能成为宝贵的资产。当男童被送去接受散文、修辞、八股文的操练时，他们的姐妹则继续沉浸在唐诗、词曲、书法和绘画中。归有光的第二任妻子（王氏）、倪元璐的母亲都是擅长《毛诗》的女性。②龚自珍的母亲段淑斋让他斜躺在她的两腿间，用温柔的声音为他吟诵诗歌，让他有了爱的体验。③这样的事例本身也许并不显眼，但这种形象促使越来越多的家庭给女儿提供文学和艺术教育，从而培养出有修养的女儿、博学的妻子和有学问的母亲。

这一时期，艺术才能的培养比文学能力略显逊色，但仍然值得尊敬。这一时期有相当数量的士绅家庭的女童接受了正规的工笔画、绘画和书法教育，有些人因其艺术才能而闻名。④据传记记载，黎培敬的继母在诗、画方面有天赋⑤；蔡元培的妻子，19世纪末在江西省接受教育，习得一手好书画⑥；国画大师张大千（1899—1983）⑦的母亲、长姐是知名画家，张大千的笔墨课就是跟从她们学习的。⑧对于精通传统教育的家庭来讲，艺术的传承与文字学习同等重要。

---

① 熊秉真：《好的开始：中国近世士人子弟的幼年教育》，第232—236页。
② 张传元、余梅年：《明归震川先生有光年谱》，第37页；倪会鼎：《明倪文正公（元璐）年谱》，第14页。
③ 郭延礼：《龚自珍年谱》，第12页。
④ 梁庄爱伦（Ellen Johnston Laing）对于女性绘画卷的研究参见梁庄爱伦："Wives, Daughters, and Lovers: Three Ming Dynasty Women Painters," in Marsha Weidner, et al., *Views from Jade Terrace: Chinese Women Artists, 1300-1912*, pp. 31–39; idem, "Women Painters in Traditional China," in Marsha Weidner, ed., *Flowering in the Shadows: Women in the History of Chinese and Japanese Painting*, pp. 81–101.
⑤ 黎承礼：《竹闲道人自述年谱》，第21页。
⑥ 孙德中：《民国蔡孑民先生元培简要年谱》，第4页。
⑦ 原著中张大千的生卒年标注为1899—1987，译者引用的是李永翘编的《张大千年谱》中的卒年时间，译者注。
⑧ 李永翘：《张大千年谱》，第6页。

　　并非所有的女艺术家都仅作为有天赋的妻子和有教养的母亲而生活。至少到了18世纪，有记载显示，女书法家和女画家的作品能得到公平合理的价格。沈彩（1752—？）的书画作品在当地有一定的市场，足以在父亲去世后支撑起家庭的生计。此外，她还曾跋山涉水，从江苏南京到山东，甚至到京城，为自己的画作营求更好的市场价格。社会上还出现了男画师仿造的沈彩的画作，这进一步证明了女性的艺术才能并非不被重视，这些女艺术家也不只是被关在深宅大院里。① 在这里，最为相关的一点是，女画师的绘画技巧必须在她的少女时代就打下坚实的基础，就像她在古典文学方面的训练一样，艺术能力在女童的生活中既是一种闲情逸意，也是一种实用的资产。对于那些重视女童艺术才能的家庭来说，他们会聘请专门的老师来传授技能，比如在当地有名气但未全国扬名的女画师，可以作为老师来教授年轻一代的士绅家庭的女童书画技能。这种性质的课程是在女童尚未进行女红等手工技术学习之前的幼年时开设的，当然也早于"遮蔽她们的天空"的婚姻。在近世中国，女性其他能力的培养，比如舞蹈和音乐练习的技巧，就像文艺复兴时期上流社会的调情和恋爱技巧一样，尽管与严格的贵族教育有一定的距离，但这只是以娱乐事业为目标的女童教育的一部分。② 在古典学习、文学创作和艺术之外，还可以加上音乐方面的训练。然而对于当时的正统派来说，容貌的魅力颠覆了女性的核心内容，就像轻浮的休闲文学在培养正直的男童时不被欢迎一样。

　　无论是从个人还是从社会层面来讲，文学教育可能给女童以及后来的妇女带来更大的、难以概括的复杂影响。就个人而言，在老师的指导下，于书房学习四书五经和诗词的时间，使受过教育的女性的生活与普通阶层的女性的生活被做饭、打扫卫生和其他家务事占据截然不同。有文学天分的儿童的存在是凤毛麟角的，对于女性来说，这只会加强一种外在的高傲感和孤独感。从四五岁起，她就被封闭在一个充满智慧、价值观、情感和感性的世界里，与她同龄的女童简直有天壤之别。在她的思想和经历中，她与社会上受过教育的男童有更多的相同点，不管未来的生活历程如何让她感到两者的难以捉摸。许多贵妇人确实谈到了文学教育给她们带来的独特性以及独立道路。有一些矛盾的言论警告人们，才华横溢的女性在生活中面临着被吞没的危险，等待着她们的将会是

① Grace S. Fong, "Boudoir World and Professional Life-Contrasting Self-Representations by Two Women Poets of the Mid- and Late-Ch'ing."

② 曼素恩："The Education of Daughters in the Mid-Ch'ing Period," in Benjamin A. Elman and Alexander Woodside（eds）, *Education and Society in Late Imperial China, 1600-1900*, pp. 35-36。

悲剧。像章学诚那样的保守主义者强烈地批评知识兴趣和文学追求（尽管是错误的那种）会威胁到女性的美德。[1]但最终，在这一时期，几乎没有什么力量能真正阻止女性受教育的快速增长。

对女性而言，并非所有的时间和金钱的教育投资都着眼于精神和文化回报。在婚嫁选择过程中，识文断字的女性的地位远远高于那些仅以妇德、体壮能干或貌美为荣的女性。来自家庭殷实的士族或商贾家庭的男性，更愿意选择那些受过教育的女性为妻。如前所述，黎培敬称赞他的第二任妻子有绘画和诗歌方面的才能。[2]王闿运也很欣赏自己的未婚妻，认为她"知诗书，习大义"。[3]就连蔡元培这样的社会激进派，也公开为自己的妻子在书画方面的天赋而自豪。[4]未来新郎的家人更关注、敦促女童的家人努力改善她的不足之处，提高她的才能。女童在订婚后，新郎家可能会要求她开始学习一些科目。晚清知名总督曾国藩孙女、驻英大使曾纪泽（1839—1890）的女儿，订婚后夫家不满于她的教育情况，根据夫家要求，她的父亲曾纪泽专门给她补上《纲鉴正史约》。[5]一些条件普通的家庭也从女性教育中得到实际收益。受过教育的妇女可以当抄写员，抄写文件或为不识字的村民签订合同和交易契约来赚取收入，翁同龢（1830—1904）的母亲就是这样，她青年丧夫，靠抄写赚外快来维持家计。[6]

适当的文学教育为大多数女童提供了必要的技能和智慧，使她们成为能干的妻子和睿智的母亲。归有光劝告母亲和妻子要做优秀的当家主母，即做能够让家人满意、家业兴旺而无须男人操心或担忧的女人。[7]或者说，理想应该是那种不需要依靠其他任何人，只需要自己就能教孩子学完千字的母亲或祖母，就像陆宝忠（1850—1908）的母亲在他五岁时、徐继畬的母亲在他六岁时、杨道霖的母亲在他四岁时、岑毓英的继母、殷兆镛的祖母以及许多其他无名氏所做的那样。其中一些有学问的妇女，自己接受《小学》和《大学》的熏陶后不足十年，就给自己的孩子上《小学》和《大学》的课。顾炎武的继母在他六岁时亲自教他。顾母忙完一天的家务后，"夜读书籍，尤爱《史记》《通鉴》《本朝纪

---

① 曼素恩认为章学诚与袁枚在这个方面的争论开启了"中国女权"问题。参见曼素恩："Classical Revival and the Gender Question: China's First Querelle des Femmes," pp. 377–411。

② 黎承礼：《竹闲道人自述年谱》，第4页。

③ 王代功：《清王湘绮先生闿运年谱》，第20页。

④ 孙德中：《民国蔡孑民先生元培简要年谱》，第4页。

⑤ 曾纪芬：《崇德老人自订年谱》，第16页。

⑥ 朱尚文：《翁同龢先生年谱》。

⑦ 归有光：《项脊轩志》《王居人灵表》《先妣周孺人灵表》，《震川文集》，卷17，第4b页。

事》",她的读书兴趣是从小被培养出来的。大多数识字的母亲也是如此,她们教给孩子古典文学、历史和诗歌。[1]更多的母亲则是在灯下监督和密切关注着她们的儿子学习,就像全祖望、崔述、黄景仁、姚莹等人的母亲一样。教育是妇女的宝贵资产,她们在少女时代接受教育,于她们婚后教子时派上了大用场。

没有机会获得文学教育的女童找到了其他不那么高雅的"隐性课程",其中不乏自己的"符号和象征的世界"。[2]她们和她们的精英姐妹共享了"女教"和"女学"之下的深厚道德和文化基础,而"女教"和"女学"向女童的心灵灌输了遵循"大义"和懂得"至理"的基本知识,这表明受过高等教育的人与其他人的分离,既是中国古典儒家遗产与近世中国流行文化之间的界限,也代表这种界限的模糊。[3]

上层社会女童缠足的做法不可避免地引起了一些问题。正如高彦颐所指出的那样,在被认为是野蛮残忍的行为之前,缠足和重塑女性脚型早已被视为一种文明的行为。从象征性和文化的角度来看,缠足是与上层社会精英妇女的养育结合在一起的,她们追求的是一种特殊的女性气质。[4]随着这种做法在社会等级制度中的传播,在近代之前的最后一个世纪左右,影响了中产阶级商人、工匠和平民家庭的生活,缠足进入了越来越多的女童的生活。19世纪的反缠足文学或前几百年的赞美歌词和叙事,形成了一个脱节的大合唱,表明这种做法是针对通常可接受的小脚。缠足从女童八岁或九岁时开始,清末反缠足协会的条例规定,八岁或以下的缠足女童要放足,而九岁或以上的缠足女童则可以维持现状。整个问题是一个复杂的故事,无论从年龄还是从关注的焦点来看,都不属于本研究的适当范畴。对于那部分最雄心勃勃的父母和监护人来说,试图缠出一双具有特殊"美感"的小脚,不合理的小尺寸和严重的足弓程度(弓织)要求早在四岁或五岁时就采取行动。根据个人回

① 熊秉真:《好的开始:中国近世士人子弟的幼年教育》,第215—229页。

② 曼素恩在"The Education of Daughters in the Mid-Ch'ing Period"一文指出:通过"符号和象征的世界"生动地展现了女性的训练。参见 Benjamin A. Elman and Alexander Woodside(eds.), *Education and Society in Late Imperial China, 1600-1900*, pp. 27–35;亦可参见 Anna Pollert, *Girls, Wives, Factory Lives*;及曼素恩:"Grooming a Daughter for Marriage: Brides and Wives in the Mid-Ch'ing Period," pp. 204–230。

③ 参见高彦颐:*Teachers of the Inner Chambers: Women and Culture in Seventeenth-Century China*;高彦颐:*Every Step a Lotus: Shoes for Bound Feet*;白馥兰:*Technology and Gender: Fabrics of Power in Late Imperial China*;Grace S. Fong, *Wu Wenying and the Art of Southern Song Ci Poetry*。

④ 高彦颐将书面文字和缠足称为"文明的两面"。参见高彦颐:"The Written Word and the Bound Foot: A History of the Courtesan's Aura",出自魏爱莲和孙康宜编:*Writing Women in Late Imperial China*, pp. 74–100。

忆录和指导手册，这些最严重的脚部弯曲和变形的情况，需要长达数月每天对女童的脚部进行塑形。这些被选中缠足的女童，她们很可能来自那些热衷这种病态时尚的极端主义的家庭，这一百多天令人痛苦的适当的"脚部重塑"必须与清晨宁静的学习的魅力一起被忍受下来。在人们的记忆中，这些来自上层阶级的年轻女童中，有不少人是笑中带泪的。更为不幸的是，缠足造成了感染和其他健康隐患，在处方医书或家谱记载中，这些"少数人"的医疗援助和实际伤亡并不罕见。

五、结论

对近世中国女童期的研究，一方面是对早期阶段女性生活经历的探索，另一方面是对这种经历中性别差异的深度考察。两者的趋同或分化，检验着中国历史上"男女有别"观念的局限性，但并未夸大其词。两者之间的交互与博弈，将中国的重男轻女文化置于男童和女童生活的"个人时间"、家庭和社区的"家庭时间"以及历史的"历史时间"中考察。对女童按性别培养的证据进行考查，有助于确定男女有别是如何渗透最小的年龄组的。在近世中国，关于女童的资料似乎指向一种性别特定的文化，这种文化随着年龄的增长而增长，随着人们年龄的增长（进入老年）而减少。换句话说，具有性别歧视性质的观念和做法，可能对年龄相当敏感。在理论上和实践中，七岁或十岁以下的儿童被视为性别差异相对较小的群体。

这就意味着，女童可能与男童的经历没有明显的差异。对于经济条件较好的知识精英来说，对女童的着装或行为标准可能与男童不同，但所培养的美德、设计的活动和提供的一般身体护理大致相同。传统中国的早期儿童可能具有无性别的本质，这一点从古典文献中许多对"子"的引用可以看出，这些引用包括女童（因此性别通用），而不仅仅单指男童。年龄特征和性别分化的文化或阶级背景所产生的复杂问题，其意义远远超出了历史和历史学家讨论的范围。毫无疑问，危机和稀缺的时代以及家庭的社会经济条件，都使得这种分化更加尖锐。

女童面临着性别分化加剧的未来，因此，她们在女童期获得的书本知识、智力追求和文化兴趣，是她们暂时逃避或喘息的唯一途径。提供这样的机会并不仅仅是为了它们的精神价值，因为这些投资还可以带来许多实际的好处。精英和有文化的家庭为他们的女童寻求普通的古典教育。较为保守的绅士和普通民众会将道德灌输与文学训练混杂起来作为教材。具有讽刺意味的是，教育最终让女童在精神和气质上更接近与她们同龄的精英男童，同时使她们与其他未受教育的姐妹有了明显的区别。

至于女童是否被允许在生活中有一段叫作"童年"的时期（即少女时代与少年时代的存在），这在很大程度上取决于如何从经历和概念上理解儿童或童年。根据现代心理学、哲学和社会学的观点，童年不仅被简单地看作最年轻的群体生命历程中的一个阶段，而且被看作一段精神自由、天真烂漫、无邪的时期。与同龄的男童相比，传统中国女童的生活更接近这种现代的儿童和童年观念。从长远来看，女童可能没那么受重视，也没那么重要，但女童微不足道的地位也让女童在年少时获得了特殊的"缓冲空间"，基于对女童未来的生活困境的社会预判，促使父母怜悯她们，或在情况允许的时候暂时照顾她们。

但从整体上看，近世中国的女童期不可避免地是复杂的。更直接地说，如果有人要问，在近世之前的几个世纪里，女童的生活是变得更好了还是更坏了，这个问题很难在没有任何限定或描述的情况下得到回答。从积极的方面来看，所有阶层的女童接受教育的机会无疑都得到了提高，尽管最显著的是发达地区和城市中心的精英阶层（因为儿童识字能力的普遍提高、出版业的繁荣和活跃的印刷文化）。中国几乎所有地区儿科医学的持续发展也意味着包括女童在内的最年轻人口获得了更好的医疗保健机会。消极的一面是，理学正统思想的不断强化和制度化给这一时期的女性带来了越来越严格和不利的待遇。由于童年早期相对"无性"的特点，这个阶段对女童的破坏性并不像她们成年时要面对的影响那么明显。对女性社会地位的终极灌输所取得的积极进展，当然并没有阻止保守家庭降低性别差别待遇的年龄，更低龄的女童受到侵害，七岁前发生缠足就是一个显著的例子。另一方面，正是在这种对妇女的性别歧视发生的时候，一种对专制的主流社会有选择的社会文化的反抗，把对女童的时尚的和强烈的溺爱呈现给了社会。这是一种反应，是为了补偿女性在离开童年的临时避难所之后可能遭受的苦难，也是敏感人士对自己女儿不幸和悲惨命运的一种有意识的抗议。

西方历史上为数不多的关于童年的研究，虽然重要，也很有启发性，却把漫长的成人前的人生历程归为一类。所有年轻人都被归入儿童或儿童的一般范畴，在16—20年的婴儿期、童年期和青年期，年龄或性别几乎没有差别。大多数研究关注的是童年后期、学校教育、学徒生涯和高级社会化方面，而忽视了童年早期与青少年经历的区别。此外，西方的研究也几乎没有提供考虑性别的地域性和历史性的资料，来验证或反驳近世中国女童期的发现。无论是演绎的还是衍生的，关于年龄的理论化可能会提出许多问题。然而，在进一步详细的研究完成之前，这些问题和其他仍然只是深刻的好奇而已。

第八章 概念与现实

如果菲利普·阿里埃斯了解中国人和中国，他可能会犹豫做出如下结论：直到现代，人们对儿童和童年几乎没有什么概念。[①]随手翻阅中国的历史资料，就会给人留下一种明确的印象：这是一个对幼童有意识地给予密切照顾和培养的社会。暂且不考虑医学和相关的技术性的文献资料，就哲学思考、随笔、家谱和传记等资料中，对儿童的关注和各种讨论比比皆是。我们不需要考虑菲利普·阿里埃斯或任何心理解释学是否从这广阔的中国文献中得出关于儿童的特质。我们可能做的是，从规范以及经历的角度，揭示中国的童年可能是什么样的，允许从多个层面和角度提出概念性和方法论的问题。将童年的建构与经历两个角度并列，便引出了历史的代理性与主体性问题。这样一来，我们必须批判性地考虑下重新审视我们所熟悉的、以成人为中心与以儿童为中心的现代话语，这可能会开启从历史与文化中理解儿童、童年或人类生命历程本身。

此外，儿童生活和童年文化的历史表述必须与记录生成过程一起或对照评价，这些过程将与个人经历和主观的私人情感与回忆、集体心态和文化评判交织在一起。与微观层面的个体存在与宏观层面的文化价值、制度设置和社会运作相关联的元素，在创造和再现历史的过程中相互强化或相互冲突。因此，历史记录需要在精神上进行剥离，同时将这些社会、文化和心理力量的"历史"和史学效应拼接在一起。另一个挑战是，研究对象的年龄低于"清晰表达"的写作和讲话年龄——这是现代儿童心理学家、早期教育专家和儿科医生经常面临的问题。例如，通过创新的方法或别出心裁的方式，记录下幼儿的手势和面部表情，以及仔细评估幼儿有意无意输出的声音和踢腿的动作，以便能够近似地重现儿童的生活，回归到童年的声音和场景。然而，这种以前的表现所涉及的学术技能、心理过程及最终有效性，可能被质疑，但由此而获得的认识会远

[①] 菲利普·阿里埃斯：*Centuries of Childhood: A Social History of Family Life*, pp. 25–49。一些有经验的学者比如劳伦斯·斯通和彼得·拉斯莱特已经注意到，现代社会科学（社会学和心理学）可能对家庭史、内政史、情感关系等研究没有太大帮助。

远超过其局限性和弊端。首先，这重新评估的问题使最新科学对儿童的过度自信和他们对现代性的自我实现的预言突出。来自不同时期、不同地方的婴幼童讲述着被忽视却重要的故事，对现代社会科学和自然科学来说是非常引人注目的。

一、规范性观点

关于儿童和童年的规范性阐述在中国历史上很早就出现了。例如，《礼记》中对人类生命的最初阶段有详细的教导。一旦孩子可以吃饭或学说话，大人就要引导他或她学习基本的东西，比如方向、阴阳（对比和互补的概念）、数字和社交礼仪等。[1]随着时间的推移，这种教诲越来越细致。将《礼记》的模式与后来司马光《居家杂仪》中的一段话进行比较，可以了解到中国儿童教育的累积过程和演变特征。[2]在司马光时代前后，从来不缺乏对儿童、对他们的正确态度和教育他们的方法的讨论。这些教导性的文学作品，是关于儿童和童年的假设框架的例子。

然而，需要注意的是，不要把这种教导儿童的悠久传统与现代儿童养育或儿童文化的概念直接画上等号。首先，在教导性文献中谈到的"子"，就如同一个家庭的所有小辈，或老师的学生一样，未必能从机械或生理学意义上理解为与年龄有关。也就是说，这个"孩子"——被称为"子"或"幼"或"卑"——的性质、特点、长处和弱点，并不是从经验上观察到的生命阶段的线性发展中得出的，也不是基于任何血缘亲属关系的实际考虑。它们很难承载现代意义上的年龄或生命历程的标准化含义。相反，它们的立足点是道德文化和礼仪模式的推论，强调的是伦理秩序和社会表现，而不是生物繁衍。根据社会再生产所规定的原则，幼、小和子是家训中规定的启蒙教育的对象，并是儿童抚养和青少年培训的教导性文献的对象。这些都是在宗法等级制度中被确定的主题，即上级管理下级，年长者管理年轻人。这个问题从来不是简单地现代意义上的养育孩子并使之社会化，让他们长大成人并实现个人主义意义上的个人目标，而是就出生时的条件来塑造和引导他们成为一个有文化意义的社会人。这关系到

---

[1] 参见郑玄：《礼记郑注》，卷28，第243页。

[2] 与《礼记》一样，《居家杂仪》绘制了一个从婴儿到成人的理想教养计划，但又增加了有关特定活动的进一步方案；亦可参见熊秉真：《好的开始：中国近世士人子弟的幼年教育》，第204—206页。

对即将到来的社会群体（也可以称之为下一代）的养育、看护、对待和培养，在他们能够承担和发挥作为指挥的主体性地位、作用和功能之前，与其说是生理学上的繁衍生息，不如说是社会伦理学上的礼仪传承。事实上，在汉语中作为儿童和青年人的重要管理者出现的"成人"概念，总是更强调人类发展过程中潜在的、雏形的"完成""成为"和"充实"的意义。从现代西方文化语言学的内涵看，它也许永远不应该被翻译理解为"成人"。这是中国传统经典中就长辈而言的年轻人的意义，这即是著名的《弟子职》一书开头，讨论了"少者之事"的义务，其中包括晚睡早起、起床清理座位而后洗漱，做事要谨慎恭敬，轻揭衣锦、备好洗漱用具等待老师起来等。①管子的"弟子"涵盖了"学徒"时期不同年龄的学生，尽管他的主要对象是大童或青年。虽然近世中国的家训和教材继续沿用《弟子职》作为道德规范，但弟子的年龄更小，规模更大，且出身不同，没有行业和培养目标限制，这与过去仅招收古代贵族子弟有很大的不同。到了近世中国，这种对弟子的义务、责任、礼仪的传统要求，遭到了王阳明学派的有力挑战，他倡导儿童的天性、先天之善和个人自由。在这一传统思想流派中，弟子要服从先生，正如《弟子职》所建议的那样：

> 先生施教，弟子是则。温恭自虚，所受是极。见善从之，闻义则服。温柔孝悌，毋骄恃力。志毋虚邪，行必正直。游居有常，必就有德。颜色整齐，中心必式。凤兴夜寐，衣带必饬。朝益暮习，小心翼翼。②

这篇作品显然属于规范、古典文化的一部分。它用"应该是""应该做"来界定弟子的义务，期待青年学子能服从老师和父母，这种观点与后来的王阳明学派或现代主义者主张儿童"已经是"或"自然可以是"的方式截然不同。

二、成人的憧憬

古典正统派与近世激进派的教育文献在一个问题上达成了共识，即为了使年轻人成为他们应该成为的人，长辈应对他们负有养育之责，而教育是其中最

---

① 庄述祖：《弟子职集解》，第1页。
② 同上。

重要的。这种观点以司马光的箴言形式明确出现，他以一个自觉而认真的社会变革家的语气说道：

> 凡为家长，必谨守礼法，以御群弟子及家众。分之以职，授之以事，而责其成功。……凡诸卑幼，事无大小，毋得专行，必咨禀于家长。①

的确，司马光所讲的那个时代是宗法父权专制。这里提到的家庭长辈代表了一般的"理想成人（作为完整的或完成的人，即'成人'）"，这是所有父母和教师作为其社会地位和实际角色的资格所期望的一种条件。从这段以及类似的文字表述中，我们可以清楚地看到，这样的成人不仅被认为具有在所有情况下领导和塑造年轻人的智慧和能力，而且足够成熟能维持自己度过困难时期。因为只有成人才能根据风云变幻的未来社会培育孩子。因此，在这个计划中的成人的想象，必定和孩子一样是一个幻想的存在。事实上，由于成人的性格被坦率地认为不如理想中完美，他们也被赋予了具有妥协或废除他们的社会使命无效的能力。

因此，当这种讽刺出现时，这些具有教育意义的著作实际上是鼓励年轻的学子勇敢面对不称职的父母。用司马光的话说，按照儒家经典的模式，"凡父母有过，下气怡色，柔声以谏，谏若不入，起敬起孝，悦则复谏。不悦，与其得罪于乡党州闾，宁熟谏"。"父母怒，不悦而挞之流血，不敢疾怨，起敬起孝"。②尽管有章可循，但父母或一般的成人仍有可能成为社会上做错事的人，甚至连他们自己的孩子也能看出来，却顽固地拒绝孩子的告诫，有时甚至是对劝谏的孩子施以暴力。

更为严重的是，父母或成人不仅会个人犯错，还可能对子女的行动下达错误的命令和指示。比如，司马光建议孩子听从父母的命令，高效地完成任务，并立即汇报。如果父母"所命有不可行者"，孩子应尽量用和气的神情和柔和的声音提出自己的观点，如何最好地分辨是非，并将有益的和有害的思想分开，"具是非利害而白之"。如果父母不同意孩子的论述和辩解，孩子就应该迁就父

---

① 司马光：《教男女》，胡广：《性理大全》，卷19，第333页。
② 同上，第334页。

母的命令（屈从），因为这并不构成严重的伤害，"事无大害"。这种行为在现实生活中可能产生的社会弊端或道德影响，是司马光并未探讨的一个两难问题。然而，他确实注意到，如果一个孩子选择根据自己的判断行事，并坚信父母是错误的，那么他将被认为是一个不听话的孩子，即使他是站在完全合理的基础上，这就表明和谐的、等级的秩序是旧理想的本质。只要社会秩序继续以这样的方式来设计和运行，领导者的不纳善言的行为永远不会转化为对他的领导资格的质疑，错误的决定也不会调整或颠覆他的领导角色，"虽所执皆是，犹为不顺之子"，司马光以"况未必是乎"这一困惑的思考结束了讨论，留下了一个令人困惑的伦理僵局。

从概念上和暗示意义上来看，这些考虑引发了不止一个有趣的问题。最重要的是，儿童的社会意义（相对于父母或长辈而言，是作为一种地位和角色），在日常生活中的狭义的生理学意义（作为一个人生命过程中最早的阶段），以及抽象的哲学内涵（作为一种存在状态和自然的品质，表示天真、纯洁和善良的自然品质）之间存在着密切的联系以及潜在的差异。

三、好孩子

在传统中国的教导性文献中，儿童承担着非凡的责任。他们不仅要遵守父母的要求和社会的要求，而且被要求有足够的智慧来辨别是非（往往比他们的长辈更高）。文献中没有显示他们是如何变得足够聪明，能够意识到父母的错误，但孩子需要足够温柔，能够谦卑地提出建议，即使冒着招致恼怒或羞愧的父母一顿鞭打的风险。相对而言，人性和这里所要求的伦理都是平凡的。然而，每一个非常年轻的、大概是最没有经验的社会成员那里，却被寄予了这样的期望。人们要如何支持让天性更好的人（孩子）被潜在的易犯错误的人（父母）所塑造？更进一步说，孩子是在什么环节，在什么时候开始失去这种聪明、善良、友好，或者一个接一个地成为糊涂虫，甚至成为社会上堕落的、道德低下的成人？

事实上，后世的理学家对早期教育和儿童本质的问题进行了认真的思考。王阳明主张对基础教育采取一种自由开放的态度，要求人们采取鼓励的方法，用诱导的资料（例如童谣、歌曲和礼仪活动）来教导儿童。他认为，教育是为儿童提供一个培育和培养天性善良的机会，而不是塑造和束缚儿童的场所，否则会导致儿童对老师的怨恨和对学习的痛恶。[1]16世纪的激进分子李贽希望人们认识到，童心是一个人唯一可能拥有的真心，一旦这颗心被"虚情假意"的书本学问、自命不凡的社会风俗、常见的世俗之恶或文明的自我欺骗所污染或沾染，一种麻木的盲目性就会出现。在李贽看来，孩子天然有一颗善良的心，外在的教诲和熏陶只能产生一种多余的、有害的影响。一个人在失去童心的那一刻，也就是离开童年的那一刻，就不再是一个"真人"。[2]取而代之的"假人"就是这种人为培养和欺骗性教育的结果，社会上通常称其为成人。[3]

明代中叶以来，备受赞誉的王阳明心学的各个分支流派对儿童的无情和启蒙教育进行的这种审视和争论，构成一场主要的社会文化运动，既非中国历史上前所未有的，也不是比较独特的。无论是王阳明思想中的快乐好奇心，还是李贽论述中的天真无邪心，似乎都没有司马光或朱熹的训诫术语所假设的更接近"真孩子"的表征或理想。从跨文化与历史角度来看，悲观主义者总是认为，儿童应该接受成人的适当教育，即使他们承认有些时候儿童比长辈知道得更多，做得更好。另一方面，乐观主义者则主张，儿童生来就具有优越的纯洁性和宝贵的天真性。虽然他们也承认，随着生命的发展最终几乎没有什么能够阻止人类被环境所破坏。那么，孩子是否基本上都有不足，却拥有神奇的潜能，还是他们从根本上来说是善良的，但最终注定要失败？

四、寻觅近世历史上的儿童和童年

查阅传统中国儿童生活的相关资料，就会发现惊人的变化和很多不协调的地方。例如普通的家训要求人们塑造和引导孩子，而不要被孩子的恼人行为压得喘不过气来。换句话说，在中国关于家训的漫长话语中，儿童和童年向人类呈现了有待改进和培养的粗糙形态；另一方面，在儿科文献中看到的生物医学证据，则倾向于强调理解儿童的重要性，接受儿童的本来面目，并在以儿童为中心的框架下对他们进行相应的治疗；绘画作品则描绘了儿童的田园诗般的生活，他们在玩玩具、宠物和游戏，与小贩亲密接触，在节日里尽情地玩耍，或

---

[1] 王阳明：《训蒙大意》，《王阳明传习录》，第276—277页。

[2] 这里，李贽大概是在说跨越性别界限的人类，所以它既可以是"她"，也可以是"他"。虽然像在他之前的所有哲学实践一样，当转化为实际的社会术语时，这种理想主义的思考往往主要考虑的是男性。

[3] 李贽：《童心说》，《李氏焚书》，卷3，第22—24页。

者在村学里于塾师打盹时调皮嬉戏。在这样的描画中，根本看不到道德家对宠物、喧闹游戏和身体活动的禁止。几乎没有像理学要求的那样，儿童安静地坐在书桌前，或穿着整齐的长袍，低头或双手合十地跟在长辈身后。这些只是来自在不同的角落、不同的时刻，从不同的角度、为不同的目的呈现出来的景象和声音吗，或者它们实际上是作为某种形式的文化抗议而创作的，是对严肃的社会主流的审美挖掘？此外，自传体文学、日记、诗歌和书信中对童年的回忆，一方面是食物和游戏的乐趣，另一方面是对疾病、死亡、孤独和挫折的恐惧，以及惩罚和管教的痛苦。[①]这些显然不同的文化话语，在多元的历史中相互对话，显示的是一幅拼接而成的、不怎么连贯的画面。

就中国而言，把儿童的经历作为历史上一个合法而重要的问题时，我们可能要避免把儿童的成长过程的叙述与它发生的社会和物质条件混为一谈。因此，我们不应该用成人对儿童的态度或方式来代替儿童自身的状态和童年经历。后一种调查和解释将儿童视为变化的养育方式、不同的教育方法、不同的社会心态的接受者和被动对象，而这些都是"成人的历史"的一部分。相反，我们应该反思"历史中的儿童观"的本质，也就是说，是否有可能包括儿童对自己的认识、对他人的感情和态度、对远近事物的看法、欢乐和痛苦的声音等。

在这里，关于概念和方法的问题，不可避免地与物质和原始资料本身存在的问题交织在一起。研究儿童显然有不同类型的资料可供选择。就中国而言，人们熟悉的资料包括家训、家谱、教材、儿科病例记录等，绘画和工艺品中的表现形式也需要考虑。但研究者在理解儿童这个复杂综合的世界之前，应牢记哲学和宗教运动。传记和自传体资料可以形成一个重要的起点，但如果不适当地结合其生产和繁殖的社会和文化环境。[②]

五、互动的世界

长期以来，关于儿童和童年的话语不断变化，这与人们对人类本性的观念（性善论与性恶论）和对自然的假设有关。这并不奇怪，因为东方或西方、

---

① 参见熊秉真：《试窥明清幼儿的人事环境与情感世界》，《本土心理学研究》，第251—306页。

② 在其他地方，我解释了传记和自传来源重现童年经历的优势和局限性，以及使用它们的方法论问题。参见熊秉真："Constructed Emotions: The Bond Between Mothers and Sons in Late Imperial China," pp. 88, 104–107.

现代或古代的哲学家都倾向于把儿童视为生命的开始，看作一个处于纯真状态的个体。然而，另一些人则认定，儿童的日常平凡的活动，不过是一种任由他人摆布的柔韧材料。在后一种观点中，认为无论是人性还是自然，从一开始就不是天然的、被动的或未加干涉的。纵观中国历史，两大阵营的成人在教育、医学、社会伦理和大众宗教等方面都以这些观点进行争论和行动。11世纪以后，近世中国的儿科医生认为，可怕的、痛苦的或不快乐的经历会可能导致儿童患上严重疾病，部分原因是他们认为儿童通常应生活在自然宁静的环境中。[①]13世纪的医生张从正曾指导父母给婴儿一个漂浮在水桶里的玩具，来活跃婴儿大脑和刺激身体发育，因为他相信婴儿是易于接受并可受到影响。[②] 然而，其后医学专家根据临床观察和治疗经验向其他医学专家表明，即使是婴儿也可能被赋予某种意志力、性格，或至少婴儿会表现出某些偏好和不喜欢的暗示。与这些暗示采取合作而非对抗的态度，似乎是明智的，对婴儿的健康有益。

家谱和传记资料为两种观点均提供了相应证据。记录显示，婴儿或儿童并非无个人意志，亦不缺乏自我表达。大量的传记记载了护理人员在护理过程中遇到的困难。邵行中的母亲因没有乳汁，祖母不得不为其寻找乳母。"十易保母，乃得乳。"[③]徐虪提供了另一个婴儿哺乳困难的例子，家人也曾为他"觅乳媪，不称意"。有趣的是，从实践和文化表征的层面来看，人们之所以遇到问题——留住合适的乳母——应该是与孩子的偏好和反应有关。[④]岑毓英未满周岁时母亲去世，他拒绝乳母代乳，祖母被迫"哺之以粥"。[⑤]家庭意见和其他因素可能对这些麻烦的情况起了消极作用，但儿童自己的接受或拒绝通常被认为是人们在做这些决定时的关键因素。传记和家谱中还提到了孩子不乳或拒食的案例，似乎没有明显的原因。这些"难缠的孩子"所代表的话语，暗示指向了一个将婴儿的意愿视为必然的社会。

近世中国的医学典籍和家谱中提到了不少不愿断乳的幼童。因此，儿科和妇科手册给出了"断乳方"。医案中提到了四五岁儿童的例子，"小儿年至四五岁当断乳而不肯断者"，传记描述了五六岁甚至八岁的孩子仍在哺乳的实际情

---

① 熊秉真：《惊风：中国近世儿童疾病与健康研究之一》，《汉学研究》，13：1，第169—203页。
② 同上。
③ 邵行中：《五世行略》，姚名达：《清邵念鲁先生廷采年谱》，第9页。
④ 徐虪：《敝帚斋主人年谱》，第3—4页。
⑤ 张藩：《清岑襄勤公毓英年谱》，第7—8页。

况。不乳、拒喂养或不愿断乳的儿童被描述为有自己的"独立"思想，并在一定程度上得到承认。①孩子有自己的意愿，无论是植根于他们原始印记的味道，还是作为其先天性格一部分的偏好，或者是个人禀赋的一种粗浅认识。古今皆同，人们认为，孩子在选择吃饭或睡觉时，是他的客观物理环境和社会环境的主观反应。的确，儿童周围的成人可能是构成人类环境的重要组成部分，但他们并不是唯一或压倒性的因素。明清社会中所谓的"歧婴"，或者说麻烦的孩子，很多人都认为他们有自己的"想法"。日常的事件是可证明的交流和交往的场所，而故意的互动可能只是这些挑衅的普通部分。从这个角度来看，成人如何疏忽，一个社会或一种文化如何以成人为中心，并不那么重要。当婴幼儿和儿童不被认为是规则和待遇、社会化和文化适应的被动接受者时，他们的行为记录显示了现代心理学假设和社会理论的贫乏。

《居家杂仪》的作者司马光，据说他小时候很喜欢吃和玩，并因与妹妹争论破解核桃壳的最好方法而闻名。他被描绘成一个喜欢到处跑的男孩。有一次，司马光凭着机智，救起了掉进深水缸里的伙伴。②理学家周敦颐幼时喜欢捕鱼。③明代著名的士大夫徐光启也因小时候喜欢抓兔子而闻名。④知名的清代戏剧家孔尚任喜欢爬花园的架子摘葫芦来装饰自己的房间。⑤清代学者陈东塾（1810—1883）约四岁时，常与妹妹一起玩耍，养鸟喂鱼、看百戏竞作。⑥

因此，即便是生活在同一近世中国的模范人物和历史名人，也不尽是在严苛束缚下度过童年，或者并不是理学思想中所提倡的安静童年。那么，他们所传递的社会场景和文化信息是怎样的呢？一方面，朱熹的《童蒙须知》告诫孩子"凡喧哄争斗之处，不可近。无益之事，不可为"，比如赌博、笼养、打球、踢球、放风禽等事，都在禁止之列。⑦崔学古的《幼训》也禁止"擒蝴蝶蜻蜓诸虫，践踏虫蚁，折花枝作顽"⑧。但另一方面，宋代的名画描绘的是儿童玩耍的情景

---

① 参见熊秉真：“To Raise the Young: Nursing and Infant-feeding in Late Imperial China,” pp. 217–238。
② 陈宏谋：《宋司马文正公光年谱》，第2—3页。
③ 张伯行：《宋周濂溪先生敦颐年谱》，第4页。
④ 梁家勉：《徐光启年谱》，第37页。
⑤ 陈万鼐：《清孔东塘先生尚任年谱》，第16页。
⑥ 汪宗衍：《陈东塾先生年谱》，第3—5页。
⑦ 陈梦雷：《古今图书集成》，册324，卷39，第12页。
⑧ 崔学古：《幼训》，册2，卷8，第4页。

(《婴戏图》)和儿童围着小贩(《货郎图》)，以及儿童在节日和市场的情景(《春市图》)。史料记载中是否有成群的儿童在户外温柔或喧闹地玩耍？这样的画面是否可以证明近世以来"儿童文化"的存在和盛行？在评价近世中国的童年生活时，是否应该采用现代知识分子的假设？

图 38 《秋景戏婴图》，(元代)作者不详。在成人对童年的描写中，孩子常常表现出不受性别、地域、阶级的限制，显示一种儿童般的纯真。因此，儿童玩耍成为传统儿童画中的一个主题。尽管朱熹等儒家思想家主张儿童要自律、节俭，避免非理性的活动(沉溺于吃零食、玩游戏、养宠物)，但这种主题并没有从中国艺术中消失。台北故宫博物院藏。

图39　（清代）丁观鹏的《太平春市图》。在中国人的一般节日或集市时，各类人往往欢聚一堂。在这张图中，儿童和成人一起出游、聊天、看木偶戏等。台北故宫博物院藏。

　　大量来源广泛、种类繁多的明清时期的资料有助于我们思考这些问题。长辈对儿童的兴趣纵容、赞美和欣赏，暗示了一些人对儿童训练的"宽松"态度，这种无拘无束的赞许与教导性文学作品中是完全不同的。例如，著名的明代官员徐溥的舅舅就经常表扬他所认识的一个爱唱歌的孩子。[①]16世纪创作了《西游记》的小说家吴承恩，幼时喜欢在家里的白墙上画动物。[②]因此，在近世的社会中，可能会有几个"完美的孩子"脱颖而出，以证实理学思想下的程式化、公式化的童年的正统理论的要求，但一般性调查很快就显示一种社会文化的混杂话语及更复杂、更活泼和更生动的童年，大部分孩子不是理学思想中的那个样子。

　　这种思虑要求我们从概念和方法上重新审视幼儿教育。就数量上和代表性上来讲，与每一个出现在名人传记前几页的有教养的、早熟的、勤奋的孩子相对应的，是更多失败的、无望的或"不慧"的孩子。在社会行为和文学记录的僵化形式下，明清时期中国大量的男孩和女孩表现出来的不当兴趣、非传统的爱好和各种层出不穷的"问题"，大大消磨了长辈的耐心，使得他们更愿意忽视平庸的现实。据记载，明末忠臣张煌言（1620—1664）幼时酷爱诗歌，他的父

① 徐照：《明代大政治家徐溥年谱》，第9页。
② 苏兴：《吴承恩年谱》，第3页。

亲"虑废经史，每亦为戒"，虽有父亲的严厉监督，但八岁的张煌言能"犹时时窃为之"。[1]清代学者邵行中的祖父在抚养其长大的过程中，时时监督，确保"非儒学之书勿使见"。[2]另一方面，近世中国严格的礼教文化下，那些在社会上被列为禁止的淫书秽曲，连诗歌、史学等，都可能被列为青年学子的阅读禁区。六岁的方苞（1665—1749）不得不趁着父亲外出时启箧潜观史学。[3]殷兆镛因窃观《三国演义》而遭到父亲痛责。[4]王闿运因自己早年对《楚辞》的喜欢被扼杀而遗憾，自恨不能"多读未见之书"。[5]然而，就像社会上的误区一样，关于"顽童""劣子"的个人品格的描述，并非没有丝毫的赞美和认可。因此，不仅规范表象下的活泼、挣扎的儿童品质以矛盾的方式被保存下来，孕育和试图处理这些儿童的社会环境也以其矛盾的复杂性被看到。同样的道理，儿童不仅被认为生来就具有不同的智力和特殊的能力，而且在教化开始之前就有了明显的个人特征。可以肯定的是，在这里，没有人一开始就是一张白纸，可供成人和社会在上面随意书写。

此外，这种对人类自然禀赋的复杂假设，并不一定（或不被理解）带有内在的阶级偏见。农家子弟和工匠小伙并不被期望能广泛参与社交礼仪或书本学习，但社会教化也让他们养成礼貌行为，避免道德败坏。因此，人们注意到，底层家庭的父母和长辈都要求自己的孩子听话、可靠、勤劳，不惹事、不招祸。例如，在池塘和河流中游泳或玩耍是不允许的。将领罗思举出身于一个普通的农民家庭，幼时三次嬉戏落水，每次获救都遭到家长痛打。[6]身体上的冒险以及对食物和游戏的热爱被认为是儿童存在的核心。有改革思想的道德家认为，在这方面的限制是一个统一的因素，它使儿童与处于社会另一端的成人处于平等地位。据记载，徐鼒幼时身体虚弱，经常生病，然而，这并不妨碍他与兄弟摔跤嬉戏。但这种玩耍，却被大人责打。[7]喜欢笑语和幽默的汪辉祖，因此获得与祖父同样的待遇。[8]

潜藏在近世中国正统育儿模式背后的享受和玩乐作为儿童的隐秘世界被呈

① 赵之谦：《张忠烈公年谱》，第8页。
② 姚名达：《清邵念鲁先生廷采年谱》，第14页。
③ 苏惇元：《方望溪先生年谱》，第42页。
④ 殷兆镛：《殷谱经侍郎自订年谱》，第9—10页。
⑤ 王代功：《清王湘绮先生闿运年谱》，第9—10页。
⑥ 罗思举：《罗壮勇公自订年谱》，第12—14页。
⑦ 徐鼒：《敝帚斋主人年谱》，第5—6页。
⑧ 汪辉祖：《病榻梦痕录》，第8页。

现出来。朱熹曾告诫子弟，在饮食方面要遵守"凡饮食，有则食之，无则不可思索。但粥饭充饥不可缺。凡饮食之物，勿争较多少美恶"①。吕得胜在《小儿语》中教导孩子应清心寡欲，勿求华服美食，戒儿"饱食足衣，乱说闲耍，终日昏昏，不如牛马"②。《弟子规》称饮食无拣择，适可而勿过。③崔学古的《幼训》要幼者以食粥为主。④传记文学却用活泼的孩子为吃零食而打闹的故事来吸引人们。对于那些注意到这些场景的人来说，每个人心中的崇高期望似乎成为展现个性、有趣人物的最佳文化背景。如上文所述，司马光曾与妹妹认真地讨论如何破核桃⑤，七岁的邵行中也曾因在祭礼中争啖果枣而被责骂。⑥在这些道德故事中，混杂着父母、祖辈、塾师、考官以物质奖励和零食作为公然的"诱惑"的幽默故事。以牛运震的祖父为例，每当牛运震背诵流利，就给予其蜂蜜奖励，罔顾牛运震牙疼不已。⑦这些长辈似乎接受孩子对食物和甜食的自然喜爱，认为这是合理的口味和便捷的激励力量。对他们和他们所代表的社会行为而言，来自教导性文献中的声音不仅证实了崇高思想和日常现实之间通常存在差距：他们教给人们日常工作的方式都有问题，从而证实了更深层次的一致性。

那么，对于这个时期的受过教育的人来说，一般的童年是怎样的呢？据说应是这样，鹿善继（1575—1636）"生而凝重，少不嬉戏"⑧，黄道周（1585—1646）"自幼雅不乐于流俗，性颇湛静"，"怡然自得"。⑨

熟悉近世中国政治、社会、经济、军事、思想或宗教史的人，会立即识别出上述故事中的诸多主角。他们以各种方式青史留名，我们不得不诉诸传记信息来了解英雄和巨枭。这一事实告诉了我们，历史和历史追求的成人导向和"功能"性质，以及社会对儿童和童年采取的功利或计算的方法。这些婴幼儿的家庭大多显赫，尽管不同的职业选择模式和更多的社会流动性（向上或向下），意味着这些儿童以及他们成年后，在这个时期代表了一个多阶层和跨区域的群体。无论如何，从近世角度来看，不管是以"解放天性"现代标准为中心的贪吃、

---

① 陈梦雷：《古今图书集成》，册324，卷39，第12页。

② 吕得胜：《小儿语》，第2页。

③ 李毓秀：《弟子规》，第4—5页。

④ 崔学古：《幼训》，册2，卷8，第5页。

⑤ 陈宏谋：《宋司马文正公光年谱》，第2页。

⑥ 姚名达：《清邵念鲁先生廷采年谱》，第13—14页。

⑦ 蒋致中：《牛空山先生年谱》，第3—4页。

⑧ 陈铉：《明末鹿忠节公善继年谱》，第2页。

⑨ 叶英：《黄道周传》，第29—30页。

爱玩、好动的孩子，还是严肃谨行、模范的孩子，都代表了一个不断发展的，在实践和表现上都是活泼的、局限的童年形象。而产生和容纳这种多重性和多样性的社会结构源于一种知识传统和日常习惯，这种传统要求对童年和儿童文化进行"语境化"：这将考虑到模糊存在的复杂和变化的社会生活（儿童和童年作为一种"客观"现象）和多元而冲突的话语表述的文化（对这类问题的描述和讨论不断有主观的力量参与其中）。与此同时，这一尝试可能会使人们重新认识到概念与方法论上的史学研究的鲜明特征，这是一种对这样的独特挑战的一种粗浅的尝试，将主观与客观、人类理性与情感联系在一起并让它们得以理解。

　　故事往往表明，模范儿童在外界喧闹和欢乐的双重诱惑下仍能控制自己。尹会一年仅五岁，即能"不与群儿戏"[1]。马新贻幼年"性沉默，不好嬉戏"，在乡塾中读书时，遇到达官贵人路过学校，同学都去围观，只有他"独一人危坐自若"[2]。王鑫（1825—1857）小时候也是"诸童或于哺时游息，独不出"[3]。然而，如果没有大多数平庸而常见的同伴衬托，这些安静的模范儿童的特殊性便不会凸显出来。如果没有那些窗外嬉戏玩闹的儿童作为背景，这个独特的孩子还怎么会显得值得称赞呢？换句话说，这种叙述未必是完全凭空捏造的结果，它既告诉我们社会和传记作家认为完美的孩子和值得称道的童年是如何从普通人群中脱颖而出的，以及是什么组成了他们的生活。这些话语背后的心态就是在一种并非总是无缝合作中推动和表现现实的力量的一部分。

　　如果按照王阳明的哲学或道家的主张，认为像成人一样的严肃是训练的结果，而不是先天的善良，社会为什么或如何继续奖励和赞扬大多数孩子的天性呢？清代考古辨伪学家崔述的父母从儿子能独立行走开始，就一直形影不离，这样做的目的是"未尝令与群儿戏"[4]。在这种描写中，崔述不与其他儿童玩耍并非自己意愿，而是其父母逆当时遵循儿童爱玩天性的自然主义的潮流而获取的。著名治国思想家魏源是个"幼寡言笑"的孩子，五六岁时还"常独坐"，偶尔出门，家里的狗对他狂吠，好像他是个陌生人。[5]像这样的人物和场景，在文化、哲学、宗教甚至生理和医学辩论的背景下，应该如何与潜伏在其背景中的各种评价和传播力量联系起来，才能成为不同凡响的轶事？曾国藩出身于名门望族，

---

① 吕炽：《尹健余先生年谱》，第22页。

② 马新祐：《马端敏公年谱》，第12页。

③ 罗正钧：《王壮武公年谱》，第6页。

④ 姚绍华：《崔东壁年谱》，第2页。

⑤ 王家俭：《魏源年谱》，第2—3页。

他被称赞是一个异常沉稳的男孩，三岁的他每日依在祖母王太夫人纺车之侧，"静如处子"。[①]来自良善家庭，有上进心、彬彬有礼的孩子毕竟不是多数，然而他们被要求代替庞大而模糊的大多数来承担更多的真实的或想象的培养和社会责任。传记希望我们记住那个庄严地坐在教室里的孩子，而不是同一幅画面中那些大多数在外面玩闹的儿童，但并非没有对情境和表现中的模棱两可和混杂的情绪的适当欣赏。

六、生命的循环

中国儿童在幼时就被教导，要学习和认识到他们在家庭和社会中的角色的互惠性。家长哺婴扶幼，是为了对家族宗祧尽责，延续家族和促进繁荣，孩子似乎也承担了他们作为这个社会事业中必要的责任，明白自己的位置，长幼之间要休戚一体，共生共济。例如，明代武将戚继光（1528—1589）幼时喜欢着丝履走过前厅，父亲训诫切忌好奢成性，以免长大做官后侵吞公饷败坏家族名声。[②]何翔高（1865—1930）幼时即知父亲盼他科名早定，从而全力以赴学习，"念舍此无以博父欢"。[③]汪辉祖失去父亲后，其嫡母和生母都要求他努力学习，以"儿不学，必无以为人，汝父无后，吾二人生不如死"。[④]成人除非将儿童视为主观能动者，才能使他们理解如此宏大的责任并积极采取行动，否则这种言论和要求是没有用的。因为儿童天生爱玩的本能和天真无邪的倾向，使得他们可能会更倾向于其他选择。

事实上，从19世纪的资料和文献中，人们会看到儿童认同群体目标和分工协作负担的能力。段锡朋（1897—1948）为他的贫困家庭出外借贷[⑤]，蔡廷锴、何廉（1895—1975）等农家子弟，习惯帮祖父或父亲在田间劳作[⑥]；薛光前（1910—1978）幼年就意识到父亲卖酒破产对家庭的影响。[⑦]当然，为了避免故事中的主人公明辨是非的能力被忽略，特别描述了并不是所有孩子都被认为会

---

① 黎庶昌：《清曾文正公国藩年谱》，卷1，第6页。

② 谢承仁、宁可：《戚继光》，第6—7页。（原著中标注作者为谢承仁，译者注）

③ 吴天任：《清何翔高先生国炎年谱》，第4页。（原著中标注书名为《何翔高年谱》，译者注）

④ 汪辉祖：《病榻梦痕录》，第10—11页。

⑤ 段永兰：《我的父亲》，《传记文学》，3：4，第26页。

⑥ 蔡廷锴：《蔡廷锴自传》，第12页，浦薛风：《记何廉兄生平》，第27页。

⑦ 薛光前：《困行忆往》，《传记文学》，32：5，第46页。

以同等程度的责任心做出反应。当然，儿童自发参与成人更大的世界也显示他们有自己的想法：即在家庭和社会文化交际中争取一席之地，无论是物质上还是精神上，出于天性或选择都对构成其生活圈子至关重要。换言之，天真可能是定义一个儿童和童年的自然属性，但表现超越自然属性能力的儿童，被当作珍贵和杰出的存在。

事实上，另一个揭示儿童更广泛参与意义的领域是他们对长辈的支持和照顾。毫无疑问，近世传统传记中，既有双亲对幼儿的护惜与操劳，也不缺乏孩子对父母的忧虑和顾念。例如，由于近世中国的人口统计数据显示的民众高死亡率，幼儿丧亲与父母丧子一样常见。[1]有不少人，比如归有光，创作散文和诗歌表达幼时因父母去世所受到的冲击和悲痛。在为母亲所写的悼念文章中，归有光不仅清晰地记得母亲与七个子女的日常相处，还坦言母亲的死令他心碎，一想到自己突然失去了这种亲密关系，他就不断地懊悔。而作为成年男子，他渴望得到有关母亲生前的任何一点信息，他称这令他泪流满面。[2]翁叔元也讲过类似的丧亲往事。[3]七岁丧父的夏敬渠，多年后他仍能回忆起葬礼时的凄惨，母亲产后就披戴重丧，初生的妹妹在草席上爬来爬去，无人照料。[4]刘宝楠的父亲在其五岁时去世，后来他追忆一家人的生活因此陷入困顿之中，母亲如何努力克服悲痛并含辛茹苦抚育其长大成人。[5]正如第五章所讨论的那样，孤儿寡母同甘共苦，共同在恶劣的生活环境中挣扎，形成了一种特殊的团结感和情感纽带。无论如何，在他们自己的记忆中，以及在近世中国的集体记忆中，儿童比他们周围的成人更深刻、更敏感地感受到了人生起伏。

无数孩子因失去亲人而伤心欲绝，或对家人患病而焦虑忧伤，观察他们的反应，可以消除他们或世人眼中认为是无辜接受者的疑虑。明末哲学家李颙（1627—1705）在少年时，父亲战死沙场，母亲彭氏欲自杀殉夫。年幼的李颙紧抓母亲的衣带，恳求母亲活下去，以"母若殉父，子必殉母，家道即绝"苦苦挽留。[6]如前文所述，李光地为他父亲的疝气病而祈求神灵的帮助[7]，殷兆镛为

① 参见熊秉真：《试窥明清幼儿的人事环境与情感世界》，《本土心理学研究》，第261—262页。
② 归有光：《先妣周孺人灵表》，《震川文集》，卷17，第1页。
③ 翁叔元：《翁铁庵年谱》，第2—3页。
④ 赵景深：《清夏二铭先生敬渠年谱》，第14—15页。
⑤ 刘文兴：《宝应刘楚桢先生年谱》，第5—6页。
⑥ 吴开流：《李颙》，《中国古代著名哲学家评传》，第2—3页。
⑦ 李清植：《李文贞公年谱》，第12—13页。

其父病患向神灵求佑①，朱次琦为父病而长跪叩首祈祷。②长辈与子女之间的关系被理解为、描绘为毫无疑问在实践上也是一种关联互惠关系，如果用单向度来表现，即以成人为中心的等级制度或以儿童为中心的现代性，就会显示出一种扭曲的图景。

这种儿女对父母的支持和情感，也可以延伸到其他家庭或社会关系中。黄叔琳幼时观察到祖母不喜母亲，颇为感伤。③蒋敦复也因为母亲"不容于姑"，而内心难过，深感孤零。④据记载，亦有孩子对生活的苦难不轻易或被动地接受。例如明末政治领袖张溥的母亲曾为婢女，一向受宗族强势所欺。一日，张溥亲见父亲遭到伯父家仆役谗言，愤而立誓："此仇不报，非人子也。"父亲去世后，十六岁的张溥设法把地位卑贱的母亲迁出父族住宅——这与《孟母三迁》的著名故事相对，是一个讽刺性的反转。⑤清末改革家谭嗣同为父亲结发妻子所生，幼时便知父亲宠爱年轻貌美的妾室而感到沮丧。七岁时，母亲以兄长婚事为借口离京返湘，谭嗣同明知原因，却只能目送母亲的马车黯然离去，他抑郁难解，"目泪盈眶，虽难忍不使之出"。感情上的挫折和内心的苦闷，使他在半年多的时间里未开口讲话。⑥婆媳失和、妻妾争斗、亲戚成仇，这些都是中国社会熟悉的主题。在这些事件中孩子表现出来或讲述出他们承受着痛苦，可以在适当的时候维系家庭的团结。孩童般的天真，引起一代又一代道家自然主义者、激进的理学和佛教徒的钦佩、羡慕和争论，并不是简单地矗立在那里，近世中国的社会肖像画呈现了一系列令人困惑的深层复杂的、有时是深刻的、令人不安的文化形象，即成人和儿童的世界之间未能互相理解，未能被解放的呼吁或精神分析的理解所触动。

众所周知，父母和长辈还可以把个人的事情向孩子倾诉。汪辉祖九岁时与父亲乘船同旅，父亲向他谈起谋生的艰辛与眼前遇挫，不得已要仰人鼻息、乞助于人的悲哀，讲到伤感处，两父子相对而泣。⑦赵于京六岁丧父，两位寡母带着六个不满十岁的孩子依傍祖父母为生，赵于京清晰地知道如何承担家庭责任，

---

① 殷兆镛：《殷谱经侍郎自订年谱》，第10页。

② 简朝亮：《朱九江先生年谱》，第4页。

③ 顾镇：《黄昆圃先生年谱》，第2—3页。

④ 滕固：《蒋剑人先生年谱》，第4—5页。

⑤ 蒋逸雪：《张溥年谱》，第6—8页。

⑥ 谭嗣同：《先妣徐夫人逸事状》，《谭嗣同全集》，第197—200页。

⑦ 汪辉祖：《病榻梦痕录》，第7—10页。

当"阖家长跪膝下"求祖母息怒之时，他总是"独跪前号泣不已"，乞求祖母之怜，色转方起。[①]父母向他们的孩子透露他们内心那些黯淡和压抑的想法，以及那些较少被提及的美好时光，因为他们和他们的孩子一起属于一个同甘共苦、休戚相关、相互陪伴的小群体，在这个时代他们的家庭中，按照自己的方式来定义个性、亲密和个人回报。

七、儿童的视角

要充分了解孩子，就必须尝试从他们的角度和感受去看问题，或者考虑这样尝试的可行性。乍看之下，在中国社会和文化背景下写成的传记资料或自述性诗文，不可能对这种尝试给予实质性帮助。父权制、等级制和形式化社会结构，几乎不允许有生动的反思和详细记录任何年龄层的日常感受。尽管这些以恭维颂扬为主和令人窒息的方式千篇一律，但若仔细推敲，仍然可以从这些资料的某些隐藏的特征和嵌入的纹理中揭示出意想不到的信息。儿童对周围事物有自己的观察和理解，尤其是对父母和家庭事务的看法。孩子眼中的成人和成人世界，并不全如礼教训诲和颂歌中那样完美、令人欣慰，是值得尊重的对象和绝对服从的标准。

例如，清末重臣李鸿藻（1820—1897）就写过他父亲胆小懦弱的性格。据传记记载，在李鸿藻四岁时，任同知的父亲外出亲见随行仆从遭遇雷击，深受惊吓，"自是有心疾"，遂辞官从桂林逃回京城府邸，竟将数十口家眷弃置桂林任职处所不顾，最后还是母亲典质衣物，才得以雇车船返京。[②]汪康年这样评价他的父亲："初涉官场，谨守书生本色，故不能得志。"为了弥补这一不足并改变困局，不得已之下，与妻子决定变卖家中珠宝首饰捐官，希望能尽可能提前致仕返乡，"免官场挤轧之苦"。不料金银被经手者拐逃，父亲"由是遂浮沉宦海，日处愁域"，郁郁寡欢终生。当时只有五岁的汪康年观察到事件的发展，不无讽刺之意。[③]传记中有意或无意地包含着矛盾心理，孩子自觉或不自觉地记住了他们本应尽职尽责但往往"失常"的长辈的摇摆情绪。最重要的是，中国文化允许这两种属性在一个模棱两可的社会空间里展示出来，这涉及更多层次的情感

---

① 吕元亮：《赵客亭年谱纪略》，第18—19页。
② 李宗侗、刘凤翰：《李鸿藻先生年谱》，第2页。（原著中标注作者为李宗侗，译者注）
③ 汪康年：《汪穰卿先生传记》，第10页。

建构和伦理交错。可以说，无论是传记、家谱等客观文献，还是个人书信、诗歌、自述等主观表达，从来都不乏不合格的、失败的成人。突出的事实是，孩子似乎在很小的时候就被赋予了行动自由，以便去面对这个不愉快的现实。据记载，孩子在认识到长辈不聪明、不称职、不勇敢的过程中形成了自己的看法，他们知道长辈在逃避义务，抛弃家庭和社会责任。

因此，很多孩子在很早就学会了依靠自己，靠自己的力量去迎接困难。朱筠在母亲去世后，他和弟弟发誓要好好读书。他们同吃同住，一起挑灯苦读圣贤书，手写笔录，以便记牢，一直到雄鸡啼叫破晓时分才上床休息。[1] 赵于京六岁时父亲去世，他下决心以苦读为志，"每欲超过同学"[2]，这种"孤儿之志"固然是儒家伦理规范在社会不断灌输强化下的标准产物，但在自我激励和高尚道德的表面之下，儿童被视为具有自己的意志力的积极行为者，是坚定行为和"独立"反应的主观情感的承担者，他们有时会流露出一种与其特定年龄和社会环境有关的理解和责任感。年幼的汪辉祖听过父亲的挫败失意之言，父亲去世后，族人向他两位寡母（嫡母和生母）逼诱兼施索取钱财，未能如愿时就会从他母亲的怀抱中抢走汪辉祖，并把他作为人质。[3] 薛光前父亲的酿酒作坊遭遇挫折时，他说："我深感责任重大，从此刻苦努力，不敢自懈。"[4] 在类似的场景中，孩子不仅能承受家庭的灾难，而且有足够的毅力用自己的力量和劳动来支撑家庭。在近世中国，年幼的孩子可以成为被人仰望的顶梁柱，他们经受住了风浪的考验，并支持着长辈的情感和实际需要。

此外，孩子生活中的成人，也可能不只是单纯的软弱、可悲或脆弱，有时他们可能是残忍的，甚至是堕落的。著名的清代学者章学诚说，他两三岁时，有位舅舅经常带他四处游荡，去附近的商店里赊酒，每次舅舅总习惯性地给外甥灌一点酒，章学诚说这就是自己一生被酒所困的根源。几年后入塾求学，章学诚又受到了一次打击。这位乡村塾师不学无术，且凶残成性，动辄暴怒打人，学生无一逃脱。章学诚回忆一个姓孙的同学，一次被塾师棒打到几乎昏死过去。[5] 携儿酗酒的长辈，暴躁虐童的塾师，在近世中国孩子的眼中，这个社会如何能不让其生危疏离，难以认同。而且，代表正统主流的社会价值的名人传记一再

---

① 罗继祖：《朱筠河先生年谱》，第6页。

② 吕元亮：《赵客亭年谱纪略》，第19页。

③ 汪辉祖：《病榻梦痕录》，第11页。

④ 薛光前：《困行忆往》，《传记文学》，32：5，第46页。

⑤ 胡适：《章实斋先生年谱》，第4—6页。

出现此类述说，是中国礼教文化不间断地在产生另一套颠覆表面伦常的独立话语，或者在制造出一种更明确的运动，提出能代表孩子的声音和立场。

即便在和谐温暖的明清早期的生活场景中，孩童的声音和立场仍有可能与成人的期许有相当的距离。朱次琦四岁时，母亲问他将来志向如何，朱次琦回答："人尽爱儿，儿则愿尔。"[1]半个世纪后，梁济的故事更为有趣，嫡母"训责淳至，常勉以成人立品数大事"，又"频问男长大愿为何等人"，年少的梁济"殊无志气，所对皆卑靡庸劣不称旨"，嫡母掩袂而泣，告诉其生母说："如此钝劣之儿，终恐辜负二人所期。"[2]孩子的想法与成人期待之间有明显差距。各种指导典籍都试图弥补这一点，给孩子提供朝着有价值的目标前进的方法。道德家和教育家的滔滔不绝预设，处于暂时状态的儿童仍然可以体现或表现出不同于成人的个人特质，他们终有一天会成人，他们有可能在人生的过渡阶段坚持这些特殊的观念，并在此阶段中度过。

是什么构成了这个年龄或社会角色的特殊视角和特殊情感？它与儿童的经历或地位有什么关系？从各种证据来看，似乎有一种信念，那就是孩子的观点不仅仅来自偶然的相遇或随机的个人情绪。这个年龄和角色群体所特有的活动，比如摘果子、吃零食、放风筝、游泳等，与精神和情感状态的特殊属性混合在一起，是这种特殊视角形成的源泉。人们认为，孩子就是指向这样一种哲学和存在主义的品质。玩具、童谣和故事展示了一个充满动感和喧嚣的孩子世界。在个人传记中，孩童彼此相伴为乐或共担忧劳。吴伟业曾写道，与他一起读书的伙伴四五人，"居同巷，学同师，出必偕，宴必共"。他说这些儿时的伙伴在五十多年的时间里一直相伴，成为一生挚友。[3]洪亮吉六岁丧父后，跟随母亲寄居在江苏省武进县的白云溪边的外祖父母家，当时丧父后的黄景仁也在同一条溪边的祖父母家暂住。命运的安排让两个相差三岁的男孩走到了一起，"唤溪时过从，两便相识"，两人先后失怙，同为寄居的孤露之人，稚年相遇，唏嘘相惜，相互慰藉，结下了深厚的友情。尽管此后不久，黄景仁的母亲将他接回老家，两个漂泊的男孩的日常陪伴就此结束，但他们之间的友情延续终生。[4]

---

[1] 简朝亮：《朱九江先生年谱》，第3页。
[2] 梁焕鼐、梁焕鼎：《桂林梁先生年谱》，第7—8页。
[3] 马导源：《吴梅村年谱》，第15页。
[4] 黄逸之：《黄仲则年谱》，第2页。

八、儿童的声音

在考古发掘中发现的以及博物馆和私人收藏的玩具，只是失落的喧嚣世界的物质痕迹中的一小部分。在国画中，婴戏图是一种特殊的体裁，在其风格化的构图中可以看出孩子在日常生活活动中的游戏类型。在《货郎图》中，孩子在与小商贩的交往中表现出了他们的魅力。一些传统剧目还讲述"少年英雄"的故事，老少咸宜，观众大呼过瘾。例如《目连救母》中勇敢、富有自我牺牲精神的目连，《哪吒闹海》中叛逆的哪吒，《西游记》中的孙悟空，都把主人公的刚健、纯真的精神面貌和青春的活力、童真的调皮表现得淋漓尽致。《二十四史》中收有两百多首童谣，保留了童言稚语的风貌。这些以童年为主题的物质物品、艺术描写和文学创作，暗示了一个环境，即人们把童年时期理解为一个特定的阶段，婴幼儿和儿童是不同的社会角色的存在。他们还认识到，儿童往往带有与他们作为"社会新手"的经验不足相关的性格特征和个性品质（天真、纯洁、无忧无虑的态度、欢快），而这些特征和个性品质与成人明显不同。此外，这种不成熟、自卑或顺从的角色，一方面与他们在生理状态下的不成熟状态有关，另一方面又与快乐、天真、真诚的多愁善感有关，具有复杂的互补性。

个人的传记资料和随机的自述都包含或透露出一个孩子的"声音"（无论是日常的言语，还是偶尔的言语表达，或者是行动中的想法）。包世臣的传记告诉我们，他幼年时读的《孟子》给他留下深刻的印象，深感现世官吏的作为不符为政之道，沮丧之余立下志向，希望将孟子之道付诸政治实践。[①]王鑫七岁时，乡里有中试者，父亲戏问他是否有钦羡之心，王鑫答道："科考中举有不可强者，唯天下皆被吾泽，则为所愿！"[②]这些话显然是模范的、刻板的模式，却暗示了产生这些话的语境，从字面或哲学意义上承认了一个孩子的智力和意愿所向。据记载，马新贻幼时在学塾读书，有一次塾内学童争睹路过的达官贵人，唯他独坐不动，问其原因，则答："旷功而仰面观人，何若用功，令他日众人观我耶！"[③]虽然这些孩子的光辉形象有些许夸张，但他们被认为是有自己的决心和性格的，而非完全模仿成人或抽象的灌输。他们被看作带有个人偏好和自

---

① 胡韫玉：《包慎伯先生年谱》，第12页。

② 罗正钧：《王壮武公年谱》，第5页。

③ 马新祐：《马端敏公年谱》，第12—13页。

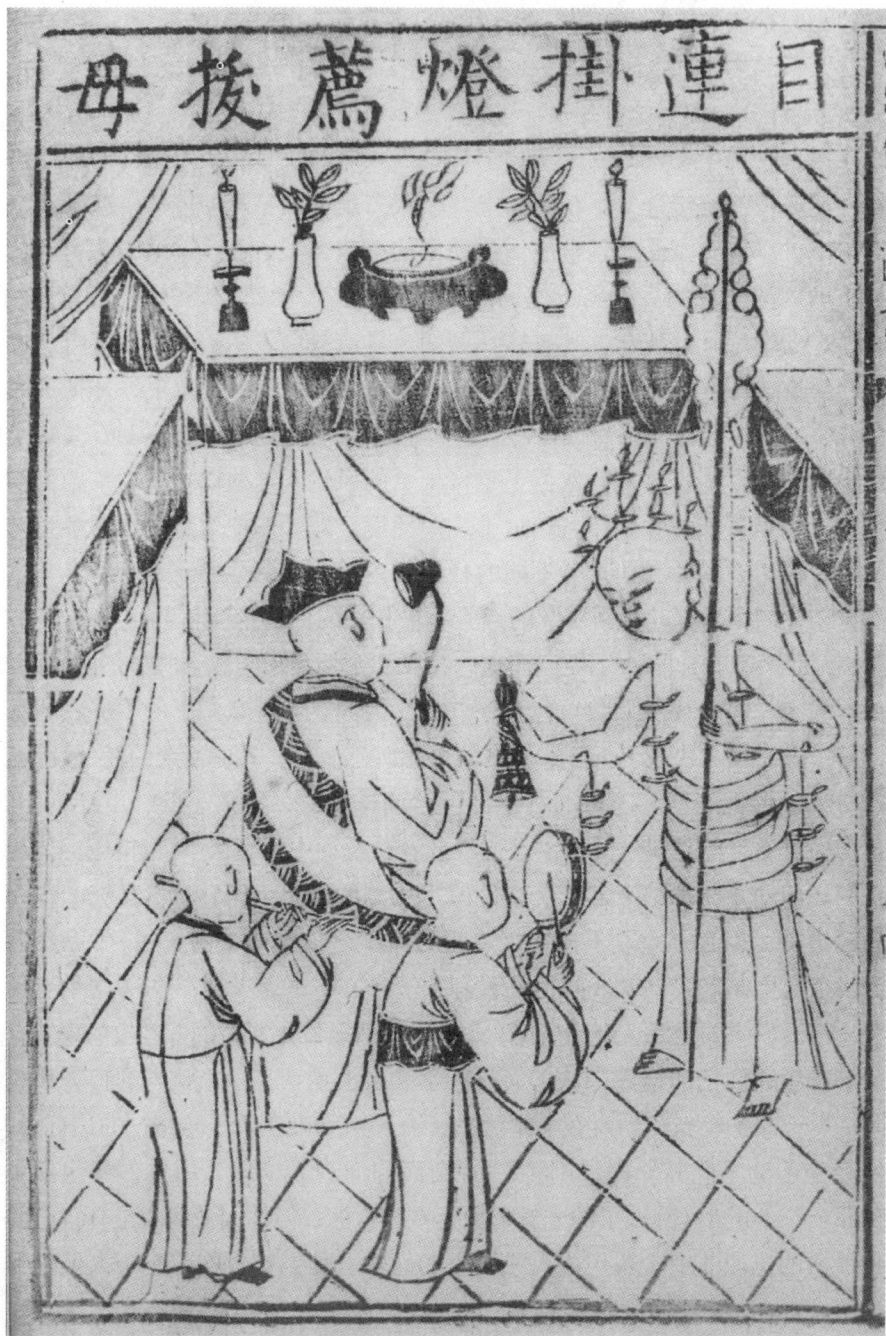

图40 《目连救母》。"目连救母"是近世中国儿童娱乐中最受欢迎的题材之一。本图是木刻版画，描绘的是一个知名的佛教故事。转载自台北"中央"图书馆编，《戏曲小说版画选粹》(台北"中央"图书馆，2000)，第73页。

图 41 《哪吒闹海》是中国传统文学中另一个广为人知的故事，老少皆宜。它是对近世中国叛逆少年的艺术表现。转载自周心慧编，《古本小说版画图录》(北京：学苑出版社，2000)，第 358 页。

图 42　来自中国传统文学中的一些富有想象力的资料，例如《西游记》中的孙悟空，代表了人们对儿童的性情和性格的看法。这也是近世中国一个最为人所熟悉和钦佩的年轻淘气的角色。转载自周心慧编，《古本小说版画图录》(北京：学苑出版社，2000)，第 379 页。

我选择的历史人物，尽管他们所表达的观点听起来可能令人不安，尤其重复了儒家训导希望的模式。此外，资料所揭示的优先事项和选择，意在留下个人性格的痕迹，以及儿童的内心动机在限定的文化领域内不断互动和妥协的证据。

记录在案的儿童观点，被包装在规定的理想类型内的"好孩子"的个案中，哪里有可能恢复任何与历史童年有关的东西？当然，所举的例子中提到的都是儿童有价值的目标。其他的情况往往会加剧叙事和表象的问题，尤其是当儿童说话、回忆和向父母致敬的时候的记录。顾炎武说他因为母亲的要求，决心要做一个效忠于明朝的人。[①]夏敬渠告诉人们，他很想念父亲，"儿读为儿加餐饭，儿嬉为儿罢饮醇"，父亲非常爱他。[②]刘宝楠的母亲亲手牵着他走路，亲口为他尝药，"挞儿痛心，暗室常挥泪"。[③]左宗棠称其一生难忘母亲嚼米汁哺育之苦。[④]僧人虚云（1840—1959）常自语其母因生他难产而殁。[⑤]张溥讲述了他父亲为了给他买些书而节衣缩食甚至形成吝啬习惯。[⑥]莫德惠因母亲曾常在红柳树下哺育他而以"柳忱"自号，以表达他对母亲的爱。[⑦]正如前文所暗示的，所有这些故事似乎都在重复一种建立在重视家庭忠诚上的孝道文化中的熟悉主题。即便各种场景和噪音可以被"净化"和"清理"，使这些叙事看起来不那么矫揉造作，但麻烦的来源也同样来自询问者和被询问者。如果说形成并呈现的儿童的生活和儿童的话语都来自同一个社会文化生态系统，那么我们还有什么知识方案可以同时承担社会实践及其表征产品吗？事实上，叙事、表征与社会生活以及日常生存之间的互动和关联，要求我们对儿童和童年文化的形成采取一种细微的、多元的方法。

当然，儿童的感情和表达方式是否只是成人的重复或延伸，这个问题依然存在。作为社会中的初级和依附成员，他们受到了无尽的精神操纵和影响。然而，没有任何个人或群体是存在于真空中的。最年幼的婴幼儿，与其他明显的社会"依附者"一样，可能生活在更高水平的有形援助下。但即使是人类中最强大的、

---

① 张穆：《顾亭林先生年谱》，第17—19页。

② 赵景深：《清夏二铭先生敬渠年谱》，第14页。

③ 刘文兴：《宝应刘楚桢先生年谱》，第5—6页。

④ 罗正钧：《左文襄公年谱》，第4—5页。

⑤ 岑学吕：《虚云和尚年谱》，第1页。

⑥ 刘绍唐：《民国人物小传》，《传记文学》，32∶6，第141页。

⑦ 莫德惠：《民国莫柳忱先生德惠自订年谱》，第1页。

看似"自主"的社会成员，也是作为周围的人、力量和机构的依赖者和接受者而存在。从一个不那么霸权的角度来看，最弱小的弱者，最底层的底层人，也同样会产生不同类型的影响。此外，内化和社会化在任何年龄段都不会停止；成人的思想和行为本身可能并非老成持重，所以才需要更多的认真关注或更少的矛盾怀疑。

因此，对儿童的言行缺乏记录的说法似乎多半是武断的。张溥对父亲的宗亲欺凌的悲愤不已、苦苦反抗，就是一个反常或不按常理出牌的例子。明末思想家黄宗羲看到父亲与阉党争斗，发誓长大后要报仇，深恶阉党而欲除之。[1]杨仁山（1837—1911）是另一个无法容忍社会旧俗的孩子，他是家里五个孩子中唯一的男孩，从小独享宠爱，然而，他从小就一直反对对姐妹的不公正对待。[2]20世纪初的革命家胡汉民（1879—1936）少时目睹父亲因庸医误诊而死，悲愤不已，只恨自己无力将庸医绳之以法。[3]这些儿童或为母受欺而异常愤懑，为父被侮而怒气丛生，或为姐妹不公正待遇而意难平，或想到社会上的错误行为，他们所表现出来的感慨和见解，并不是传统社会的严格规定，因此不能说他们与社会期望完全匹配。此外，他们身边的成人，无论是作为受害者还是面对欺辱软弱无力的反应，都无法作为榜样，亦无力为孩子指出正确的方向。无论从言语还是行为上，孩子的这些感慨和反应的自动自发性相当明显，都无法获得任何单一的解释或历史题材的以及精神上的布局，中国文化及社会习俗中的儿童不应只是一种被塑造、被引导的被动角色。

其他的孩子也纷纷行动起来，以其行为和举动表达自己的不认同和排斥。清代早期思想家颜元（1635—1704）成年后之所以万里寻父，就是因为其父自幼频遭虐待，最终不堪折磨离家出逃的养子。[4]薛光前尽管体弱多病，但仍在六岁至十二岁时，坚持选择去鹤溪小学读书。他说："以家中生活，过于复杂，动辄遭忌，也动辄得咎，不如校中的自由自在。"[5]蔡廷锴（1892—1968）将军回忆起童年时的一件事，他在玩孔明灯时不慎烧了父亲的医书，招致平时靠诊病为副业的农民父亲的一顿痛打。年幼的蔡廷锴求饶不得，盼母亲劝阻亦不得，父母主张一致要痛责他，他在无助中被父亲鞭打，蔡廷锴说他"恨极了"，气愤之

① 徐定宝：《黄宗羲年谱》，第16—18页。
② 赵杨步伟：《我的祖父》，《传记文学》，3：3，第17页。
③ 蒋永敬：《胡汉民先生年谱》，第14页。
④ 郭霭春：《颜习斋年谱》，第6—7页。
⑤ 薛光前：《困行忆往》，《传记文学》，32：5，第47页。

下 "哭而不食"。①儿童没有被记录或被认为仅仅是传统和成人动机的温顺接受者，没有自己的意志心态。当一个孩子避家中不快而逃到教室，或者忍受毫无理由的鞭打时，他（偶尔是她）的行为和哭喊，不言自明地传递了他的想法和行为的文化。孩子的独立视角既令人不安，又让人兴奋。因为儿童与周围的人的生活并不相同，所以他们的思想、情感和言论不可能仅是他人的翻版、复制和重复。

　　儿童习惯于模仿，所以成长环境对其经历与行为的形成有很大影响力。清代早期哲学家傅山（1607—1684）小时候被父亲对宗教和神秘主义的热情所吸引。他决定跟随父亲诵《心经》，跟从父亲服食 "不死黄精"。②成年后他不近女色，一生好黄老及医道，或许与幼时经历有直接关系。因此，儿童有意识地以类似于成人的方式去观察、处理周围的世界。当然，成人在儿童的参照物中占了很大一部分，儿童会产生出一种自我意识或者自我否定，也构成了成人的意义或环境的一部分。例如，冯玉祥（1882—1948）将军一直觉得自己是天生的孤独者，他之所以擅长用那双孤独而又敏锐的眼睛看待事物，他认为这种特质是从他的父亲那里继承下来的。③政治家徐永昌（1887—1959）揭示了这样一个例子，回忆小时候看着自己的字迹，自言不安分的特质似乎是他天性的一部分，而毅力可能是他性格中难以期望的特质。④前文谈到张溥认为父亲的族人傲慢又充满偏见，而谭嗣同很小就意识到母亲失宠及父亲有了新欢。高剑父（1879—1951）是一个庶出的孩子，出生在一个大凶的日子，自小被视为不祥，幼时家人曾怂恿将之遗弃至育婴堂，这一举动被父亲及时拦下。⑤

　　具体来说，近世中国的社会环境是怎样的？在中国人的家庭结构或文化意识中，允许或孕育出这些看似超然的儿童对环境的观察和对自己的精准评论？在他们的宗教信仰、社会伦理或日常活动中，有哪种因素可能会产生一种鼓励他们表达和保存反思情绪？社会化框架下的模仿或内化理论并不能回答我们所有的问题。心理学中自然与天性对立模式的粗略假设，也未就近世中国儿童的主观自我意识与外部环境的影响之间的相互作用给出令人信服的说明，这种外

---

① 蔡廷锴：《蔡廷锴自传》，第19—20页。
② 方闻：《傅青主先生大传年谱》，第259页。
③ 简又文：《冯玉祥传》，《传记文学》，35：6，第36页。
④ 徐永昌：《徐永昌将军〈求己斋回忆录〉》，《传记文学》，48：5，第13—14页。（原著中标注书名为《徐永昌〈求己斋回忆录〉》，译者注）
⑤ 简又文：《革命画家高剑父》，《传记文学》，22：2，第83页。

部环境在不同的哲学—宗教基础上对人的天性和集体养育进行了界定。种种因素揭示了赋予儿童一定的举止和判断的传统的存在。

图 43 （宋代）苏汉臣的《灌佛戏婴》。近世中国的儿童通常随父母一起拜佛，烧香和念经是经常性的活动。图中，四个儿童在进行浴佛和祈祷的游戏。台北故宫博物院藏。

在一个充满人类情感和历史实用性的世界里，成人的意义往往取决于后辈的存在和命运，客观力量和主观情感都可能发挥不同的作用。由于社会对生理或社会精神繁衍的普遍需求，婴幼儿在字面上成为深层祈求和最终解脱的答案，他们所体现和代表的意义和满足，对他们的长辈和监护人来说具有一种混杂的地位。儒家对子女的孝顺行为的两面性的观念，道家对"返老还童"的解释，以及佛教对因果报应和重生的信念，都告诉近世中国的父母和孩子，成人与儿童一样，既可以成为快乐和生命意义的"给予者"，也可以成为关怀和帮助的"接受者"。对于那些等待成为母亲的妇女和渴望家族血脉延续的男人，以及那些希望在任何行业或手艺中传授教诲和技能的师傅来说，婴幼儿是提升和"救赎"的唯一承诺。对长辈来说，成年意味着可以依赖，所以他们急切地希望孩子能适时到来并存活下去，将生命延续和延长到下一个阶段。顽皮的孩子不仅被称为"半精灵"，还被称为"小祖宗"。

九、结论

在明清时期的中国，儿童和其他人都过着与以往不同的生活。社会变得越来越多样化，竞争也越来越激烈。对士绅精英来说，科举考试为社会流动铺平了道路，但也需要大量的人力投资。对商人来说，国内外贸易的扩大带来了新的机会，同时也带来了经济的波动和混乱。对农民和手工业者来说，本地和远距离市场的出现意味着他们需要制订明智的策略，在选择生产产品的同时，保持稳定的供应以实现自给自足。对城乡的各行各业来说，人们都在以一种更加努力的方式对待生活。孩子由于父母处于不同的生活阶段，更有可能被塑造成单一的目标；他们更努力地工作，更致力于取得更高的成就。积极督促和更精心的教养可能不会在短期内带来明显回报，精英儿童是（或被迫是）认真的学生，他们举止"俨若成人"，就如在田间劳作的年轻男孩，或者全年参与编织和其他手工业劳动的女孩的记述。除了这些"积极主义"景象，也有来自不同背景的儿童逃离家庭和工作场所的记述，也有士绅家族的儿童被禁止画画或雕刻、运动，甚至禁止阅读小说和戏文的记述。一些模范孩子默默地服从，接受塑造，但更多的孩子在恐惧中颤抖，而另一些孩子则抵制、逃跑或反抗。他们作为问题儿童的顺从、抑郁、愚钝的困境，或如他们的叛逆的年轻捣蛋鬼，讲述了一个在动荡中转变的童年故事。

人们熟悉的观念是，儿童虽与成人生活在一起，但固守着一个有别于成人的世界，成人和儿童以不同的方式暗示了这种分裂。张之洞（1837—1909）小时候，他的父亲常说："若辈童年，岂能解此！"认为处在童年的孩子不能理解成人的烦恼。①某些成人承认，在情感和心态上，他们与孩子之间存在着不可逾越的鸿沟。家长抱怨难以培养出合适的孩子，教师对管教学生方面的障碍感到沮丧。在他们努力设计各种方法的过程中，成人试图引导儿童从他们所在的地方（作为儿童的状态）向他们要去的地方（作为成年男女的状态），与此同时，他们对这种努力的困难感到困惑。到了作为"拂晓"的现代社会，陈衡哲（1890—1976）的舅舅，常喜欢在床沿边对处于童年的她说些新鲜的消息和想法。陈衡哲说，这点滴信息，使她"不知不觉地，由一个孩子的小世界中，走到成人世界的边缘了"。②这是对一个女孩适度的承认，但对几个世纪前的青春自我意识的长征来说，却是一个了不起的注解。

这种几乎没有儿童空间的历史，与那些忽视下层阶级、妇女、工人、民众或民间宗教的历史相似。现在应该很清楚，一部儿童和童年史，即使仅是中国过去的历史，也很少只涉及资料来源或方法论的问题。它的可行性使这个古老的史学问题与它的价值或这项事业的知识意义这个更大的问题纠缠在一起。作为历史上的另一个前沿，在社会、文化以及政治、经济、知识和制度史上，儿童和童年史提供了许多新的回报和新的吸引力。但是，它对历史研究所提供的东西，可能被证明是有价值的、不可或缺的、不可替代的，而不仅仅是补充或辅助性的，仍然需要加以阐明。当然，它将阐明"年龄"和"生命阶段"作为个人和社会的范畴和主观构建的重要性。因此，就像其他曾经被不适当地忽视的阶级、性别或种族的视角一样，童年、青年、中年或老年可以也应该成为大力研究的对象。在快速变化的、但基本是正统的、更大的范围的近世中国的婴幼儿世界历史考察，向我们揭示了在生理上年轻的阶段之间的相互联系、相互定义的本质，即在社会上处于初级阶段，以及哲学上和宗教上理解的人类存在之初的天真。在这三个层面，或者说在明清时期，"儿童"或"童年"意义的三个层面，每一个层面的不断发挥、重塑和再创造，或许可以帮助我们与心理学家和社会科学家重新审视现代智力训练背后的许多文化假设的特殊性，西方家庭研究学者虽未能解决，但已经深刻地指出了这些特殊性。

---

① 胡钧：《张文襄公年谱》，第11—12页。

② 陈衡哲：《我幼时求学的经过》，《传记文学》，26：4，第87页。

结　语

　　经历者和见证者所描述和感知的生活，受制于人们的选择和他们所处的环境。正是在这个意义上婴儿和儿童的历史，在这里呈现和表现与他们的物质环境和社会环境交织在一起。在近世中国，幼科医学的实践和特点受到产生它的价值体系的支持和影响。事实上，自宋代开始，中国医学和健康文化中幼科专业的诞生和发展，很大程度上要归功于儒家人文主义传统的科学与技术延伸。佛教对生命的慈悲和道家对自然的理解，都以自己的方式强调了天道之下人性的相互联系。中国人对婴儿和儿童的看法和治疗方法的演变，很多内容都是由外部环境、生理力量、人口趋势以及大多数人所处的日常生活环境所决定的。本书的第一和第二编，虽然与预想的不一致，但可以作为补充的部分来阅读，介绍了这些基本框架的一些关键组成部分。这些要素的相互作用构成了近世中国幼童世界的基本结构，其多样性在第三编中也有部分展示。

一、儿童与童年的历史视角

我们从当代婴儿和儿童研究，例如早期教育、儿童心理学或幼科中学到或试图学到的很多东西，都是建立在"现代的、科学的儿童"的概念———一种抽象的某种普遍的、标准化的品质上，但其在文化上的特殊复杂性仍然未知。当我们在现代理论和过去关于儿童的记录之间反复涵泳时，我们就能意识到这一点。在发展心理学、认知研究、自闭症儿童中心或儿童法庭等领域，更具批判精神的学者，当他们反思自己专业知识的特殊性或暂时性以及他们所代表的知识有效性时，也会认识到这一点。

历史学家过去对儿童与童年的研究，几乎没有引起任何创造性的对话或独立的评估。为了弥补这个因片面的推崇和不加批判的参考而扩大的差距，前文所揭示的中国传统文献所代表的复杂内涵和深刻的矛盾性，为我们提供了一套耐人寻味的反证和不同寻常的比较见解。从这个角度来看，以朱熹或王阳明的观点来讨论儿童与童年，可能与任何以大卫·休谟（David Hume）的道德哲学为蓝本的论文或调查一样，均有关联与启发。

大量证据表明，片面、武断的"现代观点"已成为基于对儿童的"客观"研究的"普遍观点"，继续主导着学界和大众世界。然而，通过对近代史或远古史的回顾，可以发现、产生怀疑和提出一些根本性的问题。西方历史学家对儿童和童年研究的开创性作品，并没有完全满足作为现代科学理解和其他经验之间的知识中介的期望。在发展心理学、早期教育学、社会学、人口统计学等现代科学在与人类发展有关的生命历程或年龄因素进行了某种"共同"的分析时，大多数人都表明自己为当代儿童研究的忠实追随者。这些都提供了许多的"理论框架"，却在对更复杂的人类记录的认真评估中迷失了方向。对中世纪欧洲或近代早期法国人的养育子女习俗的调查，大多记录了"平等主义家庭的兴起"和"（现代）儿童概念的发现"的预期历史发展，因为它们符合历史发展的预期模式，并符合历史线性发展的节奏。那么，人文学科就很难扭转乾坤，开始质疑这些19世纪或20世纪的许多假设的适用性，更少与当代儿科医生、儿童心理学家或儿童法庭法官就儿童或整个人类生存的潜在替代性观点，进行任何严肃与更深入的对话。

本书所介绍的一些资料，以中国儿童和儿童史为例，可以清楚地看到现代人对儿童和生命历程的普遍立场，继承了现代性的许多需要重新评估的显著特征。其中一个假设是：人类的存在被理解为一个过程，不可逆、向着某种共同的终点（不管是肉体的死亡还是精神的救赎）的生理的固定旅程。因此，在这个过程中的任何进展或"进步"（即人生阶段）都被设想为人类共同领域中的客观的、标准的运动，无论是个人还是集体。人类生命中的不同阶段（婴儿期、儿童期、青春期、成年期和老年期）被认为是生理学上的，无论在社会文化建构还是个人生活上，都被"科学地"建立起来。有了这些固有的人类存在的现代概念，"儿童"就只能被看作"成人"的辩证对立面。婴儿期和童年是一个人过去的不可弥补的、甜蜜的回忆或噩梦。一个人如果能够像道家哲学所假设的那样，或者说像中国古典美学所主张的那样，同时体验或观照儿童的状态和成人的性格，只能成为逻辑上的无稽之谈。近世的中国社会和文化条件，在还未熟悉欧洲启蒙运动的情况下，因此表现出一些较古老的前提。国人很难想到他们在这方面即将经历的社会历史转型。古老的道家思想认为，人的生命本质上是一个循环过程，或者是某种没有明确终点或任何固定后期阶段的流动状态，它有可能让人们回到他们最初的、与生俱来的、最初的婴儿童真，在国家支持、理学教育兴起和明末的中国民间宗教运动的共同推动下，它有了一个奇特的复兴。另一方面，儒家对相互联系的代际关系的信念和孟子对新生儿天生的"完整""成熟"或"性善论"的信念，构成了理学社会文化伦理的核心主题。在明代的哲学折中主义中，或者说在后来清代宗族组织的发展中，人们目睹了这些抽象观念作为具体的社会动力与物质消费和市场经济（在儿童用品和礼教商品中）的增长相结合的表现。作为一种社会文化力量，人们认为儿童带有某种先天的"可完成"的东西，并在走向"成人"品质的路上，这种观念继续在近世中国的日常实践中运作。中国通常用来表示"成人"的术语，字面意思是"完整的人"，强调的是人的"成熟"和"充实"的天性，而非某种假定的身体衰老阶段的机械前进。同样地，任何成人都可以在他或她的身体里保留一种儿童般的状态，包括哲学上的理想主义者或道家的追随者所推崇、培养的人的生命之初所具有的任何自然属性。从这个角度来看，一个智者可能是一个在残酷的现实中从来不因为世俗的堕落而失去童真的人。在身体上，如果一个人锻炼和培养了这种童真的能量和活力，他或她可以在物质和精神意义上接近不朽。考虑到这一点，儿童和成人之间的差异很难分出此疆彼界，因为这两种状态均未被人类普通的"科学"理解所定义和描述。

二、记忆与表述问题

对童年的看法不可避免地会导致记忆和表述问题。由于婴儿和六岁以下的儿童无法通过惯常的交流方式连贯地说话或表达自己，因此他们通常被视为"无声"。他们在日常生活中直接见证的能力就成为显而易见的问题。虽然人们会习惯性地回忆起自己生活中早期的事件，通常是以"历史的现在时"的方式，但对这些回忆的经历不能只看字面意思。如前文所述，左宗棠曾多次回忆起他六个月大时母亲嚼米汁哺喂他的情形；而莫德惠想让大家知道，他之所以以"柳忱"自号，是为了纪念母亲在红柳树下给他哺乳的往事。在寻找和研究这个最早的、模糊的阶段的生命痕迹时，人们不断面对记忆的创造、传播、记录、保存和流布的模糊性。对历史学家来说，这些事件的发生、保存、呈现和表述构成了一个危险的过程。随着认知研究和神经科学的飞速发展，历史学家不得不既要审视数据，又要思考旧人文主义方法论问题背后的思维，同时还要琢磨新的方法来解读这些日益"经典"的密码和痕迹。此外，随着过去在物理时间中远离我们，这项任务变得既诱人又无法实现。

通过对中国婴幼儿历史的重新挖掘和梳理，发现了一些令人振奋的思考。第一，从历史和社会文化的构架上，传统中国与我们熟悉的现代西方规范有很大的不同，人类生存的本质未必是单一的、渐进的过程。因此，其中的一个含义就是，一个个体的自我可能自始至终都被赋予了某种"多样性"：即中国人的生命概念既承载着有限的、个体化意义上的"小我"，也承载着某种具有更宽泛的、延伸性质的"大我"。第二，同样在个人方式或抽象的物理层面上，时间并不是以线性方式移动的。换句话说，在现代标准化的"身体时间"来主宰和影响个人生活的理解和管理之前，无数的社会文化时间表允许通过人类同时存在的多个时间轨迹——即便是作为某些形式的可逆"流动性"。第三，中国悠久的"慈"和"孝"传统，当建立在这些概念性的前提之上时，以令人困惑的"现代"和无可救药的"传统"的方式创造出一种特殊的人类生存的持续互动。①在一个强调代际联系的社会里，年轻人可以预知老一辈人的特殊性格，而老年人可以在自己的世俗历程中重焕青春，返璞归真，这种复归甚至可以在祠堂告祭

---

① 熊秉真：："The Other Side of Filial Piety: Reflections on Compassion versus Loyalty in Late Imperial Chinese Family Relations," pp. 313–359。

已故的祖先。无论是父母还是子女，在近世中国人的"文化容许"或社会生活
资源中，都可以成为一个多重建构、多条时间轨迹的历史存在。

图44　（明代）仇英的《人物图》(局部)，《婴戏图》。台北故宫博物院藏。

三、聆寂观虚

在了解过去婴幼儿时期的状况时，我们必须解读人类历史中的沉默，包括
真实的和隐性的沉默。在中国儿童史的语境中，这种需要或可能性至少在三个

层面上显现出来。第一，对传统史料中所记载的非言语表达的记录，需要更严谨、更系统的阐释。人的面部表情、声音、身体姿态、肢体动作、日常活动，甚至一动不动的静止状态，都承载着复杂的社会、政治、文化和心理信息。第二，人类存在的非文本证据需要对人类学家所讲的物体或物质性东西进行有力的评估：食物、衣服、家具、建筑、玩具、植物和动物。与其他普通互动的痕迹一起，这些物品可以揭示出关于个人及其社会环境的观点、态度、长处和弱点的巨大信息，关于这些年轻人的生活是不太为人所熟悉的例子。然而，这些可能揭示的意义远非微不足道。[1]第三，从根本上来说，我们必须认识到，无论是从字面上还是从象征上，缺失的东西都赋予了原来存在的东西以意义。想象、表达和重建缺失的东西（例如，因杀婴而失去的生命）的能力，使得人们对熟悉的现实或被粗暴和残酷地排除在外的事物的理解变得不那么武断。

图45 《婴戏图》，（宋代）苏汉臣的作品。这幅画是典型的以儿童为唯一关注焦点的艺术流派。画中的儿童看起来很逼真，并不十分刻板。台北故宫博物院藏。

这些概念和方法论的问题涉及历史主观性与能动性的问题。如果要赋予婴儿和儿童在历史中的主体性，如果要对他们的历史存在进行任何严肃的讨论，就必须面对历史中的"参与"概念。许多人总是在历史记录和历史书写中缺失，

---

[1] 在其他地方，我曾尝试用物证对儿童世界做进一步的探索。参见熊秉真：《蟋蟀释典：英雄不论出身低》，第55—96页。

婴儿和儿童可能是未被代表（有人会说无法代表）的人中最明显的、智力上无辜的、职业上被忽视的。它们的缺失和含糊不清，在很大程度上取决于集体智慧的良知。随着自由化和民主化的普及，这种沉默或缺席已经不能再被认为是无能为力的，因而也就是"自然"的了。在这方面，过去婴幼儿死亡率居高不下的情况几乎不能成为遗漏的借口。人类最早的这一阶段的脆弱和沉默的特点，诚然剥夺了婴儿和儿童以传统方式记录的机会。这种剥夺可能会阻碍人们直接进入那个幼童的世界，但历史学家的间接表述指出了现代学术取向的一些明显特征，导致历史上儿童沉默和缺失的其他因素也见证了人为环境，比如杀婴、忽视和偏见、选择性的历史意识等。婴儿和儿童在时间的埋藏状态和"可遗忘性"中不是孤立的，在知识生产的领域中同样如此。

如果把这些"沉默"和"真空"的效果挖掘和整理出来，"沉默"的声音就会变得"有声有色"，让人回味无穷，如同音乐或语言学中，"无声"时刻的发生、持续时间和奇特特征都带有强大的意义。同样地，静止一直是人类活动中的一个自然而又不可或缺的部分。婴幼儿的历史世界的特点，与其说是研究对象在表达载体上的局限，不如说是历史学家在思想上的明显笨拙和概念上的失察。承认先入为主的障碍和职业负担，是更广泛的社会偏见和人性不足的一部分，可能会导致历史意识的恢复。强者及其历史记录往往是以牺牲和缺乏剩余的社会政治秩序为代价的。正如任何建筑师、雕刻家或艺术史学家可以证明的那样，空旷的空间与整个作品的深层含义有很大关联。当代人文学科的根本缺陷在于，现代文人墨客放弃甚至于损害了不太明智的人的智力价值。有时，在上述所代表的生活世界中无法解释的、明显的混乱，使他们成为社会科学和自然科学的规范和实证主义心态的狂热追随者。

在近世中国，通往出生的那一刻（也就是当时一些人所说的"同意降生"），儿童已经很坦诚地参与了人类的世界，标志着对人类世界的不可剥夺的参与，在这之前，人类世界是由父母和祖先组成的，一个包括老年人和成人、植物和动物、岩石和星辰以及神灵和鬼魂的共同存在。这个物质世界由继承任何生命形式的可能性构成，也为当代社会的成员呈现了一幅不断协商和改变的图景，即伴随着与宇宙相关的任何元素的增减。这种观点最好的例子之一就是怀孕和分娩对中国妇女产生的改造力量，使她们有可能将自己从一个谦卑的妻子提升为有成就的母亲。同样的情况也适用于单身汉或已婚无子女的男人。像大多数正常的夫妇一样，他们热切地祈祷能有后代，对平安出生、身体健康的人表示绵永的感激和奉养。因此，任何婴儿和儿童的作为或不作为，都是在这个永无休止的人类链条中，在这个更大的生命循环中赋予社会生态力量的行为。从这个意义上讲，儿童和童年历史如何和为什么成为一个整体，正充分说明了身体和物质条件以及由此产生的态度和价值观。

图46 《游贩》（北京，20世纪30年代）。从宋代后期开始，货郎图一直是一种艺术体裁。这张照片显示出儿童是这个货摊唯一的顾客，这可以从20世纪30—40年代的玩具和其他儿童的新奇物品看出。转载自 Hedda Morrison, ed., *A Photographer in Old Peking*（Oxford: Oxford University Press, 1985），p.98。

四、不同理念和聚合

我们有必要重新讨论一下菲利普·阿里埃斯的观点。许多学者对他的观点提出了疑问，认为儿童的概念和童年的意识是一种相对"现代"的现象。对中世纪甚至古代历史中的儿童和童年的研究，向我们揭示了在近代"黎明"之前可能了解到幼儿的生活，这提醒我们所有人将任何"现代的缺失"倾向视为"近世的无知"与"缺席"的等价物的一种危险倾向。古代历史学家表明，希腊和罗马的父母对他们的孩子并非没有感情[1]，事实证明，成人个体和他们的后代之间存在着热情的纽带[2]，关于近世中国人们对儿童的态度和做法的资料实际上是如此丰富，以至于一位著名学者完全否定了菲利普·阿里埃斯的理论。但这种修正主义的文献还是没有像菲利普·阿里埃斯大胆宣言的那样被广泛阅读，尤其是史学界以外的领域。[3]

最重要的是，像菲利普·阿里埃斯这样的先驱者"发现童年"和胡适（在他之前提出五四批判，将人们对儿童的态度作为衡量文明进步的关键标准）对儿童的关注，代表了一种有意识的努力，这种努力具有一定的启发性，可以将"现代性"的注意力引导到社会上最脆弱却被忽视的人身上。在这方面，家庭历史学家、人口统计学家与社会福利、教育制度和儿童身心健康方面的研究者，可以被视为学界中类似现代性的推动者。有些人甚至愿意将中国儿科医学的诞生和发展、中国家庭生活的演变以及宋代至明清时期启蒙教育的传播，认定为某种历史"进步"复杂表现的某些熟悉的特征。虽然这不一定是逻辑上的含义，但这也肯定不是本研究预期的结论。[4]

虽然前几章确实揭示了近世中国存在着大量儿童的资料，但我希望这项研究也阐明还有许多有待探索的领域。此外，从知识考古学中的价值来看，这种努力，并不在于确认一个独立的、自主的、主观的儿童世界，尽管后者可能在近世中国的案例中得到惊人的验证。儿童史也不应该仅仅是最近揭开的一连串

---

[1] Mark Golden, *Children and Childhood in Classical Athens*；托马斯·维德曼：*Adults and Children in the Roman Empire*。
[2] 劳伦斯·斯通：*The Family, Sex, and Marriage in England, 1500–1800*。
[3] 菲利普·阿里埃斯：*Centuries of Childhood*；*A Social History of Family Life*。
[4] 熊秉真：《童年忆往：中国孩子的历史》，第一章。

看似无穷无尽的历史谜题中的又一个后来者。尽管在历史学的视野中加入年龄或生命历程的因素，就像之前的民族、阶级、性别一样，是一个重要的提升。

　　作为一本论文集，除《导言》外，本书正文的八章内容分为三编，虽为本次出版而重新设计，但很难满足对中国儿童史或童年史进行专题论述的需要。除了一个多卷本的表述，来解决青少年的生理、社会、情感和文化环境的变化之外，任何对这种历史的基本介绍都必须解开与这些建构有关的结构性元素，并考虑到通常的分析视角本身并不自洽。虽然记录了儿童健康状况、家庭纽带、社会关系的历史发展，以及这些力量背后潜藏的性别、阶级和地区差异，但目前的调查可能仍然缺乏一个平衡的评价，这不仅是传统方法论的结果，而且是由于历史议程中习惯性关注点的遗漏。如果对儿童或童年是否或何时在历史上被"发现"还存在任何疑问，那么现代史学的最新发展的确是令人震惊地晚了——正如本书《导言》中所调查的那样，这本身就是一个令人关注和严肃有趣的课题。作为对这一知识实践的回应，欢迎对历史研究和儿童与童年研究中未被关注的领域进行进一步的思考和学术探索。

参考文献

中文

张其昀：《吾师柳翼谋先生》，《传记文学》，12∶2，第39—41页，1968。

张介宾：《景岳全书》，《景印文渊阁四库全书》，册778，台北：台湾商务印书馆，1986。

张传元、余梅年：《明归震川先生有光年谱》，1935，台北：台湾商务印书馆，1980（重印）。

张河、牧之：《中国古代蒙书集锦》，济南：山东友谊书社，1990。

章学诚：《章氏遗书》，台北：台湾商务印书馆，出版日期不详。

张杲：《医说》，台北：新文丰出版社，1981。

张穆：《顾亭林先生年谱》，出版日期不详，重印于"清粤雅堂丛书"，台北：广文书局，1971。

张穆：《阎潜邱先生年谱》，出版日期不详，台北：广文书局，1971（重印）。

张伯行：《宋周濂溪先生敦颐年谱》，出版日期不详，重印于"清正谊堂"，台北：台湾商务印书馆，1978。

张绍南：《孙渊如先生年谱》，重印于"藕香零拾丛书"，台北：新文丰出版社，1989。

张寿安：《叔嫂无服，情何以堪——清代"礼制与人情之冲突"议例》，收录于熊秉真、吕妙芬：《礼教与情欲：前近代中国文化中的后/现代性》，台北："中研院"近代史研究所，第125—178页，1999。

张祖佑：《张惠肃公年谱》，1936，台北：广文书局，1971（重印）。

张次溪：《白石老人自述》，《传记文学》，3∶1，第39—51页，1963。

张从正：《儒门事亲》，《古今图书集成》，1931，台北：鼎文书局，1976（重印）。

赵之谦：《张忠烈公年谱》，1776，台北：广文书局，1971（重印）。

赵景深：《清夏二铭先生敬渠年谱》，1932，台北：台湾商务印书馆，1980（重印）。

张藩：《清岑襄勤公毓英年谱》，1892，台北：台湾商务印书馆，1978（重印）。（原著中标注作者为赵藩，译者注）

赵诒翼：《龚安节先生年谱》，1925，台北：广文书局，1971（重印）。

赵光：《赵文恪公自订年谱》，1890，台北：广文书局，1971（重印）。

赵璞珊：《中国古代医学》，北京：中华书局，1983。

赵杨步伟：《我的祖父》，《传记文学》，3：3，第17—21页，1963。

赵玉明：《菩萨心肠的革命家——居正传》，台北：近代中国出版社，1982。

赵元任：《早年回忆》，《传记文学》，15：5，第19—24页，1969。

巢元方：《诸病源候论》，南京中医学院版本，北京：人民卫生出版社，1985。

陈继儒：《宝颜堂秘笈》，上海：文明书局，1922。

陈复正：《幼幼集成》，上海：上海科学技术出版社，1978。

陈衡哲：《我幼时求学的经过》，《传记文学》，26：4，第84—88页，1975。

陈铉：《明末鹿忠节公善继年谱》，出版日期不详，重印于"清畿辅丛书"，台北：台湾商
　　　务印书馆，1978。

陈宏谋：《教女遗规》，《五种遗规》，《四部备要》，册146，台北：中华书局，1965。

陈宏谋：《宋司马文正公光年谱》，1741，台北：台湾商务印书馆，1978（重印）。

陈梦雷：《古今图书集成》，1931，台北：鼎文书局，1976（重印）。

陈邦贤：《中国医学史》，上海：商务印书馆，1937。

陈声暨：《侯官陈石遗年谱》，出版日期不详，台北：广文书局，1971（重印）。

陈定祥：《清黄陶楼先生彭年年谱》，出版日期不详，台北：台湾商务印书馆，1978（重印）。

陈聪荣：《中医儿科学》，台北：正中书局，1987。

陈独秀：《实庵自传》，《传记文学》，5：3，第55—58页，1964。

陈自明：《妇人大全良方》，《景印文渊阁四库全书》，册742，台北：台湾商务印书馆，
　　　1986。

陈万鼐：《清孔东塘先生尚任年谱》，出版日期不详，台北：台湾商务印书馆，1980（重印）。

陈言：《三因极一病证方论》，《景印文渊阁四库全书》，册743，台北：台湾商务印书馆，
　　　1986。

陈郁夫：《明陈白沙先生献章年谱》，出版日期不详，台北：台湾商务印书馆，1980（重印）。

郑振模：《清俞曲园先生樾年谱》，出版日期不详，台北：台湾商务印书馆，1987（重印）。

郑玄：《曲礼》，《礼记郑注》，卷1，第31页；《内则》，《礼记郑注》，卷8，第28—29页；
　　　台北：中华书局，1965。

程颢、程颐：《二程文集》，重印于"清正谊堂全书"，上海：商务印书馆，1937。

程杏轩：《医述》，合肥：安徽科学技术出版社，1983。

郑培凯：《天地正义仅见于妇女：明清的情色意识与贞淫问题》，收录于鲍家麟编：《中国
　　　妇女史论集三集》，第97—119页，台北：稻乡出版社，1993。

《家范典·治家篇》，收录于《古今图书集成》，册321，1931，台北：鼎文书局，1976
　　　（重印）。

蒋致中：《牛空山先生年谱》，上海：商务印书馆，1935。

蒋逸雪：《张溥年谱》，上海：商务印书馆，1946。

蒋天枢：《全谢山先生年谱》，上海：商务印书馆，1933。

江文瑜：《阿妈的故事》，台北：玉山社出版公司，1995。

蒋永敬：《胡汉民先生年谱》，台北："中央"文物供应社，1978。

蒋攸铦：《绳枻斋年谱》，1835，台北：广文书局，1971（重印）。（原著中标注作者为蒋攸恬，译者注）

简朝亮：《朱九江先生年谱》，1897，台北：广文书局，1971（重印）。

钱乙：《小儿药证直诀》，1930，台北：新文丰出版社，1985（重印）。

钱仪吉：《清钱文端公陈群年谱》，1894，台北：台湾商务印书馆，1980（重印）。

钱大昕：《西沚先生墓志铭》，《潜研堂文集》，卷48，收录于《四部丛刊初编》，册301—303，第5—7页，上海：上海书店出版社，1989。

简又文：《冯玉祥传》，《传记文学》，35：6，第30—36页，1979。

简又文：《革命画家高剑父》，《传记文学》，22：2，第83—91页，1973。

秦景明：《幼科金针》，台北：新文丰出版社，1977。

周永祥：《瞿秋白年谱》，广州：广东人民出版社，1983。

朱震亨：《格致余论》，重印于《古今医统正脉全书》，台北：新文丰出版社，1985。

朱震亨：《丹溪先生治法心要》，重印于《古今医统正脉全书》，台北：新文丰出版社，1985。

朱熹：《近思录》，苏州：江苏书局刻本，1869。

朱熹：《童蒙须知》，收录于《古今图书集成》，册324，卷39，第12页，1931，台北：鼎文书局，1976（重印）。

朱惠明：《慈幼心传》，1603，微缩资料，台北"中央"图书馆。（原著中标注为朱惠民，译者注）

朱尚文：《翁同龢先生年谱》，出版日期不详，台北：台湾商务印书馆，1971（重印）。

庄述祖：《弟子职集解》，上海：商务印书馆，1937。

《论语》，台北：中华书局，1965。

方贤：《奇效良方》，台北：新文丰出版社，1989。

方士淦：《啖蔗轩自订年谱》，出版日期不详，台北：广文书局，1971（重印）。

方闻：《傅青主先生大传年谱》，台北：中华书局，1970。

方闻：《徐松龛先生年谱》，台北：广文书局，1971。

冯辰：《李恕谷先生年谱》，重印于"清畿辅丛书"，台北：广文书局，1971。

韩锡铎：《中华蒙学集成》，沈阳：辽宁教育出版社，1993。

《小儿卫生总微论方》，《景印文渊阁四库全书》，卷741，台北：台湾商务印书馆，1986。

兰陵笑笑生：《金瓶梅》，济南：齐鲁书社，1991。（原著中标注作者为笑笑生，译者注）

谢承仁、宁可：《戚继光》，上海：上海人民出版社，1959。（原著中标注作者为谢承仁，时间为1978，译者注）

熊秉真：《案据确凿：医案之传承与传奇》，《让证据说话：中国篇》，第201—254页，台北：麦田出版公司，2001。

熊秉真：《安恙：近世中国儿童的疾病与健康》，台北：联经出版事业公司，1999。（原著中标注书名为《安恙：中国近世儿童的疾病与健康》，译者注）

熊秉真：《惊风：中国近世儿童疾病与健康研究之一》，《汉学研究》，13：1，第169—203页，1995。（原著中标注书名为《惊风：中国近世儿童疾病研究之一》，译者注）

熊秉真：《清代中国儿科医学的区域性初探》，收录于"中研院"近代史研究所编：《近代中国区域史研讨会论文集》，卷1，第17—39页，台北："中研院"近代史研究所，1987。

熊秉真：《中国近世儿童论述的浮现》，收录于郝延平、魏秀梅编：《近世中国之传统与蜕变：刘广京院士七十五岁祝寿论文集》，卷1，第139—170页，台北："中研院"近代史研究所，1998。（原著中标注书名为《近世中国之传统与蜕变：刘广京先生七十五岁祝寿论文集》，译者注）

熊秉真：《中国近世士人笔下的儿童健康问题》，《"中研院"近代史研究所集刊》，期23，第1—29页，1994。

熊秉真：《中国近世的新生儿照护》，收录于"中研院"历史语言研究所编：《近代早期中国的社会与文化》，第387—428页，台北："中研院"历史语言研究所，1990。

熊秉真：《好的开始：中国近世士人子弟的幼年教育》，收录于"中研院"近代史研究所编：《近世家族与政治比较历史论文集》，第203—238页，台北："中研院"近代史研究所，1992。

熊秉真：《蟋蟀释典：英雄不论出身低》，《睹物思人》，第55—96页，台北：麦田出版公司，2003。

熊秉真：《小儿之吐：一个中国医疗发展史和儿童健康史上的考察》，《"中研院"近代史研究所集刊》，期25，第1—51页，1996。

熊秉真：《泻与痢：兼论近世中国儿童消化道的病变与健康》，《香港中文大学中国文化研究所学报》，新系列6，第129—170页，1997。

熊秉真：《入理入情：明清幼学发展与儿童关怀之两面性》，收录于熊秉真、吕妙芬：《礼教与情欲：前近代中国文化中的后/现代性》，第313—326页，台北："中研院"近代史研究所，1999。

熊秉真：《疳：中国近世儿童疾病与健康研究之二》，《"中研院"近代史研究所集刊》，期24，第263—294页，1995。

熊秉真:《明代的幼科医学》,《汉学研究》,9:1,第53—69页,1991。

熊秉真:《谁人之子?中国家庭与历史脉络中的儿童定义问题》,载于汉学研究中心编:《中国家庭及其伦理研讨会论文集》,第259—294页,台北:汉学研究中心,2000。

熊秉真:《试窥明清幼儿的人事环境与情感世界》,《本土心理学研究》,期2,第251—306页,1993。

熊秉真:《童年忆往:中国孩子的历史》,台北:麦田出版公司,2000。

熊秉真:《幼幼:传统中国的襁褓之道》,台北:联经出版事业公司,1995。

熊秉真、吕妙芬:《礼教与情欲:前近代中国文化中的后/现代性》,台北:"中研院"近代史研究所,1999。

徐照:《明代大政治家徐溥年谱》,台北:台湾师范大学出版社,1963。

徐春甫:《古今医统大全》,重印于明代版本,台北:新文丰出版社,1978。

徐泓:《明代家庭的权力结构及其成员的关系》,《辅仁历史学报》,期5,第167—202页,1993。

徐泓:《明代的婚姻制度》,《大陆杂志》,78:1—2、第68—82页,1989。

徐鼐:《敝帚斋主人年谱》,1874,台北:广文书局,1971(重印)。(原著中标注作者为徐鼒,译者注)

徐定宝:《黄宗羲年谱》,上海:华东师范大学出版社,1995。

徐梓、王雪梅:《蒙学须知》,太原:山西教育出版社,1991。

徐永昌:《徐永昌将军〈求己斋回忆录〉》,《传记文学》,48:5,第10—15页,1986。(原著中标注书名为《徐永昌〈求己斋回忆录〉》,译者注)

徐咏平:《民国陈英士先生其美年谱》,1930,台北:台湾商务印书馆,1980(重印)。

薛铠:《保婴全书》,1637,台北:新文丰出版社,1978(重印)。

薛光前:《困行忆往》,《传记文学》,32:5,第45—50页,1978。

胡奇光:《中国小学史》,上海:上海人民出版社,1987。

胡钧:《张文襄公年谱》,1939,台北:广文书局,1971(重印)。

胡怀琛:《二十四孝图说》,上海:大东书局,1925。

胡广:《性理大全》,《景印文渊阁四库全书》,册710—711,台北:台湾商务印书馆,1986。

胡适:《章实斋先生年谱》,上海:商务印书馆,1933。

胡适:《慈幼的问题》,《胡适文存》,台北:远东,第239页,1968。

胡适:《我的母亲》,《四十自述》,台北:文海出版社,第56—59页,1983。

胡文楷:《历代妇女著作考》,上海:上海古籍出版社,1985。

胡韫玉:《包慎伯先生年谱》,1923,台北:广文书局,1971。

黄逸之：《黄仲则年谱》，上海：商务印书馆，1933。

黄文相：《王西庄先生年谱》，1942，台北：广文书局，1971（重印）。

黄云眉：《清邵二云先生晋涵年谱》，1931，台北：台湾商务印书馆，1982（重印）。

黄云眉：《邵二云先生年谱》，1931，台北：广文书局，1971（重印）。

衣若兰：《从"三姑六婆"看明代妇女与社会》，硕士学位论文，台湾师范大学，1997。

容肇祖：《明李卓吾先生赟年谱》，出版日期不详，台北：台湾商务印书馆，1982（重印）。
（原著中标注书名为《李卓吾先生赟年谱》，译者注）

高镜朗：《古代儿科疾病新论》，上海：上海科学技术出版社，1983。

高魁祥、申建国：《中华古今女杰谱》，北京：中国社会出版社，1991。

高平叔：《蔡元培年谱》，北京：中华书局，1980。

顾镇：《黄昆圃先生年谱》，出版日期不详，重印于"清畿辅丛书"，台北：广文书局，
1971。

寇平：《全幼心鉴》，微缩资料，台北"中央"图书馆，1468。

归有光：《震川文集》，《四部备要》，册187，台北：中华书局，1965。

归有光：《归震川先生文集》，台北：世界书局，1970。（原著中标注书名为《旧震川集》，
译者注）

公孙訇：《冯国璋年谱》，石家庄：河北人民出版社，1989。

龚廷贤：《新刊济世全书》，台北：新文丰出版社，1987。

龚廷贤：《寿世保元》，上海：上海科学技术出版社，1989。

郭霭春：《颜习斋年谱》，香港：崇文书店，1971。

郭嵩焘：《罗忠节公年谱》，1859，台北：广文书局，1971（重印）。

郭延礼：《龚自珍年谱》，济南：齐鲁书社，1987。

来新夏：《近三百年人物年谱知见录》，上海：上海人民出版社，1983。

李贞德：《汉唐之间求子医方试探：兼论妇科滥觞与性别论述》，《"中研院"历史语言研
究所集刊》，68：2，第283—367页，1997。

李贞德：《汉唐之间医书中的生产之道》，《"中研院"历史语言研究所集刊》，67：3，第
533—654页，1996。

梁其姿：《施善与教化：明清的慈善组织》，台北：联经出版事业公司，1997。

黎承礼：《竹闲道人自述年谱》，1891，台北：广文书局，1971（重印）。

李贽：《童心说》，《李氏焚书》，卷3，第22—24页，出版日期不详，重印于明代版本，
陕西教育图书社，出版日期不详。

李清植：《李文贞公年谱》，1849，台北：广文书局，1971（重印）。

辛冠洁等：《中国古代著名哲学家评传》，卷3，济南：齐鲁书社，1980。（原著中标注作
者为李曦，译者注）

黎庶昌：《清曾文正公国藩年谱》，1876，台北：台湾商务印书馆，1978（重印）。

李梴：《医学入门》，《古今图书集成》，册456，卷422，1931，台北：鼎文书局，1976（重印）。

李宗侗、刘凤翰：《李鸿藻先生年谱》，台北：台湾商务印书馆，1971。（原著中标注作者为李宗侗，译者注）

李毓秀：《弟子规》，1881，清光绪七年，津河广仁堂刻本，台北"中研院"傅斯年图书馆。

李永翘：《张大千年谱》，成都：四川省社会科学院出版社，1987。

梁章钜：《退庵自订年谱》，1845，台北：广文书局，1971（重印）。

梁启超：《朱舜水先生年谱》，台北：广文书局，1971。

梁家勉：《徐光启年谱》，上海：上海古籍出版社，1981。

梁焕鼐、梁焕鼎：《清梁巨川先生济年谱》，1925，台北：台湾商务印书馆，1980（重印）。

梁焕鼐、梁焕鼎：《桂林梁先生年谱》，1925，台北：广文书局，1971（重印）。

梁乙真：《中国妇女文学史纲》，上海：上海书店出版社，1990。

林逸：《清鉴湖女侠秋瑾年谱》，台北：台湾商务印书馆，1985。

林逸：《清洪北江先生亮吉年谱》，台北：台湾商务印书馆，1981。

林玫仪：《王端淑诗论之评析——兼论其选诗标准》，《九州学刊》，6：2，第45—86页，1994。

刘跂：《钱仲阳传》，收录于钱乙：《小儿药证直诀》，1930，台北：新文丰出版社，1985（重印）。

刘盼遂：《段玉裁先生年谱》，台北：崇文书店，1971。

刘盼遂：《高邮王氏父子年谱》，台北：崇文书店，1971。（原著中标注书名为《王氏父子年谱》，译者注）

刘绍唐：《民国人物小传》，《传记文学》，32：6，第141页，1978。

刘翠溶：《明清时期家族人口与社会经济变迁》，卷2，台北："中研院"经济研究所，1992。

刘文兴：《宝应刘楚桢先生年谱》，1933，台北：广文书局，1971（重印）。

罗正钧：《王壮武公年谱》，1897，台北：广文书局，1971（重印）。

罗继祖：《朱笥河先生年谱》，1931，台北：广文书局，1971（重印）。

罗香林：《先考幼山府君年谱》，1936，北京：北京图书馆，1998（重印）。

罗思举：《罗壮勇公自订年谱》，出版日期不详，重印于清代版本，台北：广文书局，1971年。

吕炽：《尹健余先生年谱》，1749，台北：广文书局，1971（重印）。

吕坤：《续小儿语》，1881，上海：商务印书馆，1936（重印）。

吕得胜：《女小儿语》，1881，广仁堂，光绪七年版。（原著中标注作者为吕坤，译者注）

吕培：《洪北江先生年谱》，出版日期不详，重印于清代版本，台北：广文书局，1971。

吕本中：《童蒙训》，《景印文渊阁四库全书》，台北：台湾商务印书馆，1983。

吕得胜：《小儿语》，1881，上海：商务印书馆，1936（重印）。

吕元亮：《赵客亭年谱纪略》，1744，台北：广文书局，1971（重印）。

鲁伯嗣：《婴童百问》，1539，台北：新文丰出版社，1987（重印）。

马新祐：《马端敏公年谱》，1877，台北：广文书局，1971（重印）。

马导源：《吴梅村年谱》，上海：商务印书馆，1935。

梅英杰：《胡文忠公年谱》，1867，台北：广文书局，1971（重印）。

明仁孝皇后：《内训》，《景印文渊阁四库全书》，台北：台湾商务印书馆，1983。

《明史》，北京：中华书局，1960。

《中国医药学家史话》，台北：明文书局，1984。（原著中时间标注为1983，译者注）

缪荃孙：《艺风老人年谱》，1936，台北：广文书局，1971（重印）。

莫德惠：《民国莫柳忱先生德惠自订年谱》，1968，台北：台湾商务印书馆，1981（重印）。
（原著中标注书名为《莫柳忱先生德惠自订年谱》，译者注）

《婴戏图》，台北故宫博物院，1990。

倪会鼎：《明倪文正公（元璐）年谱》，出版日期不详，重印于"清粤雅堂丛书"，台北：
台湾商务印书馆，1978。

曾纪芬：《崇德老人自订年谱》，1931，台北：广文书局，1971（重印）。（原著中标注作
者为聂其志，译者注）

聂尚恒：《痘科慈航》，缩微，北京：国家图书馆，1998。

《保产育婴养生录》，缩微，明代版本，台北"中央"图书馆。

鲍家麟：《中国妇女史论集三集》，台北：稻乡出版社，1993。

包赉：《吕留良年谱》，1936，台北：广文书局，1971（重印）。

皮名振：《清皮鹿门先生锡瑞年谱》，1932，台北：台湾商务印书馆，1981（重印）。

《补注黄帝内经素问》，出版日期不详，重印于《古今医统正脉全书》，北京：中华书局，
1985。

浦薛凤：《记何廉兄生平》，《传记文学》，27：4，第27—38页，1976。

罗溥洛、梁其姿：《明清妇女研究：评介最近有关之英文著作》，《新史学》，2：4，第
77—116页，1991。

沈兆霖：《沈文忠公自订年谱》，出版日期不详，重印于清代版本，台北：广文书局，
1971。

沈云龙：《徐世昌评传》，台北：传记文学出版社，1979。

沈云龙：《黄膺白先生年谱长编》，台北：联经出版事业公司，1976。（原著中标注书名为
《黄膺白先生谱》，译者注）

沈云龙：《黄膺白先生百龄诞辰纪念》，《传记文学》，36：3，第11—19页，1980。

史仲序:《中国医学史》,台北:正中书局,1984。

施淑仪:《清代闺阁诗人征略》,上海:上海书店出版社,1987。

司马光:《教男女》,《居家杂仪》,收录于胡广:《性理大全》,卷19,1443,日本京都:中文出版社,1981(重印)。

苏惇元:《方望溪先生年谱》,1911,台北:广文书局,1971(重印)。

《苏州府志》,1883,台北:成文出版社,1970(重印)。

苏兴:《吴承恩年谱》,北京:人民文学出版社,1980。

孙一奎:《赤水元珠》,《景印文渊阁四库全书》,台北:台湾商务印书馆,1983。

孙奭:《孟子注疏》,《景印文渊阁四库全书》,册195,卷13,台北:台湾商务印书馆,1983。

孙思邈:《千金方》,《古今图书集成》,卷422,台北:鼎文书局,1977。

孙思邈:《少小婴孺方》,日本微缩资料,台北故宫博物院。

孙德中:《民国蔡孑民先生元培简要年谱》,台北:台湾商务印书馆,1981。

《宋刻孝经二十四孝图说》,出版日期不详,重印于宋代版本,清乾隆内府藏,天津:天津古籍出版社,1987。

谭嗣同:《谭嗣同全集》,北京:生活·读书·新知三联书店,1954。

唐甄:《潜书》,北京:中华书局,1963。

汤斌:《孙夏峰先生年谱》,出版日期不详,重印于"清畿辅丛书",台北:广文书局,1971。

滕固:《蒋剑人先生年谱》,1933,台北:广文书局,1971(重印)。

丁文江:《明徐霞客先生宏祖年谱》,1933,台北:台湾商务印书馆,1978(重印)。(原著中标注书名为《徐霞客先生年谱》,译者注)

蔡廷锴:《蔡廷锴自传》,1946,台北:龙文书局,1989(重印)。

曹雪芹:《红楼梦》,台北:三民书局,1990。

岑学吕:《虚云和尚年谱》,香港:佛经流通处,1977。

曾世荣:《活幼口议》,北京:中医古籍出版社,1985。

崔学古:《幼训》,新安张氏霞举堂,1685,珍本,台北"中央"图书馆。

崔述:《考信附录》,重印于清代王灏编,"光绪定州王氏谦德堂",台北:世界书局,1989。

杜书华:《古画中的儿童世界》,《故宫文物月刊》,4∶1,第4—15页,1986。

段永兰:《我的父亲》,《传记文学》,3∶4,第26—27页,1963。

董汲:《小儿斑疹备急方论》,从日本传来的宋代版本,台北故宫博物院藏。

董迁:《龚芝麓年谱》,1935,台北,广文书局,1971(重印)。

董恂:《还读我书室老人手订年谱》,1894,台北:广文书局,1971(重印)。

万全:《幼科发挥》,北京：人民卫生出版社,1986。

万全:《育婴家秘》,出版日期不详,重印于明代嘉靖版本,武汉：湖北科学技术出版社,
　　1984。

王继权、童炜钢:《郭沫若年谱》,南京：江苏人民出版社,1983。（原著中标注作者为王
　　继权,译者注）

王家俭:《魏源年谱》,台北："中研院"近代史研究所,1967。

王符:《清王太常符年谱》,出版日期不详,台北：台湾商务印书馆,1978（重印）。（原
　　著中标注书名为《王太常年谱》,译者注）

王先谦:《葵园自订年谱》,出版日期不详,重印于清代版本,台北,广文书局,1971。

汪辉祖:《病榻梦痕录》,1796,台北：广文书局,1971（重印）。

汪康年:《汪穰卿先生传记》,台北：广文书局,1971。

王肯堂:《证治准绳》,1607,重印于明代万历版本,台北：新文丰出版社。1983。

王肯堂:《幼科准绳》,《证治准绳》的一部分,1607,重印于明代万历版本,台北：新文
　　丰出版社。1983。

王銮:《幼科类萃》,北京：中医古籍出版社,1984（重印）。

王伯岳、江育仁编:《中医儿科学》,北京：人民卫生出版社,1987。（原著中标注作者为
　　汪伯岳、江育仁,译者注）

王大纶:《婴童类萃》,重印于明代天启版本,北京：人民卫生出版社,1983。

王代功:《清王湘绮先生闿运年谱》,出版日期不详,重印于清代版本,台北：台湾商务
　　印书馆,1978。

王焘:《外台秘要方》,出版日期不详,重印于明代崇祯版本,台北：新文丰出版社,
　　1987。

汪宗衍:《陈东塾先生年谱》,澳门：于今书屋,1970。

汪宗衍:《顾千里先生年谱》,出版日期不详,重印于清代版本,台北：广文书局,1971。

王端淑:《名媛诗纬初编》,出版日期不详,重印于清代康熙版本,台北"中央"图书馆。

王阳明:《训蒙大意》,《王阳明传习录》,卷2,第57—58页,台北：学生书局,1983。（原
　　著中标注书名为《阳明传习录》,译者注）

王英志:《袁枚全集》,南京：江苏古籍出版社,1993。

王应麟:《三字经》,成都,1928。

魏之琇:《续名医类案》,《景印文渊阁四库全书》,册785,台北：台湾商务印书馆,
　　1986。

危亦林:《世医得效方》,《景印文渊阁四库全书》,册746,台北：台湾商务印书馆,
　　1986。

畏冬:《中国古代儿童题材绘画》,北京：紫禁城出版社,1988。

魏应麒:《林文忠公年谱》,出版日期不详,重印于清代版本,台北:广文书局,1971。

温聚民:《明魏叔子先生禧年谱》,出版日期不详,台北:台湾商务印书馆,1980(重印)。
(原著中标注书名为《魏叔子年谱》,译者注)

吴谦:《幼科杂病心法要诀》,《医宗金鉴》,卷50,台北:新文丰出版社,1981。

吴承恩:《禹鼎志序》,收录于苏兴:《吴承恩年谱》,北京:人民文学出版社,1980。

巫妨:《颅囟经》,《景印文渊阁四库全书》,册738,台北:台湾商务印书馆,1983。

吴开流:《李颙》,《中国古代著名哲学家评传》,济南:齐鲁书社,1982。

吴天任:《清何翙高先生国炎年谱》,出版日期不详,台北:台湾商务印书馆,1981(重印)。
(原著中标注书名为《何翙高年谱》,译者注)

翁叔元:《翁铁庵年谱》,1920,台北:广文书局,1971(重印)。

杨继盛:《杨忠愍公遗笔》,出版日期不详,台北:新兴书局,1989。

杨克己:《民国康长素先生有为梁任公先生启超师生合谱》,出版日期不详,台北:台湾
商务印书馆,1982(重印)。

杨廷福:《谭嗣同年谱》,北京:人民出版社,1957。

杨增晶:《柳州府君年谱》,出版日期不详,台北:广文书局,1971(重印)。

姚名达:《清邵念鲁先生廷采年谱》,出版日期不详,重印于清代版本,台北:台湾商务
印书馆,1982。

姚名达:《刘宗周年谱》,出版日期不详,重印于清代版本,上海:上海书店出版社,
1992。

姚绍华:《崔东壁年谱》,上海:商务印书馆,1931。

叶英:《黄道周传》,台南:叶英自刊,1959。

叶英:《姚石甫传》,台南:叶英自刊,1977。

罗正钧:《左文襄公年谱》,重印于清代版本,台北:广文书局,1971。(原著中标注作者
为严正钧,译者注)

严修:《严修先生年谱》,出版日期不详,重印于清代版本,济南:齐鲁书社,1990。

殷兆镛:《殷谱经侍郎自订年谱》,出版日期不详,重印于清代版本,台北:广文书局,
1971。

袁行云:《许瀚年谱》,济南:齐鲁书社,1983。

袁道丰:《张公权先生谈往录》,《传记文学》,16:1,第1—4页,1970。

英文

Anthony, Lawrence, James Lee, and Alice Suen."Adult Mortality in Rural Liaoning, 1795 to
1820." Paper presented at a workshop on Qing Population History, California Institute of

Technology, Pasadena, Calif., Aug. 1985.

Ariès, Philippe. *Centuries of Childhood: A Social History of Family Life*. Trans. R. Baldick. New York: Vintage, 1962.

Bodde, Derk."Age, Youth, and Infirmity in the Law of Ch'ing China." In Jerome Alan Cohen, R. Randle Edwards, and Fu-mei Chang Chen, eds., *Essays on China's Legal Tradition*, pp. 137–169. Princeton: Princeton University Press, 1980.

Boswell, John. *The Kindness of Strangers: The Abandonment of Children in Western Europe from Late Antiquity to the Renaissance*. New York: Pantheon Books, 1988.

Bradley, Keith R. *Discovering the Roman Family: Studies in Roman Social History*. Oxford: Oxford University Press, 1991.

Bray, Francesca. *Technology and Gender: Fabrics of Power in Late Imperial China*. Berkeley: University of California Press, 1997.

Carlitz, Katherine."The Social Uses of Female Virtue in Late Ming Editions of Lienü Zhuan." *Late Imperial China* 12, no. 2（1991）: 117–148.

Catalog of the Clifford G. Grulee Collection on Pediatrics. Chicago: The John Crerar Library, 1959.

Cloherty, John P., and Ann R. Stark. *Manual of Neonatal Care*. Boston: Little, Brown and Co., 1985.

Cogan, Frances B. *All-American Girl*. Athens and London: University of Georgia Press, 1989.

Cohen, Samuel K., Jr. *Women in the Streets: Essays on Sex and Power in Renaissance Italy*. Baltimore: Johns Hopkins University Press, 1996.

Coles, Robert. *The Spiritual Life of Children*. Boston: Houghton Mifflin, 1990.

Cone, Thomas E., Jr. *History of American Pediatrics*. Boston: Little, Brown and Co.1979.

Cone, Thomas E., Jr. *History of the Care and Feeding of the Premature Infant*. Boston: Little, Brown and Co., 1985.

Cone, Thomas E., Jr."Perspectives in Neonatology." In George F. Smith and Dharmapuri Vidyasagar, eds., *Historical Review and Recent Advances in Neonatal and Perinatal Medicine,* vol. 1, pp. 9–34. Toronto: Mead Johnson Nutritional.

Cunningham, Hugh. *Children and Childhood in Western Society Since 1500*. New York: Longman, 1995.

Davis, Glenn. *Childhood and History in America*. New York: The Psychohistory Press, 1976.

De Bary, Wm. Theodore, and John W. Chaffee, eds. *Neo-Confucian Education: The Formative Stage*. Berkeley: University of California Press, 1989.

De Bary, Wm. Theodore, *Self and Society in Ming Thought*. New York: Columbia University

Press, 1970

Demos, John. *A Little Commonwealth: Family Life in Plymouth Colony.* London: Oxford
    University Press, 1970.

Dewoskin, Kenneth J. "Famous Chinese Childhoods." In Anne Behnke Kinney, ed., *Chinese
    Views of Childhood,* pp. 57–78. Honolulu: University of Hawaii Press, 1995.

Dobbing, John, ed. *Maternal Nutrition and Lactational Infertility.* New York: Raven Press, 1985.

Duhouse, Carol. *Girls Growing up in Late Victorian and Edwardian England.* London:
    Routledge and Kegan Paul, 1981.

Ebrey, Patricia, and James Watson, eds. *Kinship Organization in Late Imperial China, 1000–
    1940.* Berkeley: University of California Press, 1986.

Elman, Benjamin A., and Alexander Woodside, eds. *Education and Society in Late Imperial
    China, 1600–1900.* Berkeley: University of California Press, 1994.

Fildes, Valerie A. *Wet Nursing: A History from Antiquity to the Present.* New York: Basil
    Blackwell, 1988.

Fong, S. Grace. "Boudoir World and Professional Life—Contrasting Self-Representations by Two
    Women Poets of the Mid- and Late- Ch'ing." Paper delivered at the Institute of Chinese
    Literature and Philosophy, Academia Sinica, Taipei, 1996.

Fong, S. Grace. *Wu Wenying and the Art of Southern Song Ci Poetry.* Princeton: Princeton
    University Press, 1987.

Freedman, Maurice. *Family and Kinship in Chinese Society.* Stanford: Stanford University Press,
    1970.

Fuch, Rachel. *Abandoned Children.* Albany: State University of New York Press, 1984.

Furth, Charlotte. *A Flourishing Yin: Gender in China's Medical History, 960–1665.* Berkeley:
    University of California Press, 1999.

Furth, Charlotte. "From Birth to Birth: The Growing Body in Chinese Medicine." In Anne Behnke
    Kinney, ed., *Chinese Views of Childhood*, pp. 157–192. Honolulu: University of Hawaii
    Press, 1995.

Furth, Charlotte. "The Patriarch's Legacy: Household Instructions and the Transmission of
    Orthodox Values." In Kwang-ching Liu, ed., *Orthodoxy in Late Imperial China*,
    pp. 187–211. Berkeley: University of California Press, 1990.

Golden, Mark. *Children and Childhood in Classical Athens.* Baltimore: Johns Hopkins University
    Press, 1990.

Goodenough, Elizabeth, Mark A. Heberle, and Naomi Sokoloff, eds. *Infant Tongues: The Voice of
    the Child in Literature.* Detroit: Wayne State University Press, 1994.

Gottlieb, Beatrice. *The Family in the Western World from the Black Death to the Industrial Age.* New York: Oxford University Press, 1992.

Grendler, Paul F. *Schooling in Renaissance Italy: Literacy and Learning, 1300–1600.* Baltimore: Johns Hopkins University Press, 1959.

Greven, Philip J., Jr. *Four Generations: Population, Land, and Family in Colonial Andover, Massachussetts.* Ithaca: Cornell University Press, 1970.

Greven, Philip J., Jr. *The Protestant Temperament: Patterns of Child-Rearing, Religious Experience, and the Self in Early America.* Chicago: The University of Chicago Press, 1977.

Greven, Philip J., Jr. *Spare the Child: The Religious Roots of Punishment and the Psychological Impact of Physical Abuse.* New York: Vintage Books, 1990.

Grew, Raymond, and Patrick J. Harrigan. *School, State and Society: The Growth of Elementary Schooling in Nineteenth-Century France: A Quantitative Analysis.* Ann Arbor: The University of Michigan Press, 1991.

Handlin, Joanne F. *Action in Late Ming Thought: The Reorientation of Lu K'un and Other Scholar Officials.* Berkeley: University of California Press, 1983.

Hanjal, John. "European Marriage Patterns in Perspective." In D. V. Glass and D. E. C. Eversley, eds., *Population in History: Essays in Historical Demography*, pp. 101–146. London: Edward Arnold, 1965.

Hanley, Susan, and Arthur Wolf, eds. *Family and Population in East Asian History.* Stanford: Stanford University Press, 1985.

Hareven, Tamara K., and Andrejs Plakans, eds. *Family History at the Crossroads: Journal of Family History Reader.* Princeton: Princeton University Press, 1987.

Herlihy, David. *Medieval Households.* Cambridge: Harvard University Press, 1985.

Hoffer, Peter C., and N. E. H. Hull. *Murdering Mothers: Infanticide in England and New England, 1558–1803.* New York: New York University Press, 1984.

Houlbrooke, Ralph. *The English Family, 1450–1700.* New York: Longman, 1984.

Houlbrooke, Ralph. *English Family Life, 1576–1716: An Anthology from Diaries.* New York: Basil Blackwell, 1988.

Hsiung, Ping-chen. "Facts in the Tale: Case Records and Pediatric Medicine in Late Imperial China." In Charlotte Furth, Judith T. Zeitlin, and Ping-chen Hsiung, eds., *Thinking With Cases: Specialist Knowledge in Chinese Cultural History*, (Honolulu: University of Hawaii Press, 2007) , pp. 152–168.

Hsiung, Ping-chen. "Children and Childhood in Late-Imperial China: The Notions vs. the

Realities." Lecture given at the East Asian Seminar, Free University of Berlin, Nov. 1995.

Hsiung, Ping-chen. "Constructed Emotions: The Bond between Mothers and Sons in Late Imperial China." In *Late Imperial China* (Pasadena, Calif.: Society for Qing Studies) 15, no.1 (1994) , pp. 87–117.

Hsiung, Ping-chen."The Domestic, the Personal and the Intimate: Father-Daughter Bonds in Late Imperial China." Paper presented at the Privacy Conference, project of "Crossing Borders: Revitalizing Area Studies," Center for Japanese Studies, University of Michigan, Ann Arbor, Oct. 3, 1998.

Hsiung, Ping-chen. "Children's literature."In William Nienhauser, ed., *Indiana Companion to Traditional Chinese Literature*, vol. 2, pp. 31–38. Bloomington: Indiana University Press, 1998.

Hsiung, Ping-chen. "Fathers and Daughters in Late Imperial China: Culture, Cultivation and Gender in the Family Setting." Paper presented at the International Congress of Asian and North African Studies, Budapest, 1997.

Hsiung, Ping-chen."Konzepte von Kindheit im Traditionellen China." In Heike Frick, Mechthild Leutner, and Nicola Spakowski (Hrsg.) , *Die Befreiung der Kinder: Konzepte von Kindheit im China der Republikzeit*, pp. 21–34. Hamburg: Lit Verlag, 1999.

Hsiung, Ping-chen."More or Less: Marital Fertility and Physical Management in Late Imperial China,"*Journal of Archaeology and Anthropology,* 74 (June, 2011) :119–168. Taipei.

Hsiung, Ping-chen."Narrative or Story? Case Records in Chinese Pediatrics." Paper presented at the international conference on "Thinking with Cases," Center of Far Eastern Languages and Civilizations, University of Chicago, Oct. 2001.

Hsiung, Ping-chen."The Nurturing Women: Idea and Practices of Breastfeeding in Late Imperial China." Paper presented at the Yale Conference on Women and Literature in Ming-Qing China, New Haven, June 22–26, 1993.

Hsiung, Ping-chen."The Relationship between Women and Children in Early Modern China." Paper presented at American Association of Women's Studies, Seattle, Washington, 1985.

Hsiung, Ping-chen."T'ang Chên and the Works in Obscurity: Life and Thought of a Provincial Intellectual in Seventeenth Century China." Ph. D. thesis., Brown University, 1983.

Hsiung, Ping-chen."To Raise the Young: Nursing and Infant-feeding in Late Imperial China."*Journal of Family History* 20, no. 7 (1995) : 217–238.

Hsiung, Ping-chen."Treatment of Children in Traditional China." *Berliner China-Hefte* 10 (Mar.

1996）：73–79.

Hunt, David. *Parents and Children in History: The Psychology of Family Life in Modern France*. New York: Harper and Row, 1970.

Johnson, Elizabeth."Women and Childbearing in Kwan Mun Hau Village: A Study of Social Change." in Margery Wolf and Roxane Witke, eds., *Women in Chinese Society*, pp. 215–242. Stanford: Stanford University Press, 1975.

King, Margaret L. *The Death of the Child Valerio Marcello*. Chicago: University of Chicago Press, 1994.

Kinney, Anne Behnke, ed. *Chinese Views of Childhood*. Honolulu: University of Hawaii Press, 1995.

Kinney, Anne Behnke,"Dyed Silk: Han Notions of the Moral Development of Children." in idem, ed., *Chinese Views of Childhood*, pp. 17–56. Honolulu: University of Hawaii Press, 1995.

Ko, Dorothy. *Every Step a Lotus: Shoes for Bound Feet*. Berkeley: University of California Press, 2001.

Ko, Dorothy."Pursuing Talent and Virtue: Education and Women's Culture in Seventeenth and Eighteenth Century China." *Late Imperial China* 13, no. 1（1992）：9–39.

Ko, Dorothy. *Teachers of the Inner Chambers: Women and Culture in Seventeenth-Century China*. Stanford: Stanford University Press, 1994.

Ko, Dorothy."The Written Word and The Bound Foot: A History of the Courtesan's Aura." in Ellen Widmer and Kang-i Sun Chang, eds., *Writing Women in Late Imperial China*. Stanford: Stanford University Press, 1997.

Laing, Ellen Johnston."Wives, Daughters, and Lovers: Three Ming Dynasty Women Painters," in Marsha Weidner, et al., *Views from Jade Terrace: Chinese Women Artists, 1300–1912*, pp. 31–39. Indianapolis, Ind.: Indianapolis Museum of Art, 1988.

Laing, Ellen Johnston."Women Painters in Traditional China," in Marsha Weidner, ed., *Flowering in the Shadows: Women in the History of Chinese and Japanese Painting*, pp. 81–101. Honolulu: University of Hawaii Press, 1990.

Laslett, Peter. *Family Life and Illicit Love in Earlier Generations*. Cambridge: Cambridge University Press, 1979.

Laslett, Peter. *The World We Have Lost*. London: Methuen, 1965.

Laslett, Peter, and Richard Wall, eds. *Household and Family in Past Times*. Cambridge: Cambridge University Press, 1972.

Lee, James, and Cameron Campbell. *Fate and Fortune in Rural China: Social Organization and*

Population Behavior in Liaoning, 1774–1873. Cambridge: Cambridge University Press, 1997.

Lee, James, and Osamu Saito, eds. *Abortion, Infanticide and Neglect in Asian Historical Populations*. Oxford: Oxford University Press, forthcoming.

Lee, James Z., and Wang Feng. *One Quarter of the Humanity*. Cambridge, Mass.: Harvard University Press, 1999.

Lee, Ronald Demos, et al. *Population Patterns in the Past*. New York: Academic Press, 1977.

Legge, James. *The Chinese Classics*. Taipei: Southern Materials Center, 1985.

Leung, Angela Ki Che. "Elementary Education in the Lower Youngtze Region in the Seventeenth and Eighteenth Centuries." In Benjamin A. Elman and Alexander Woodside, eds., *Education and Society in Late Imperial China, 1600–1900*, pp. 381–396. Berkeley: University of California Press, 1994.

Leung Angela Ki Che. "Organized Medicine in Ming-Qing China: State and Private Medical Institutions in the Lower Yangzi Region." *Late Imperial China* 8, no. 1 (1987) : 134–166.

Leung Angela Ki Che. "Relief Institution for Children in Nineteenth-Century China." In Anne Behnke Kinney, ed., *Chinese Views of Childhood*, pp. 251–278. Honolulu: University of Hawaii Press, 1995.

Leung Angela Ki Che. "Women practicing medicine in Pre-modern China." In Harriet T. Zurndorfer, ed., *Chinese Women in the Imperial Past: New Perspectives*, pp. 101–134. Leiden: Brill Academic Publishers, 1999.

Liu, Hui-chen Wang. *The Traditional Chinese Clan Rules*. Association for Asian Studies Monographs, no. 7. Locust Vally, N.J.: J. J. August, 1959.

Liu, Kwang-Ching, ed. *Orthodoxy in Late Imperial China*. Berkeley: University of California Press, 1990.

Liu Ts'ui-jung. "The Demographic Dynamics of Some Clans in the Lower Yangtze Area. ca. 1400–1900." *Academia Economic Papers* 9, no. 1 (1981) :115–160.

Liu Ts'ui-jung. "The Demography of Two Chinese Clans in Hsiao-shan, Chekiang, 1650–1850." In Susan Hanley and Arthur Wolf, eds., *Family and Population in East Asian History*, pp. 13–61. Stanford: Stanford University Press, 1985.

Mann, Susan, "Classical Revival and the Gender Question: China's First Querelle des Femmes," in Institute of Modern History, Academia Sinica, ed., *Family Process and Political Process in Modern Chinese History*, pp. 377–412. Taipei: Institute of Modern History, Academia Sinica, 1992.

Mann, Susan. "The Education of Daughters in the Mid-Ch'ing Period." in Benjamin A. Elman and

Alexander Woodside, eds., *Education and Society in Late Imperial China, 1600–1900*, pp. 19–49. Berkeley: University of California Press, 1994.

Mann, Susan."Grooming a Daughter for Marriage: Brides and Wives in the Mid-Ch'ing Period." In Rubie S. Watson and Patricia Buckley Ebrey, eds. *Marriage and Inequality in Chinese Society*, pp. 204–230. Berkeley: University of California Press, 1991.

Mann, Susan. *The Precious Record: Women's Culture in China's Long Eighteenth Century*. Stanford: Stanford University Press, 1997.

Mann, Susan."Widows in the Kinship, Class, and Community Structures of Qing Dynasty China." *The Journal of Asian Studies* 46, no. 1（Feb. 1987）: 37–56.

Mause, Lloyd, ed. *The History of Childhood*. New York: Harper and Row, 1974.

McCarthy, Mary. *Memories of a Catholic Girlhood*. San Diego: A Harvest/HBJ Book, 1981.

McClure, Ruth. *Coram's Children*. New Haven: Yale University Press, 1981.

Miller, Lucien."Children of the Dream: The Adolescent World in Cao Xuequin's Honglou Meng." In Anne Behnke Kinney, ed., *Chinese Views of Childhood*, pp. 219–250. Honolulu: University of Hawaii Press, 1995.

Mitterauer, Michael, and Reinard Sieder. *The European Family: Patriarchy to Partnership from the Middle Ages to the Present*. Trans. Karla Oosterveen and Manfred Horzinger. Chicago: The University of Chicago Press, 1982.

Needham, Joseph. *Clerks and Craftsmen in China and the West*. Cambridge: University of Cambridge Press, 1970.

Nienhauser, William, ed. *Indiana Companion to Traditional Chinese Literature*. Bloomington: University of Indiana Press, 1998.

Ozment, Steven. *When Fathers Ruled: Family Life in Reformation Europe*. Cambridge: Harvard University Press, 1983.

Parry, Joy, ed. *Childhood and Family in Canadian History*. Toronto: McClelland Stewart, 1982.

Pinchbeck, Ivy, and Margaret Hewitt. *Children in English Society*, vol. 2, *From the Eighteenth Century to the Children's Act, 1948*. London: Routledge and Kegan Paul, 1973.

Pollert, Anna. *Girls, Wives, Factory Lives*. London: The Macmillan Press, 1981.

Pollock, Linda A. *Forgotten Children: Parent-Child Relations from 1500 to 1900*.Cambridge: Cambridge University Press, 1983.

Ransel, David L. *Mothers of Misery*. Princeton: Princeton University Press, 1988.

Rawski, Evelyn Sakakida. *Education and Popular Literacy in Ch'ing China*. Ann Arbor: The University of Michigan Press, 1979.

Rawski, Thomas G., and Lillian M. Li. *Chinese History in Economic Perspective*.Los Angeles:

University of California Press, 1992.

Robins, Joseph. *The Lost Children*. Dublin: Institute of Public Administration, 1980.

Ropp, Paul S."Ambiguous Images of Courtesan Culture in Late Imperial China." in Ellen Widmer and Kang-i Sun Chang, eds., *Writing Women in Late Imperial China*. Stanford: Stanford University Press, 1997.

Rothman, David J."Documents in Search of a Historian: Toward a History of Childhood and Youth in America." *Journal of Interdisciplinary History* 2（1971）: 367–377.

Saari, Jon L. *Legacies of Childhood: Growing up Chinese in a Time of Crisis, 1890–1920*. Cambridge and London: Council on East Asian Studies, Harvard University, 1990.

Shahar, Shulamith. *Childhood in the Middle Ages*. New York: Routledge, 1990.

Smith, George F., and Dharmapuri Vidyasagar, eds. *Historical Review and Recent Advances in Neonatal and Perinatal Medicine*. Printed and distributed by Mead Johnson Nutritional Division, n.d.

Sommerville, John C. "Foreword" Anne Behnke Kinney, ed., *Chinese Views of Childhood*, pp. xi–xiii. Honolulu: University of Hawaii Press, 1995.

Sommerville, John C. *The Rise and Fall of Childhood*. Beverly Hills: Sage, 1982.

Stone, Lawrence. *The Family, Sex, and Marriage in England, 1500–1800*. New York: Harper and Row, 1979.

Trumbach, Randolph. *The Rise of the Egalitarian Family: Aristocratic Kinship and Domestic Relations in Eighteenth-Century England*. New York: Academic Press, 1978.

Unschuld, Paul. *Medical Ethics in Imperial China*. Baltimore: Johns Hopkins University Press, 1979.

Unschuld, Paul. *Medicine in China*. Berkeley: University of California Press, 1986.

Vaughare, Victor C., R. James Mckay, and Waldo E. Nelson. *Textbook of Pediatrics*. Philadelphia: W. B. Saunders, 1975.

Waltner, Ann. *Getting an Heir: Adoption and the Construction of Kinship in Late Imperial China*. Honolulu: University of Hawaii Press, 1990.

Waltner, Ann."Infanticide and Dowry in Ming and Early Qing China." In Anne Behnke Kinney, ed., *Chinese Views of Childhood*. Honolulu: University of Hawaii Press, 1995.

Waltner, Ann."The Moral Status of the Child in Late Imperial China: Childhood in Ritual and in Law." *Social Research* 53, no. 4（1986）: 667–687.

Watkins, Susan C., and Etienne Van de Walle."Nutrition, Mortality and Population Size: Malthus' Court of Last Resort." *Journal of Interdisciplinary History* 13, no. 2 （1983）: 205–226.

Watson, Rubie S., and Patricia Buckley Ebrey, eds. *Marriage and Inequality in Chinese Society*.

Berkeley: University of California Press, 1991.

Whitehead, R. G., ed. *Maternal Diet, Breast-Feeding Capacity, and Lactational Infertility.* Tokyo: The United Nations University, 1983.

Widmer, Ellen, and Kang-i Sun Chang, eds. *Writing Women in Late Imperial China.*Stanford: Stanford University Press, 1997.

Wiedemann, Thomas. *Adults and Children in the Roman Empire.* New Haven: Yale University Press, 1989.

Wolf, Margery."Child Training and the Chinese Family." In Maurice Freedman, ed., *Family and Kinship in Chinese Society*, pp. 37–62. Stanford: Stanford University Press, 1970.

Wolf, Margery. *Women and the Family in Rural Taiwan*. Stanford: Stanford University Press, 1972.

Wolf, Margery, and Roxane Witke, eds. *Women in Chinese Society*. Stanford: Stanford University Press, 1975.

World Health Organization. *Contemporary Patterns of Breastfeeding. Report on the WHO Collaborative Study on Breast-Feeding.* Geneva: World Health Organization, 1981.

Wrigley, E. A. *Population and History*. New York: McGraw-Hill, World University Library, 1969.

Wrigley, E. A., and R. S. Schofield. *The Population History of England, 1541–1871: A Reconstruction.* London: Edward Arnold, 1981.

Wu, Hung."Private Love and Public Duty: Images of Children in Early Chinese Art." In Anne Behnke Kinney, ed., *Chinese Views of Childhood,*pp.77–110.Honolulu: University of Hawaii Press, 1995.

Wu, Pei-yi."Childhood Remembered: Parents and Children in China, 800 to 1700." In Anne Behnke Kinney, ed., *Chinese Views of Childhood*, pp. 129–156. Honolulu: University of Hawaii Press, 1995.

Wu, Pei-yi. *The Confucian's Progress: Autobiographical Writings in Traditional China.* Princeton: Princeton University Press, 1990.

Wu, Pei-yi."Education of Children During the Sung." In Wm. Theodore De Bary and John W. Chaffee, eds., *Neo-Confucian Education: The Formative Stage*, pp. 307–324. Berkeley: University of California Press, 1989.

Yang, Martin C. *A Chinese Village: Taitou, Shantung Province*. New York: University of Columbia Press, 1945.

Yuan Yijin. "Life Tables for a Southern Chinese Family from 1365–1849." *Human Biology* 3, no. 2 (1931):157–179. （原著中标注的发表时间为1981，译者注）

索 引

译者的话

　　译事不易，翻译学术著作的确是一项极具挑战性的工作。它不仅需要译者具备娴熟地将两种语言进行转换的能力，而且需要掌握作者相关学科领域的知识。如果作者具有用中文著书立说的能力，译者更需要额外熟悉并尽可能贴近其语言风格，这对译者的耐心和毅力是个极大的考验。这些认识，当张斌贤老师给我布置翻译任务之初，还只是道听途说，没有真切体味，因此我是以一种探险的心态接下了任务。

　　熊秉真教授毕业于美国布朗大学，获历史学博士，长期在台北"中研院"近代史研究所工作，专攻明清政治史、思想史及中国近代社会史，是中国童年史和健康史研究领域披荆斩棘的先锋，有多篇论文及系列中文著作出版，这本《慈航：近世中国的儿童与童年》（2005年美国斯坦福大学出版社）出版后，好评如潮，遗憾的是，该书一直没有中译本。实际上，在接到张老师的任务之前，我看过吕妙芬主编的《明清思想与文化》，此书收录了熊秉真教授的《建构的感情——明清家庭的母子关系》一文。该篇文章源自《慈航》，由此对熊教授胪列史实、条分缕析、博古通今的行文气势印象深刻。接下任务后，先收集到熊教授已出版的三本相关专著：广西师范大学出版社的编辑寄来的该社于2008年出版的《童年忆往：中国孩子的历史》，我从学校图书馆港台文库翻拍的联经出版事业公司版的《幼幼：传统中国的襁褓之道》（1995）、《安恙：近世中国儿童的疾病与健康》（1999），尽快熟悉熊教授的语言风格和资料谱系，走到近处观察她营造的儿童知识世界。为了解相关领域的知识，我还翻看了诸如李贞德的《女人的中国医疗史——汉唐之间的健康照顾与性别》等著作，重点查看了传统社会中"乳母"这个"重要的边缘人物"。经过一段时间的资料准备，翻译工作于

2020年"五一"期间正式开始，其时新型冠状病毒肺炎疫情局势尚未缓解，学生未返校，老师需要申请才能进入办公区域，往日喧闹的英东楼一下子安静下来，适合心无旁骛翻译书稿。

《慈航》除《导言》和《结语》外，正文分为三编八章，分别就儿童的身体状况、社会生活和多样性来排兵布阵，揭示出宋元以后的近世中国，幼医与扶幼、育儿与训蒙、性别与蒙养日益成为社会各界和文化精英关注的新焦点，表现为哲学层次的思想辩论、幼儿专科医生作为专门职业涌现以及市面上形形色色的训蒙教材和幼教作品问世。各类观点针锋相对的训蒙教材、教导性文学作品与大量婴戏图并存的图景，诠释了近世中国文化对儿童与童年的两大分野，区分关键是程朱理学与陆王心学的学理纠葛。前者主张儿童要静，重长辈社会管束；后者则强调自由，鼓励儿童活泼，释放天性。"自明诚"和"自诚明"这两大哲学分化，不仅在精英学术思想层面论战激烈，而且将交锋延展至儿童教育层面，这种观点，让人耳目一新。作者据此指出在中国传统社会文化中，无论"儿童"，还是"童年"，都是成人眼中的憧憬和塑造，而这样的态度反映在学术研究上即是我们素不重视儿童学与儿童历史的探究追问，在历史研究上"儿童"角色长期缺位，儿童和童年的历史研究没有引起学界的重视。作者一再强调，历史学同其他许多学科一样，过去并未将注意力放在卑微、无势力或没有留下什么痕迹的人与事上，儿童，便是这群集体"空白"中的一部分。

有鉴于此，作者大幅度地放宽视野，不仅从中国哲学和文化传统入手追踪历史中的儿童和童年，而且用中国之外的经验来重新审视中国儿童和童年的历史。法国心理史学家菲利普·阿里埃斯对法国历史上童年概念的考察，美国家庭史学家小菲利普·格雷文对美国殖民时期安多佛区四代人家庭生活的精彩重构，约翰·迪莫斯对普利茅斯殖民地家庭生活的研究，比阿特丽斯·戈特利布对西方从黑死病到工业时代的家庭分析，劳伦斯·斯通对近代早期英格兰家庭、性和婚姻研究中进行的成人与儿童关系的探索以及社会福利史、教育史、人口学等相关研究成果，特别是乔恩·萨里对成长于危机年代（1890—1920）的中国童年的考察，司马安主编的《中国人的童年观》，均表明作者要将中国问题置于全球史视域考察的初衷。在这种视角下，作者从传统中国浩如烟海的史料中，搜罗出《礼记》《童蒙须知》等训蒙经典文献，幼科医生撰写的儿科典籍、方剂和临床病例记录，年谱传记、绘画、书信、法律档案、民间故事、章回小说，甚至墓志铭、佛教造像等有中国特色的多元资料谱系，正如《慈航》这个极具中国特色的书名一样，它们承载的大量丰富多彩、出人意料的有关儿童与童年的历史例证和隐藏于各个时空角落的童稚人生，便有了更为深远的方法论意义。

1944年，周作人在《我的杂学》中回忆五四时期"救救孩子"的出发点，写道："以前的人对于儿童多不能正当理解，不是将他当作小形的成人，期望他少年老成，便将他看作不完全的小人，说小孩子懂得什么，一笔抹杀，不去理他。现在才知道儿童在生理心理上虽然和大人有点不同，但他仍是完全的个人，有他自己内外两面的生活。"周氏指出从儿童学中得到的这点常识，就是"救救孩子"的大概出发点。多年过去了，这种遗憾仍在，不论是客观的知之残缺、无力可为，还是我们主观的忽略与偏见，都掩蔽了探索的目光，儿童史的研究亟待深入。熊教授站在全球史的视野，借助各种版本的训蒙经典著作、一卷卷发黄的幼科医案、一幅幅鲜活的婴戏图、一句句清新的童谣稚语、一个个深埋尘土之下的玩具游戏，为我们提供了走进历史现场，窥察中国近世历史与人文教育中儿童、童年另一面相的契机。

在翻译的过程中，译者一方面为作者宏大的视野、多元的资料谱系以及细密的考证论述所折服，另一方面却因此吃尽了苦头。尽管接受过系统的教育史学科训练，但因研究时段聚焦于民国时期的社会教育，对儿童研究关注甚少，医书、婴戏图、明清年谱知识储备更是匮乏，加上疫情期间国家图书馆不对外开放，只能利用网上资源，而作者援引版本多为港台地区的出版物，使我在翻译过程中多次因年谱内容的核实而陷入"上穷碧落下黄泉，两处茫茫皆不见"的困境。其间，我动用了所有能调配的朋友圈资源，印象最为深刻的，是为寻找香港佛经流通处1977年出版的《虚云和尚年谱》（岑学吕）费力耗神，最终通过我在美国访学期间认识的二房东的帮助才得以解决。当我收到这份从万里之外传来的保存在信徒手中的电子扫描版时，感慨万千。书中作者采用的威妥玛拼音，也成为翻译中的拦路虎。幸得学生孟祥娇对照拼音表，一一核实，总算得以解决。耗时四月有余，书稿译出第一稿，没有意想之中的轻松，艰涩的感觉沉甸甸地压在心头。

2021年8月下旬，广西师范大学出版社责任编辑传来经过三审的译稿，此时距离初稿译完已过去一年。按照审读专家的意见，我重点推敲了一些字句，除学术已有约定俗成的人名翻译外，对照《世界人名翻译大辞典》，对文中涉及的国外学者一一做了对应性的中文翻译。2021年国庆假期期间，伴随着英东楼外叮叮咚咚的凿墙声，在学生孙加龙、胡冉冉、孟祥娇的协助下，对书稿进行了查漏补缺。2022年新年期间，出版社传来排版后的书稿一校样，并陆续传来校对编辑、审读编辑等的意见。为了尽可能减少翻译中的"夹生"情况，译者组建了书稿校对小组，邀请了5名硕士（孙加龙、刘畅、杨思璐、沈瑞祥、黄丽媛）和2名英语专业八级的本科生（曾心怡、郑可欣），对照英文原著分章阅读，将读不懂或晦涩的句子画出来，并邀请留学德国的李凯一博士、留学日本的刘幸博士通读全书。两位博士对英美学界研究成果较为熟悉，对英文用法有相当好的敏感性，均提出了很宝贵的针对性意见。译者将这些意见汇总后，再次对照英文原著通读书稿，做了大量修改。虽竭尽全力，但因语言水平和知识结构所限，书中翻译不当之处在所难免，敬请各位方家指正。

这次校对通读期间，再次遭遇疫情反复，学校从5月13日升级为一级防控，译者只得告别习惯了的办公室，转为居家办公，小女周周一起居家在线上课。快九岁的小女孩天真烂漫，尽管外面疫情汹涌，每日防护严密下楼做核酸检测外，无多少外出机会，她仍旧快快乐乐。不由被感染几分乐观，更能体会熊教授书中所讲的用儿童与童年的视角看世界和日常生活。

今天一早开始，微信朋友圈中"童心未泯"者在发文庆祝儿童节。看完会心一笑，是啊！儿童节，不仅属于每一个终将成长为大人的孩子，也属于所有那些曾是孩子的大人，一如本书中所讲述的儿童与童年。

周慧梅
2021年国庆长假之末于京师
补注于2022年"六一"儿童节